U1013539

600道基础试题

200道模拟试题

答案解析

满分学员的刷题计划

30天冲刺必备

机电商品归类习题精讲

JIDIAN SHANGPIN GUILEI XITI JINGJIANG

彭旭桂·编

中国海关出版社有限公司
中国·北京

图书在版编目（CIP）数据

机电商品归类习题精讲：30 天冲刺必备/彭旭桂编．—北京：中国海关出版社有限公司，2020.7

ISBN 978-7-5175-0433-7

Ⅰ.①机… Ⅱ.①彭… Ⅲ.①机电设备—进出口商品—分类—资格考试—习题集 Ⅳ.①F764.4-44

中国版本图书馆 CIP 数据核字（2020）第 097018 号

机电商品归类习题精讲：30 天冲刺必备

JIDIAN SHANGPIN GUILEI XITI JINGJIANG：30 TIAN CHONGCI BIBEI

作　　者：彭旭桂
策划编辑：史　娜
责任编辑：景小卫
出版发行：中国海关出版社有限公司
社　　址：北京市朝阳区东四环南路甲 1 号　　邮政编码：100023
网　　址：www.hgcbs.com.cn
编 辑 部：01065194242-7538（电话）　　01065194231（传真）
发 行 部：01065194221/27/38/46（电话）　　01065194233（传真）
社办书店：01065195616（电话）　　01065195127（传真）
http://www.customskb.com/book（网址）
印　　刷：北京鑫益晖印刷有限公司　　经　　销：新华书店
开　　本：710mm×1000mm　1/16
印　　张：19.25　　字　　数：336 千字
版　　次：2020 年 7 月第 1 版
印　　次：2020 年 7 月第 1 次印刷
书　　号：ISBN 978-7-5175-0433-7
定　　价：60.00 元

前言

PREFACE

进出口商品编码的确认，如同律师寻找法律依据一样，即使依据都是公开透明的，智能化查询也很便捷，但最终确认起来依然有很大的技术难度，因此，进出口商品归类的重要性不言而喻。理解商品的信息，本身就需要跨学科知识的积累，归类规则、归类依据的适用需要长期的实践。如果这些因素具有不确定性，再加上对商品主观理解上存在偏差，就会影响商品归类的准确性。

进出口商品归类专业技能已经成为众多企业招聘关务人员的必备条件。中国报关协会从 2019 年起，将商品归类专业能力水平评价考试分为机电类和非机电类两种。在考试中，虽然考生可以将《进出口税则商品及品目注释》（以下简称《税则注释》）带入考场，但实际考试中翻书肯定来不及，因此《税则注释》一般用于归类依据验证。本书基于 2020 年进出口商品归类专业能力水平评价考试题型，设计了 30 天的机电商品归类冲刺习题及 5 套模拟测试题（包含 3 套机电类模拟试题和 2 套非机电类模拟试题）。本书主要为学习机电商品归类的人员设计，帮助学习者了解考点，熟悉《税则注释》。

本书在编写过程中，参考了大量的国内归类决定与裁定、国外裁定、归类专业书籍和文章，汇集了许多归类前辈的分析成果，每一道题都经过精心设计，题目设计思路与传统的仅看描述查编码的结果导向不同，而更注重思考过程，学习者可以充分揣摩其归类思路。作者在编写本书的过程中，得到了很多朋友的帮助。袁宝桦等好友参与了本书部分题目的设计，徐善锋等好友参与了本书部分题目的审核，对此表示十分感激。本书的单选题目来自作者设计的“HS365 每日一练”。欢迎本书读者免费加入作者的学习课堂（作者微信号：pengxugui11)。

本书内容仅供归类学习参考，有关商品归类仍以相关法律法规及规定为准。由于作者水平有限，书中难免存在不足和疏漏之处，欢迎广大读者批评指正。

彭旭桂

2020年5月

目录

CONTENTS

第 1 天打卡 1
第 2 天打卡 5
第 3 天打卡 9
第 4 天打卡 13
第 5 天打卡 17
第 6 天打卡 21
第 7 天打卡 25
第 8 天打卡 29
第 9 天打卡 33
第 10 天打卡 37
第 11 天打卡 41
第 12 天打卡 45
第 13 天打卡 49
第 14 天打卡 53
第 15 天打卡 57
第 16 天打卡 61
第 17 天打卡 65

第 18 天打卡 69
第 19 天打卡 73
第 20 天打卡 77
第 21 天打卡 81
第 22 天打卡 85
第 23 天打卡 89
第 24 天打卡 93
第 25 天打卡 97
第 26 天打卡 101
第 27 天打卡 105
第 28 天打卡 109
第 29 天打卡 113
第 30 天打卡 117
第一套模拟题（机电类） 121
第二套模拟题（机电类） 129
第三套模拟题（机电类） 137
第四套模拟题（非机电类） 145
第五套模拟题（非机电类） 153
参考答案及解析 161
参考文献 302

第 1 天打卡

Day 1

任务难度：★★★☆☆
任务时间：80min
任务分数：

一、判断题（请对下列各题做出正误判断，共5题，每题1分，共5分；答错、不答不得分也不扣分）

1. 归类总规则二（二）可以直接用来作为具体商品归类的依据。（　　）
2. 根据第十六类类注一的规定，塑料及其零件被排除出第十六类的仅限于塑料制传送带和输送带。（　　）
3. 同时能测瞬时流量也能测计量流量的流量计应归入税目 90.26。（　　）
4. 子目 9030.82 包括用于测试或检验集成电路的仪器及装置。（　　）
5. 第十六类类注四所称“明显只为一种功能工作”的机器，仅包括在作为一个整体的功能机组中起主要功能作用的机器或机组，不包括执行辅助功能而不执行整套设备的主要功能的机器或器具。（　　）

二、单选题（请在下列各题选项中，选出1个正确答案；共5题，每题2分，共10分；错选、不选均不得分）

1. 医用缝合针（90.18）、医用缝合线（30.06），医用带线的缝合针归入税目 90.18 所运用的归类总规则是（　　）。
   A. 归类总规则一　　B. 归类总规则二（一）
   C. 归类总规则三（二）　　D. 归类总规则三（三）
2. 如图所示，钢铁制板簧，用于汽车悬挂系统，应归入子目（　　）。

   A. 7320.10　　B. 7320.20
   C. 7320.90　　D. 8708.80
3. 圆珠笔的笔尖钢珠，最大直径及最小直径与标称直径误差不超过 0.003mm，应归入税目（　　）。
   A. 73.26　　B. 83.02
   C. 84.82　　D. 96.08

4. 电动滚筒，由直流电机、齿轮箱、滚珠轴承和驱动轮组成，直流电机的直流电压24V，输出功率60W，用于辊式运输机，应归入税号(　　)。

A. 8420.9100　　B. 8431.3900

C. 8483.4090　　D. 8501.3100

5. 小脚轮，连接杆为金属材质，其余为塑料制，轮子直径3.9cm，应归入税目(　　)。

A. 39.26　　B. 73.26

C. 83.02　　D. 87.16

三、多选题（请在下列各题选项中，选出2个或2个以上正确答案；共5题，每题3分，共15分；全部选对得3分，少选得相应分，错选、不选不得分）

1. 下列商品属于税目84.83的有(　　)。

A. 小轿车用离合器　　B. 摩托艇用差动齿轮

C. 汽车发动机用凸轮轴　　D. 小客车用传动轴

2. 下列选项描述正确的有(　　)。

A. 汽车用后视镜应归入税目87.08　　B. 400度近视镜片应归入税目70.15

C. 光学元件的坯件应归入第七十章　　D. 医用玻璃假眼不应归入第七十章

3. 下列商品属于税目85.09的有(　　)。

A. 电动牙刷（0.2kg/台）　　B. 家用空气增湿机（21kg/台）

C. 地板打蜡机（25kg/台）　　D. 电动水果榨汁机（5kg/台）

4. 食品干燥机是利用热空气流来干燥食品，最高温度约120℃，符合税目84.19的规定，同时又是税目84.38的食品机械，以下选项说法错误的有(　　)。

A. 利用温度变化处理材料的机器，应归入税目84.19

B. 食品加工机器，应归入税目84.38

C. 电烘箱，应归入税目85.14

D. 多种用途的机器，应归入税目84.79

5. 下列商品中属于多功能机器的有(　　)。

A. 带有LED照明功能的便携式收音机

B. 既能进行车削加工又能进行铣削加工的机床

C. 既可加工玻璃又可加工硬质塑料的抛光机

D. 既可测量温度又可测量湿度的仪器

四、分析题（请根据题目的要求作答，共5题，每题4分，共20分）

1. 花键轴，钢铁制，安装在汽车用传动轴（安装于汽车底盘，与变速箱、后差速器一起将发动机的动力传递给车轮，使汽车产生驱动力）中间部位，与其他中间零件一起传递动力。对其归类存在归入税目 84.83 和 87.08 两种意见。请对该商品的归类进行分析。

   （1）归入税目（84.83、87.08 或其他）：

   （2）总规则的运用：

   （3）分析归类理由：

2. 触发器，用于灯具，在灯具中的主要作用是通过产生瞬时高压启动光源，光源启动时使得灯管或灯条进入工作状态，光源点亮后触发器停止工作，主要起到控制光源开关的作用。对其归类存在归入税目 85.04 和 85.36 两种意见。请对触发器的归类进行分析。

   （1）归入税目（85.04、85.36 或其他）：

   （2）总规则的运用：

   （3）分析归类理由：

3. 手机耳机半成品，由耳机线、插头、开关部件、麦克风等组成，不带扬声器，对其归类存在归入税目 85.18 和 85.37 两种意见。请对该商品的归类进行分析。

   （1）归入税目（85.18、85.37 或其他）：

   （2）总规则的运用：

   （3）分析归类理由：

4. 紫外线验光笔，由紫外光灯管、铁外壳、钥匙环、纽扣电池组成。该商品通过紫外光照射使隐藏的荧光图案显现，从而鉴别货币、信用卡、护照等真伪。对其归类存在归入税目 85.13、90.31 两种意见。请对该商品的归类进行分析。

   （1）归入税目（85.13、90.31 或其他）：

（2）总规则的运用：

（3）分析归类理由：

5. 钥匙圈，如图所示，钢铁制。对其归类存在归入税目 73.26 和 83.08 两种意见。请对该商品的归类进行分析。

（1）归入税目（73.26、83.08 或其他）：

（2）总规则的运用：

（3）分析归类理由：

第 2 天打卡

Day 2

任务难度：★★★☆☆

任务时间：80min

任务分数：________

一、判断题（请对下列各题做出正误判断，共 5 题，每题 1 分，共 5 分；答错、不答不得分也不扣分）

1. 根据第十五类注释二所指的“通用零件”，数控机床上用的可互换性工具应归入税目 82.07。（　　）
2. 手机用的摄像头归入税目 85.25 的依据是第十六类注释二（一）。（　　）
3. 未安装有任何电器连接件的塑料接线盒应归入第三十九章。（　　）
4. 多用途机器，若能确定主要用途，则按主要用途归类，若不能确定，则依据归类总规则三（三）从后归类。（　　）
5. 专门为放射性装置供电的高压发生器（或变压器）应归入税目 85.04。（　　）

二、单选题（请在下列各题选项中，选出 1 个正确答案；共 5 题，每题 2 分，共 10 分；错选、不选均不得分）

1. 按摩椅应归入税目（　　）。

A. 94.03　　B. 94.02

C. 94.01　　D. 90.19

2. 钢铁链，如图所示，应归入子目（　　）。

A. 7315.81　　B. 7315.82

C. 7315.89　　D. 7315.12

3. 智能行李箱，箱体材质为聚碳酸酯，拉杆为铝合金，可以通过手机蓝牙连接，具有智能称重、距离报警功能，应归入税目（　　）。

A. 39.26　　B. 42.02

C. 84.23　　D. 85.17

4. 汽车发动机用放油螺塞，如图所示，钢铁制，用于排除沉渣和排放机油，应归入税目(　　)。

A. 73.18
B. 83.09
C. 84.09
D. 87.08

5. 双履带式全地形智能式踏板车，如图所示，驾驶时单人站立在该踏板车上，可用于田地、雪地、旱地代步，应归入税目(　　)。

A. 87.03
B. 87.05
C. 87.10
D. 87.11

三、多选题（请在下列各题选项中，选出2个或2个以上正确答案；共5题，每题3分，共15分；全部选对得3分，少选得相应分，错选、不选不得分）

1. 下列商品应归入税目84.73的有(　　)。
A. 计算机主板（不带CPU）
B. 内存条
C. CPU（中央处理器）
D. 电脑机箱外壳

2. 下列商品不能归入税目87.08的有(　　)。
A. 汽车离合器外壳
B. 汽车发动机用凸轮轴
C. 汽车制动系统用液压缸
D. 小轿车用行星齿轮机构

3. 下列应归入税目96.20的三脚架有(　　)。
A. 相机用
B. 麦克风用
C. 测距仪用
D. 手机用

4. 下列钟表零件不应归入第九十一章的有(　　)。

A. 表壳用弹簧　　B. 钟表发条

C. 钟表玻璃　　D. 钟表用轴承滚珠

5. 以下商品不应归入第八十五章的有(　　)。

A. 铜阳极（电解精炼用）　　B. 铜阳极（电镀铜用）

C. 镍阳极（电镀用）　　D. 蓄电池用阳极电极

四、分析题（请根据题目的要求作答，共5题，每题4分，共20分）

1. 本田商标标牌，黑色，上有本田 LOGO，有黏性，塑料制，用于粘在组装好的本田智能汽车钥匙上，起到标识作用。使用方法：使用时直接从背衬纸上取下，粘贴在车钥匙上。对其归类存在归入税目 39.19 和 85.43 两种意见。请对该标识的归类进行分析。

（1）归入税目（39.19、85.43 或其他）：

（2）总规则的运用：

（3）分析归类理由：

2. DAFI 滤水壶，由水壶壶身（SAN 材质）、滤芯、滤芯卡槽（SAN 材质）、防滑手柄（PP 材质）、顶盖（PP 材质）、滤芯显示器（SAN 材质）、出水口（PP 材质）、底座（橡胶材质）等部分组成。其中滤芯由滤芯顶盖、过滤网、活性炭、离子交换树脂和底盖组成，用于逐层过滤掉自来水中的沙粒、铁锈、油脂、泡沫、重金属、农药残留以及氯等有害物质。对其归类存在归入税目 39.26 和 84.21 两种意见。请对该滤水壶的归类进行分析。

（1）归入税目（39.26、84.21 或其他）：

（2）总规则的运用：

（3）分析归类理由：

3. 自行车车铃，铃铛上部由圆形盖状金属制，下部为塑料制环状安装器具，侧面为扳手。扳动扳手打击金属铃盖发出响声。制作工艺：铃盖由金属板冲压而成，铃底、扳手、底部安装固定用部件是注塑成形（塑料），内部的弹簧、螺丝等是金属制。对其归类存在归入税目 83.06 和 87.14 两种意见。请对该车铃的归类进行分析。

（1）归入税目（83.06、87.14 或其他）：

（2）总规则的运用：

（3）分析归类理由：

4. 交互式电子白板，由金属白背板、触摸框、五金边框组成。电子白板产品本身不会发光发热，需要借助电脑、投影机和数据连接线才能使用。这时电子白板就相当于一个可触摸的屏幕了。目前主要应用于学校、教育机构、公司会议室等。对其归类存在归入税目 85.43 和 84.71 两种意见。请对该电子白板的归类进行分析。

（1）归入税目（85.43、84.71 或其他）：

（2）总规则的运用：

（3）分析归类理由：

5. 瓷片，由氧化锰、氧化钴等烧结而成，已具备阻值，且阻值会随着温度的变化而变化。该商品进口后只需烧制银浆电极和加装引线即为完整的可变电阻器。对其归类存在归入税目 69.14 和 85.33 两种意见。请对该瓷片的归类进行分析。

（1）归入税目（69.14、85.33 或其他）：

（2）总规则的运用：

（3）分析归类理由：

第3天打卡

Day 3

任务难度：★★★☆☆

任务时间：80min

任务分数：______

一、判断题（请对下列各题做出正误判断，共5题，每题1分，共5分；答错、不答不得分也不扣分）

1. 汽车用涡轮增压器归入税目84.14的依据是第十六类注释二（一）。（　　）

2. 安装在大型客车座位下面的脚踏板应归入税目87.08。（　　）

3. 落地式装甲或加强的保险箱应按税目94.03“家具”归类。（　　）

4. 挖掘机用的液压缸应按专用零件归入税目84.31。（　　）

5. 激光加工机床用的激光器应按专用零件归入税目84.66。（　　）

二、单选题（请在下列各题选项中，选出1个正确答案；共5题，每题2分，共10分；错选、不选均不得分）

1. 用于制造半导体器件的工业烤箱，应归入税目（　　）。

A. 84.17　　B. 84.19

C. 84.86　　D. 85.14

2. 家用钢铁制梯子，应归入税目（　　）。

A. 73.08　　B. 73.26

C. 83.02　　D. 94.03

3. 无骨雨刷，如图所示，上层为软性橡胶，下层为硬性橡胶，中间由金属支架及预组装的通用适配器组成，应归入税目（　　）。

A. 40.16　　B. 84.87

C. 85.12　　D. 96.03

4. 手持式红外线测温仪，测温范围为-30℃~650℃，应归入税号（　　）。

A. 9025.1100　　B. 9025.1910

C. 9025.1990　　D. 9025.8000

5. 心脏瓣膜，如图所示，由猪天然主动脉瓣膜、聚酯布、镍钛合金定位件和支架制成，用于治疗心脏瓣膜疾病或缺损的心脏植介入，应归入税号（　　）。

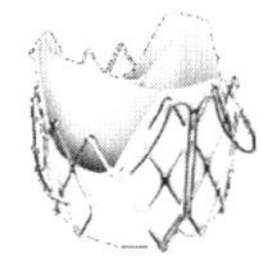

A. 3001.9090　　B. 9018.9090

C. 9021.3900　　D. 9021.9090

三、多选题（请在下列各题选项中，选出2个或2个以上正确答案；共5题，每题3分，共15分；全部选对得3分，少选得相应分，错选、不选不得分）

1. 下列商品应归入税目85.16的有（　　）。

A. 电热油汀取暖器　　B. 空调用电阻加热器（不锈钢制）

C. 电暖睡袋　　D. 电暖毯

2. 以下选项属于税目84.86所称“半导体器件”的有（　　）。

A. 光敏半导体器件　　B. 发光二极管（LED）

C. 二极管　　D. 晶体管

3. 税目85.48所称“废原电池、废原电池组及废蓄电池”（　　）。

A. 不能再使用　　B. 不能再充电

C. 不能被拆解　　D. 不能被破碎

4. 下列选项中关于子目8481.20所称“油压或气压传动阀”描述正确的有（　　）。

A. 在液压或气压系统中专用于传递“流体动力”的阀门

B. 系统以加压流体（液体或气体）的形式提供能源

C. 可以是各种形式的

D. 子目8481.10优先于子目8481.20

5. 下列对子目8527.12中“袖珍盒式磁带收放机”的理解正确的选项有（　　）。

A. 包括有内置放大器但无内置扬声器的盒式磁带放声机

B. 仅包括有内置放大器但无内置扬声器的盒式磁带放声机

C. 必须外接电源才能工作，且外形尺寸不超过170mm×100mm×45mm

D. 不需外接电源即能工作，且外形尺寸不超过170mm×100mm×45mm

四、分析题（请根据题目的要求作答，共 5 题，每题 4 分，共 20 分）

1. 车用发动机气门油封，位于发动机缸盖的气门导管顶端，由氟橡胶、金属弹簧和金属骨架组成，作用是利用弹簧和密封唇结构对气门杆抱紧密封，保证适量机油进入气门与导管间隙中。对其归类存在归入税目 84.09、84.87 两种意见。请对该商品的归类进行分析。

   （1）归入税目（84.09、84.87 或其他）：

   （2）总规则的运用：

   （3）分析归类理由：

2. 矿筛网，矿石筛选机配件，直接安装在振动筛机、矿石分离机上使用，用于筛选分离矿石。对其归类存在归入税目 73.14 和 96.04 两种意见，请对该商品的归类进行分析。

   （1）归入税目（73.14、96.04 或其他）：

   （2）总规则的运用：

   （3）分析归类理由：

3. 汽车座椅调高器，由电机、蜗轮蜗杆、摆线齿轮组成，安装于汽车座椅上，通过两级传动，驱动座椅上升或下降。对其归类存在归入税目 85.01 和 94.01 两种意见。请对该商品的归类进行分析。

   （1）归入税目（85.01、94.01 或其他）：

   （2）总规则的运用：

   （3）分析归类理由：

4. 泵端盖，如图所示，用于抽水机的水泵，铸铁制毛坯件，出口后需要再经过如下加工，数控车削加工，钻眼床钻眼。对其归类存在归入税目 73.25 和 85.03 两种意见。请对该商品的归类进行分析。

（1）归入税目（73.25、85.03或其他）：

（2）总规则的运用：

（3）分析归类理由：

5. 音像支架，如图所示，材质为铁管和塑料。加工工艺：切割，打孔，喷塑，注塑，组装等，是用于支撑音箱的座架。对其归类存在归入税目85.18和96.20两种意见。请对该商品的归类进行分析。

（1）归入税目（85.18、96.20或其他）：

（2）总规则的运用：

（3）分析归类理由：

第 4 天打卡

Day 4

任务难度：★★★☆☆
任务时间：80min
任务分数：________

一、判断题（请对下列各题做出正误判断，共 5 题，每题 1 分，共 5 分；答错、不答不得分也不扣分）

1. 安装在汽车车身上的脚踏板归入税目 87.08。（　　）

2. 纺纱机上用的纸制锥状筒管归入第四十八章的依据是第十六类注释一。（　　）

3. 具有加热功能的催芽装置应按其功能归入税目 84.19。（　　）

4. 供餐馆或类似场所使用的工业或商业用微波炉应归入税目 85.16。（　　）

5. 未装有电器连接器件，但预留其安装位置的接线盒应按材质归类。（　　）

二、单选题（请在下列各题选项中，选出 1 个正确答案；共 5 题，每题 2 分，共 10 分；错选、不选均不得分）

1. 钢铁制卡簧，如图所示，应归入子目（　　）。

A. 7318.21　　B. 7318.24
C. 7320.20　　D. 7320.90

2. 车门滑轮，如图所示，专用于商务车，安装在中门上下门沿上，使车门能够顺畅地推拉打开和关闭，应归入税号（　　）。

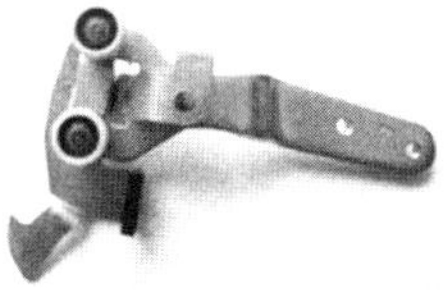

A. 7326.9019　　B. 8302.3000
C. 8483.4090　　D. 8708.2990

3. 净水器用滤芯棉，如图所示，材质为聚丙烯纤维（100%聚丙烯），采用熔喷工艺生产而成，应归入税号(　　)。

A. 5601.2290　　B. 5911.4000
C. 5911.9000　　D. 8421.9990

4. 儿童自行车，如图所示，应归入税目(　　)。

A. 87.12　　B. 87.15
C. 87.16　　D. 95.03

5. 舌苔清洁刷头，如图所示，PP 与 TPE 塑胶制，与电动牙刷配合使用，应归入税号(　　)。

A. 3926.9090　　B. 8509.9000
C. 9603.2900　　D. 9603.5091

三、多选题（请在下列各题选项中，选出 2 个或 2 个以上正确答案；共 5 题，每题 3 分，共 15 分；全部选对得 3 分，少选得相应分，错选、不选不得分）

1. 下列选项在《协调制度》中有统一定义的是（　　）。

A. 通用零件　　　　B. 包贵金属
C. 弹性纱线　　　　D. 家用器具

2. 下列选项中第八十四章和第八十五章都不包括的商品有(　　)。
A. 第六十八章的石磨、石碾及其他物品
B. 税目 40.10 的硫化橡胶制的传动带
C. 第十五类注释二所规定的贱金属制通用零件
D. 第九十四章的电热家具

3. 下列选项的离心机归入税目 84.21 的有(　　)。
A. 分离铀同位素用
B. 干燥放射性沉淀物用
C. 石油产品脱水或脱蜡用
D. 将光刻胶旋转涂布在绝缘基片或圆片上用

4. 下列选项的测力计归入税目 90.31 的有(　　)。
A. 用于测量液压机机械力的　　　　B. 用于测试材料性能的
C. 用于载荷试验（飞行器）的　　　　D. 用于测试并练习握力的

5. 下列商品中归入同一个税目的有(　　)。
A. 电磁联轴节　　　　B. 电磁制动器
C. 电磁继电器　　　　D. 电磁定位器

四、分析题（请根据题目的要求作答，共 5 题，每题 4 分，共 20 分）

1. 阳光模拟测试系统，由光源系统和电源控制系统组成，其中光源系统由紫外线灯、光学滤片套装组成，模拟太阳光和紫外线辐射测量系统，用于光伏模块和材料老化与否的质量测试。对其归类存在归入税目 85.43 和 94.05 两种意见。请对该商品的归类进行分析。
（1）归入税目（85.43、94.05 或其他）：

（2）总规则的运用：

（3）分析归类理由：

2. 电子烟，利用加热电阻丝雾化烟液，产生类似香烟的气体，用于模拟吸烟的状态，对其归类存在归入税目 85.16、85.43 和 96.14 三种意见。请对该商品的归类进行分析。
（1）归入税目（85.16、85.43、96.14 或其他）：

(2) 总规则的运用：

(3) 分析归类理由：

3. 挖掘机用喇叭，只发出单音调，用于警示行人及其他车辆注意避让，无须电气改动即可安装在其他型号工程机械或机动车辆上使用。对其归类存在归入税目85.12、85.18和85.31三种意见。请对该商品的归类进行分析。

(1) 归入税目（85.12、85.18、85.31或其他）：

(2) 总规则的运用：

(3) 分析归类理由：

4. 电动榨汁机（家用，重量大于20kg），对其归类存在归入税目84.35和85.09两种意见。请对该商品的归类进行分析。

(1) 归入税目（84.35、85.09或其他）：

(2) 总规则的运用：

(3) 分析归类理由：

5. 未装配的汽车刹车片（以石棉、矿物质为基本成分）。对其归类存在归入税目68.13和87.08两种意见。请对该商品的归类进行分析。

(1) 归入税目（68.13、87.08或其他）：

(2) 总规则的运用：

(3) 分析归类理由：

第5天打卡

Day 5

任务难度：★★★☆☆
任务时间：80min
任务分数：________

一、判断题（请对下列各题做出正误判断，共5题，每题1分，共5分；答错、不答不得分也不扣分）

1. 依据第十六类注释二（二），所有专用于某种机器的零件均应按专用零件归入相应税目。（　　）
2. 子目8413.1仅包括各种类型装有或可装液体排出量容积测控装置的泵，测控装置必须与泵同时报验。（　　）
3. 液晶显示器的一般归类思路如下：含有可连接计算机接口的，归入子目8528.52；不含有可连接计算机接口的，归入子目8528.59。（　　）
4. 单独报验的感量为30mg天平所用的砝码应归入第九十章。（　　）
5. 眼镜架用的铜制螺钉应归入第九十章。（　　）

二、单选题（请在下列各题选项中，选出1个正确答案；共5题，每题2分，共10分；错选、不选均不得分）

1. 吊秤，最大称重为300kg，应归入税号(　　)。
   A. 8423.3090　　B. 8423.8290
   C. 8423.8930　　D. 8423.8990
2. 病人提升机，如图所示，配有支承架和座位，用以将坐着的人抬起或放下，应归入税号(　　)。

   A. 8427.9000　　B. 8428.9090
   C. 9018.9099　　D. 9019.1090
3. 搭火线，如图所示，红黑一对，每根由多根纯铜线芯、绝缘护套、线夹组成，输出电压12V，启动电流600A，用于车辆搭电启动，应归入税号(　　)。

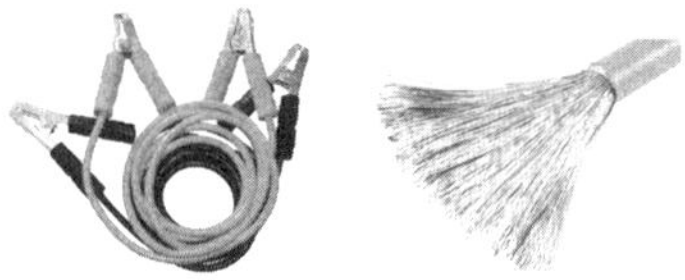

A. 8544.3020　　B. 8544.3090

C. 8544.4219　　D. 8544.4221

4. 单独报验的空调室内机，如图所示，制冷量3500W，应归入税号（　　）。

A. 8415.1010　　B. 8415.1021

C. 8415.9010　　D. 8415.9090

5. 套筒轴承带法兰，如图所示，塑料制，主要用于自动售货机、汽车工业、摩托车和踏板车，应归入税号(　　)。

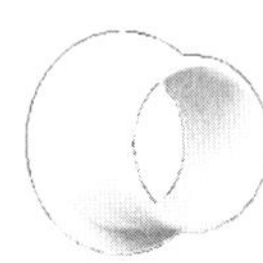

A. 3926.9010　　B. 8482.8000

C. 8483.3000　　D. 8487.9000

三、多选题（请在下列各题选项中，选出2个或2个以上正确答案；共5题，每题3分，共15分；全部选对得3分，少选得相应分，错选、不选不得分）

1. 空压机，如图所示，由压缩机、电动机、储气筒三部分构成，以下选项表述正确的有(　　)。

A. 该商品为功能机组

B. 该商品为组合机器

C. 主要功能为气体的压缩

D. 主要功能为存储被压缩的气体，为其他设备提供气源

2. 下列关于机顶盒与显示器（如图所示）描述正确的选项有(　　)。

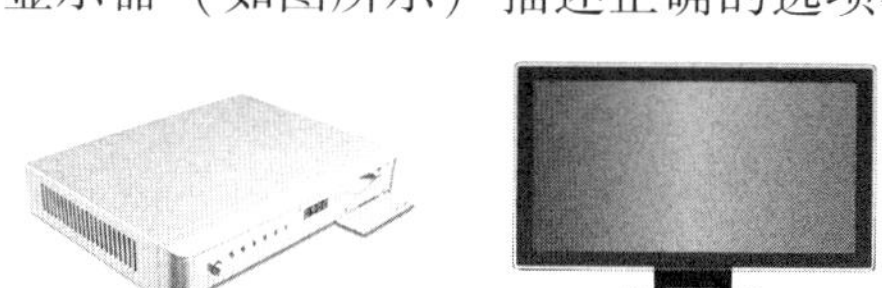

A. 单独报验时，显示器归入 8528.52
B. 单独报验时，机顶盒归入 8528.71
C. 同时报验时，应一并归入 8528.71
D. 同时报验时，应分别归类

3. 关于无线麦克风系统，下列选项描述正确的是(　　)。
A. 单独报验时，无线麦克风归入 8518.10
B. 单独报验时，信号接收器归入 8517.69
C. 同时报验时，应一并归入 8518.10
D. 同时报验时，应分别归类

4. 下列电动机归入税目 85.01 的有(　　)。
A. 装有变速装置的电动机　　B. 机床控制用伺服电动机
C. 小轿车起动用电动机　　D. 三相交流电动机

5. 下列关于三相异步电机（如图所示，由电机和散热风扇等组成）说法正确的是(　　)。

A. 按电机归入税目 85.01
B. 按风扇归入税目 84.14
C. 该商品为旋转电动机
D. 按从后归类归入税目 85.01

四、分析题（请根据题目的要求作答，共 5 题，每题 4 分，共 20 分）

1. 塑料制旋流器，如图所示，用于矿物精选。用皮带带动旋流器高速旋转，利用离心力将颗粒大小不同的矿石选出来。对其归类存在归入税目 84.21 和 84.74 两种意见。请对该商品的归类进行分析。

(1) 归入税目（84.21、84.74 或其他）：

(2) 总规则的运用：

(3) 分析归类理由：

2. 芯片测试编带机，通过对芯片外观、电气特性等参数进行测试，将合格产品和不合格产品进行分检，将不合格元器件排出，将合格产品编入编带，并对其进行塑封。对其归类存在归入税目 84.22 和 90.31 两种意见。请对该商品的归类进行分析。
(1) 归入税目（84.22、90.31 或其他）：

(2) 总规则的运用：

(3) 分析归类理由：

3. 机械手臂，通过简单更换不同工作夹手，即可实现取放、组装、定位、涂胶等多种功能。对其归类存在归入税目 84.28 和 84.79 两种意见。请对该商品的归类进行分析。

(1) 归入税目（84.28、84.79 或其他）：

(2) 总规则的运用：

(3) 分析归类理由：

4. 铣头，用于数控铣床，安装在机床滑枕端面上，将主轴的旋转动力通过直角铣头内部的主轴传递到直角铣头的传输端，使机床主轴的旋转输出动力转换 90 度后输出，该商品除传动部件外，未带有其他功能性部件。对其归类存在归入税目 84.66 和 84.83 两种意见。请对该商品的归类进行分析。

(1) 归入税目（84.66、84.83 或其他）：

(2) 总规则的运用：

(3) 分析归类理由：

5. 汽车仪表盘用表盘，聚酯碳酸制，经过刻度印刷后切割而成，不带任何电子元器件，辅助汽车仪表盘准确显示各项数据，通过表盘上的刻度表示出来（转速、行驶速度等）。对其归类存在归入税目 87.08 和 90.29 两种意见。请对该商品的归类进行分析。

(1) 归入税目（87.08、90.29 或其他）：

(2) 总规则的运用：

(3) 分析归类理由：

第 6 天打卡

Day 6

任务难度：★★★☆☆
任务时间：80min
任务分数：________

一、判断题（请对下列各题做出正误判断，共 5 题，每题 1 分，共 5 分；答错、不答不得分也不扣分）

1. 电视摄像机拍摄用的光学镜头，由玻璃镜片和外框构成，可作为摄像机零件归入税目 85.29。（　　）
2. 电冰箱用的压缩机和轿车空调用的压缩机，都应按压缩机归入税目 84.14。（　　）
3. 智能手机用的扩展内存卡属于智能卡的范围，应归入子目 8523.52。（　　）
4. 用于检测 X 射线的仪器应归入税目 90.30，而 X 射线的应用设备则归入税目 90.22。（　　）
5. 真空封口机对装填后的胶袋进行抽真空并封口包装，其中气泵完成抽真空，发热丝短暂高温进行封口，应按照从后归类归入税目 85.16。（　　）

二、单选题（请在下列各题选项中，选出 1 个正确答案；共 5 题，每题 2 分，共 10 分；错选、不选均不得分）

1. 带接头电线（12V），如图所示，用于汽车燃油泵，应归入税号（　　）。

A. 8544.3020　　B. 8544.3090
C. 8544.4211　　D. 8544.4219

2. 纽扣电池，也叫锂锰电池，是以锂为负极的原电池，应归入税号（　　）。
A. 8506.1011　　B. 8506.1019
C. 8506.5000　　D. 8506.8000

3. 微波炉，设计为商业用途，输出功率 900W，内腔容量 25L，外形尺寸 511mm×432mm×311mm，应归入税号（　　）。
A. 8419.8100　　B. 8514.1090

C. 8514.2000　　D. 8516.5000

4. 羽毛球，应归入税号(　　)。

A. 9506.5900　　B. 9506.6900

C. 9506.9190　　D. 9506.9900

5. 汽车发动机用机油尺，如图所示，测量机油静态液面的高度，从而反映出发动机机油存量是否在合理范围内，应归入税号(　　)。

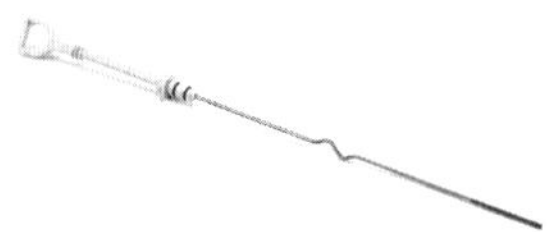

A. 9017.3000　　B. 9017.8000

C. 9026.1000　　D. 9026.9000

三、多选题（请在下列各题选项中，选出2个或2个以上正确答案；共5题，每题3分，共15分；全部选对得3分，少选得相应分，错选、不选不得分）

1. 下列选项商品应按其构成材料归类的有(　　)。

A. 卷轴　　B. 经轴

C. 线轴　　D. 纡子

2. 下列选项中关于机器传动带的税目归类正确的有(　　)。

A. 塑料制（税目39.26）　　B. 硫化橡胶制（税目40.10）

C. 纺织材料制（税目59.10）　　D. 皮革制（税目42.05）

3. 下列选项商品可按功能机组归入同一税目的有(　　)。

A. 配有电源、放大器等的雷达设备

B. 由红外线灯、光电池及警铃等组成的防盗报警器

C. 由数量不等的电视摄像机、视频监视器组成的闭路电视监视系统

D. 配有玻璃的热处理设备、泵及灯泡检测装置的组装电灯泡用的机器

4. 以下描述正确的选项有(　　)。

A. 子目1602.10优先于税目16.02的其他子目

B. 子目2005.10优先于税目20.05的其他子目

C. 子目2007.10优先于税目20.07的其他子目

D. 子目8481.20优先于税目84.81的其他子目

5. 下列选项商品能归入税目90.01的有(　　)。

A. 通信用光纤　　B. 导光用光纤

C. 通信用光缆　　　　D. 导光用光缆

四、分析题（请根据题目的要求作答，共5题，每题4分，共20分）

1. 混凝土搅拌车底盘，装有柴油发动机和驾驶室，无混凝土搅拌系统，总重量为15吨。对其归类存在归入税目87.04和87.06两种意见。请对该商品的归类进行分析。

（1）归入税目（87.04、87.06或其他）：

（2）总规则的运用：

（3）分析归类理由：

2. 照相机用曝光表，用于测定曝光时间长短或光圈大小。对其归类存在归入税目90.06和90.27两种意见。请对该商品的归类进行分析。

（1）归入税目（90.06、90.27或其他）：

（2）总规则的运用：

（3）分析归类理由：

3. 硅片分选机，由上料台、检测系统和分选系统三部分组成，利用相机的成像原理、图像检测技术等测量，按照所测量的数值将硅片分选出不同的等级。对其归类存在归入税目84.86和90.31两种意见。请对该商品的归类进行分析。

（1）归入税目（84.86、90.31或其他）：

（2）总规则的运用：

（3）分析归类理由：

4. 离合器分泵，如图所示，由液压油的进出管道和运动活塞及其缸体组成，推动离合器总泵的活塞运动，产生的压力通过液压油管路传递至离合器分泵，随即推动分泵内的活塞使离合器切断发动机传递至变速箱的动力。对其归类存在归入税目84.12和84.13两种意见。请对该商品的归类进行分析。

（1）归入税目（84.12、84.13或其他）：

（2）总规则的运用：

（3）分析归类理由：

5. 畸形牙齿矫正用的牙箍（不锈钢制），如图所示。对其归类存在归入子目9021.10和9021.29两种意见。请对该商品的归类进行分析。

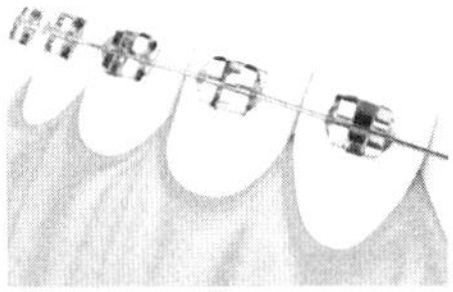

（1）归入子目（9021.10、9021.29或其他）：

（2）总规则的运用：

（3）分析归类理由：

第 7 天打卡

Day 7

任务难度：★★★☆☆
任务时间：75min
任务分数：________

一、判断题（请对下列各题做出正误判断，共 5 题，每题 1 分，共 5 分；答错、不答不得分也不扣分）

1. 汽油发动机的进气过滤及净化装置是该发动机的专用零件，应归入税目 84.09。（　　）
2. 无线遥控器应归入税目 85.26，而红外遥控器应归入税目 85.43。（　　）
3. 轿车驱动桥内差速器用从动齿轮，应按机动车辆的零件归入税目 87.08。（　　）
4. 税目 90.01 中的光缆必须光缆中的各单根纤维均未被覆。（　　）
5. 眼科医生专用的电磁铁应归入税目 85.05。（　　）

二、单选题（请在下列各题选项中，选出 1 个正确答案；共 5 题，每题 2 分，共 10 分；错选、不选均不得分）

1. 叉车电缆，如图所示，用于连接叉车起动电池和起动马达，额定电压 12V，材料组成：电缆（铜线+塑料绝缘纸+黑色橡胶护套层）+接头（铜）+波纹管（塑料），应归入税号（　　）。

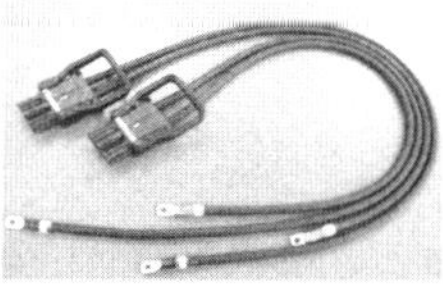

A. 8544.3020　　B. 8544.3090
C. 8544.4211　　D. 8544.4219

2. PVC 跳绳，绳长 3.2m，应归入子目（　　）。
A. 3926.90　　B. 9503.00
C. 9506.91　　D. 9506.99

3. iPod，主要用于音视频播放，以通用计算机操作系统为基础，可以上网、随意编程，重量 0.12kg，应归入税号（　　）。
A. 8471.3010　　B. 8517.1210
C. 8521.9090　　D. 8543.7099

4. 台式电脑用网卡，如图所示，应归入税目（　　）。

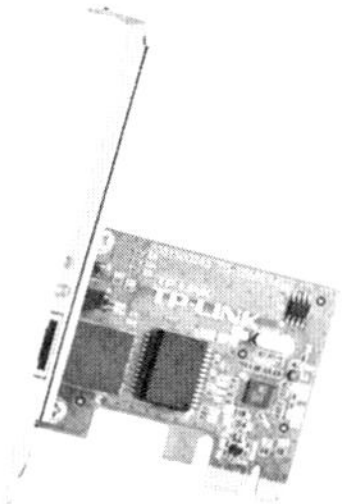

A. 84.71　　B. 84.73
C. 85.17　　D. 85.34

5. 割草机，如图所示，尺寸为1830mm×610mm×420mm，重量为6.7kg，排量为33.6m³，通过传动轴将动力传送到割草机的头部，带动刀具高速旋转，从而实现割草功能。工作时，工人的操作方式为肩挂式，通过手扶来控制割草方向和位置，应归入税目(　　)。

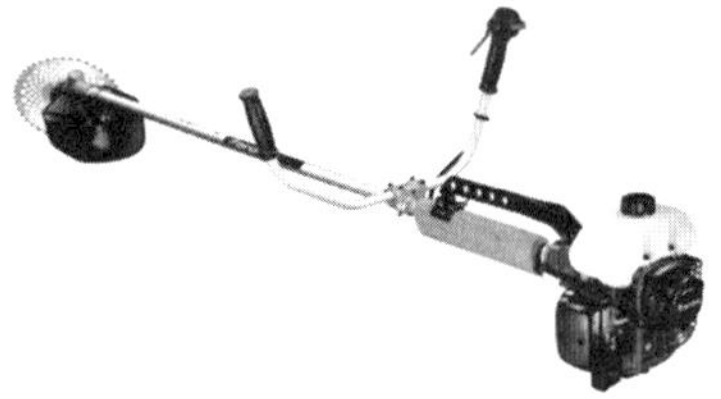

A. 84.32　　B. 84.33
C. 84.67　　D. 84.79

三、多选题（请在下列各题选项中，选出2个或2个以上正确答案；共5题，每题3分，共15分；全部选对得3分，少选得相应分，错选、不选不得分）

1. 归入税目85.45的碳刷(　　)。
A. 可装有托架　　B. 可装有碳刷座
C. 可全部或部分涂有金属层　　D. 可作电动机的滑动接触器

2. 下列关于钢珠的归类，描述错误的有(　　)。
A. 未校准钢珠归入税目73.26　　B. 滚珠轴承用钢珠归入税目84.82
C. 抛光钢珠归入税目84.82　　D. 圆珠笔的笔尖钢珠归入税目96.08

3. 下列关于汽车底盘的归类，描述正确的有(　　)。
A. 装有发动机的底盘归入税目87.06
B. 未装有发动机的底盘归入税目87.08

C. 装有发动机及驾驶室的机动车底盘归入税目 87.02 至 87.05
D. 税目 87.06 的机动车底盘可装有发动机罩、轮胎

4. 以下商品归入税目 85.12 的有（ ）。
A. 挖掘机专用警示喇叭 B. 小轿车专用警示喇叭
C. 汽车仪表盘用蜂鸣器 D. 汽车音响

5. 以下模具归入同一税目的有（ ）。
A. 金属铸造用模具 B. 玻璃用模具
C. 矿物材料用模具 D. 橡胶或塑料用模具

四、分析题（请根据题目的要求作答，共 5 题，每题 4 分，共 20 分）

1. 水果贴标机，用于在水果表面贴标签。对其归类存在归入税目 84.22 和 84.79 两种意见。请对该商品的归类进行分析。
（1）归入税目（84.22、84.79 或其他）：

（2）总规则的运用：

（3）分析归类理由：

2. 洗衣机控制面板表面的塑料贴膜，已印制、裁切，洗衣机用塑料膜上面印刷有洗衣机面板显示的内容，表面有贴膜，塑料膜中间有长方形透明区域用于显示洗衣机电脑板上的参数。对其归类存在归入税目 39.26 和 84.50 两种意见。请对该商品的归类进行分析。
（1）归入税目（39.26、84.50 或其他）：

（2）总规则的运用：

（3）分析归类理由：

3. CPU 模块，如图所示，PLC 中央处理单元，具有运算存储功能，包含运算处理器、存储单元等电路。品牌为西门子，型号为 S7-300 系列，用于 DCS 系统，作为现场控制站的核心部件。对其归类存在归入税目 84.71 和 85.37 两种意见。请对该商品的归类进行分析。

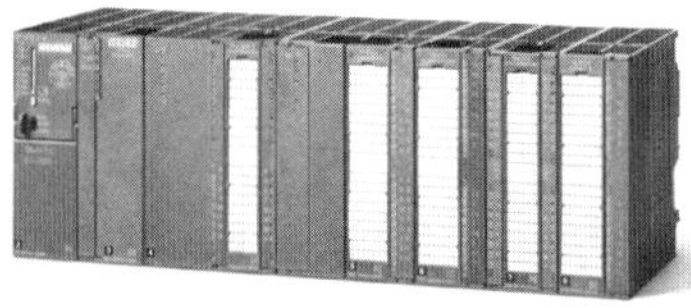

（1）归入税目（84.71、85.37 或其他）：

（2）总规则的运用：

（3）分析归类理由：

4. 安全气囊折叠机，配合人工将安全气囊气袋进行卷绕、折叠、剪切等加工，主要起固定、充气和上塑料套管等作用。对其归类存在归入税目 84.51 和 84.79 两种意见。请对该商品的归类进行分析。

（1）归入税目（84.51、84.79 或其他）：

（2）总规则的运用：

（3）分析归类理由：

5. 氧化锌片，外观为饼状，由氧化锌烧结而成，安装在 400kV 高压送电线路的避雷器上，在过电压时呈低电阻，从而限制避雷器上的电压，而在正常工频电压下呈高电阻，能限制通过避雷器的电流。对其归类存在归入税目 85.33 和 85.38 两种意见。请对该商品的归类进行分析。

（1）归入税目（85.33、85.38 或其他）：

（2）总规则的运用：

（3）分析归类理由：

第 8 天打卡

Day 8

任务难度：★★★☆☆
任务时间：75min
任务分数：________

一、判断题（请对下列各题做出正误判断，共 5 题，每题 1 分，共 5 分；答错、不答不得分也不扣分）

1. 轿车用的风挡刮水器属于车辆专用零件，应归入税目 87. 08。（　　）
2. 安装于热水供热系统中计量热量消耗用的热量计属于计量仪表，应归入税目 90. 28。（　　）
3. 可再充电的电池及电池组应按蓄电池归入税目 85. 07。（　　）
4. 漆包线应按绕组线归类。（　　）
5. 绝缘材料制成的电阻器用的线圈架应按电阻零件归类。（　　）

二、单选题（请在下列各题选项中，选出 1 个正确答案；共 5 题，每题 2 分，共 10 分；错选、不选均不得分）

1. 磨损报警线，如图所示，单根导线与接头构成，额定电压 12V，用于汽车刹车片磨损报警系统，应归入税号（　　）。

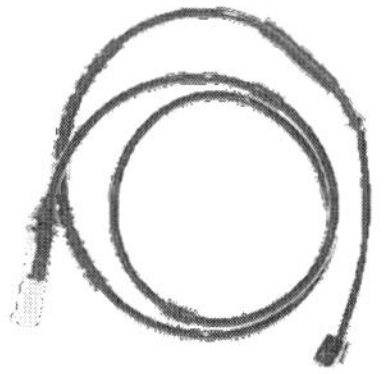

A. 8544. 3020　　B. 8544. 4211
C. 8544. 4219　　D. 8708. 9999

2. 滚筒刷支架，如图所示，钢铁制，应归入税号（　　）。

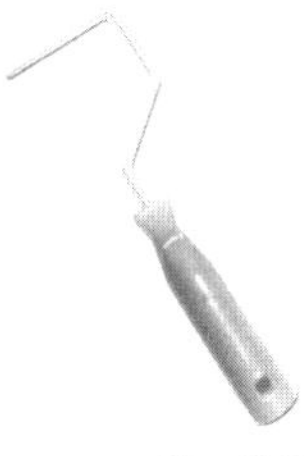

A. 3926. 9090　　B. 7326. 9019
C. 7326. 9090　　D. 9603. 4020

3. 变速箱放油塞，如图所示，钢铁制，应归入税目（　　）。

A. 73.18　　B. 83.09
C. 84.09　　D. 87.08

4. 自恢复保险丝（PPTC），如图所示，特性是在正常电流情况下呈现低电阻，在过电流故障下，电阻急剧升高，从而保护后端电路，应归入税目（　　）。

A. 85.33　　B. 85.36
C. 85.41　　D. 85.42

5. 固态继电器，如图所示，由红外线发光二极管（半导体电子器件）、光伏探测器（半导体光敏器件）、双向可控硅（功率半导体器件）组成，实现继电器功能。空调用，额定电压6V，型号PR3BMF51NSLF，应归入税目（　　）。

A. 85.36　　B. 85.41
C. 85.42　　D. 85.48

三、多选题（请在下列各题选项中，选出2个或2个以上正确答案；共5题，每题3分，共15分；全部选对得3分，少选得相应分，错选、不选不得分）

1. 下列选项商品对应税目，可用任何材料制成的有（　　）。
A. 表壳（税目91.11）　　B. 灯具（税目94.05）
C. 小脚轮的轮子（税目83.02）　　D. 砝码（税目84.23）

2. 下列商品归入税号8536.5000的有（　　）。
A. 启动荧光灯的自动热电开关（启辉器）
B. 涡流式接近开关（电感式接近开关）
C. 装有钟表机构或同步电动机的定时开关
D. 用于不超过11A电流电路的机电快速开关（拨动开关）

3. 下列选项商品归类正确的有（　　）。
A. 铜制散热片，专用于电脑CPU散热（84.73）
B. 铝制散热器，专用于挖掘机发动机冷却液降温（84.12）
C. 铝制散热器，专用于摩托车发动机冷却液降温（84.12）

D. 带风扇的散热器，专用于电脑 CPU 散热（84.73）

4. 下列选项商品按机床专用零件归入税目 84.66 的有(　　)。

A. 钻孔用麻花钻头　　B. 数控车床用变速箱

C. 测微刀架制动器　　D. 光学分度头

5. 下列选项商品不归入税目 85.39 的有(　　)。

A. 带碳灯丝的电阻灯　　B. 发光二极管（LED）灯泡

C. 照相机闪光灯用灯泡　　D. 轿车照明用氙气灯泡

四、分析题（请根据题目的要求作答，共 5 题，每题 4 分，共 20 分）

1. 塑钢手轮，如图所示，可用于机床、印刷机器、纺织机器等。对其归类存在归入税目 39.26 和 73.26 两种意见。请对该商品的归类进行分析。

（1）归入税目（39.26、73.26 或其他）：

（2）总规则的运用：

（3）分析归类理由：

2. 由钢制成的部分中空的圆柱形产品，如图所示，在其长度上分级两次并具有纵向和横向穿孔。产品安装在凸轮滚子中，用作连接元件和轴。横向穿孔用于向产品填充油脂。对其归类存在归入税目 73.18 和 83.02 两种意见。请对该商品的归类进行分析。

（1）归入税目（73.18、83.02 或其他）：

（2）总规则的运用：

（3）分析归类理由：

3. 机场手推车，由铝制载物架（镂空铲板）、铝制车身主架（部分塑料包覆）、橡塑轮子、铁车轴、塑料推手组成，供手推或拉动运载物品。对其归类存在归入税目76.16和87.16两种意见。请对该商品的归类进行分析。

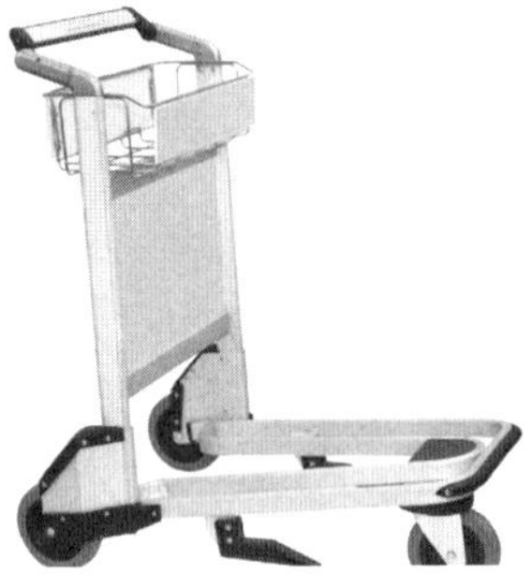

（1）归入税目（76.16、87.16或其他）：

（2）总规则的运用：

（3）分析归类理由：

4. 无线遥控激光笔，由激光笔和接收器组成，集激光遥控、优盘、翻译遥控于一体。对其归类存在归入税目85.26和84.71两种意见。请对该商品的归类进行分析。

（1）归入税目（85.26、84.71或其他）：

（2）总规则的运用：

（3）分析归类理由：

5. 背负式电动喷雾器，农业用，如图所示。对其归类存在归入税目84.24和84.36两种意见。请对该商品的归类进行分析。

（1）归入税目（84.24、84.36或其他）：

（2）总规则的运用：

（3）分析归类理由：

第 9 天打卡 Day 9

任务难度：★★★☆☆
任务时间：75min
任务分数：

一、判断题（请对下列各题做出正误判断，共 5 题，每题 1 分，共 5 分；答错、不答不得分也不扣分）

1. 小轿车的前大灯，用于道路照明，由灯泡和透镜、灯罩做成一个整体，该装置主要部分是灯泡，应作为灯泡归入税目 85.39。（　　）
2. 用于分析双端口网络用的网络分析仪属于通信专用的仪器，应归入税目 90.30。（　　）
3. 子目 8506.50 的归类应根据其阳极的构成材料确定。（　　）
4. 接触器也被视作继电器，它不用机械锁定装置或手工操作，可自动重新接通或切断电路。（　　）
5. 非金属的导体不归入税目 85.44。（　　）

二、单选题（请在下列各题选项中，选出 1 个正确答案；共 5 题，每题 2 分，共 10 分；错选、不选均不得分）

1. 打印头连接线，如图所示，由导电线芯平铺后整条外覆绝缘层构成，无接头，额定电压 60V，应归入税号（　　）。

A. 8544.4211　　B. 8544.4219
C. 8544.4911　　D. 8544.4919

2. 晶体振荡器（TCXO），如图所示，由金属上盖、石英晶体、陶瓷基座和 IC 芯片组成，产品主要用于交通工具的导航仪，也可以用于手机上，应归入税目（　　）。

A. 85.29　　B. 85.41
C. 85.42　　D. 85.48

3. 单片板簧弓子板，如图所示，钢铁制，应归入子目（　　）。

A. 7320.10　　B. 7320.20

C. 7320.90　　　　D. 8708.80

4. 接近传感器，如图所示，利用位移感测器对接近物体“感知”的敏感特性达到控制开关通断的目的，主要应用于航空航天技术、工业生产、测量、控制技术及安全防盗方面，应归入税目（　　）。

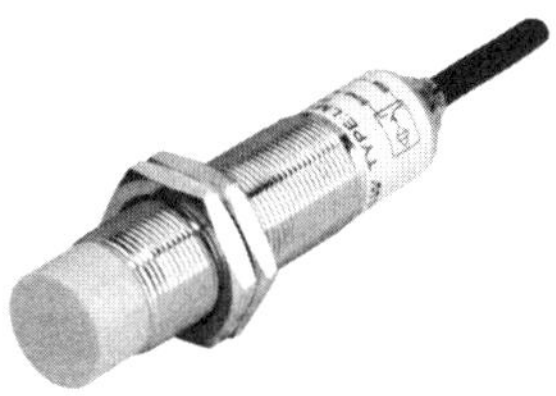

A. 85.36　　　　B. 85.48

C. 90.31　　　　D. 90.32

5. 安全气囊传感器，如图所示，主要由外壳、基板、加速度传感器及电路组成，传感器内装有半导体压力式加速度传感器，应归入税目(　　)。

A. 85.43　　　　B. 87.08

C. 90.29　　　　D. 90.31

三、多选题（请在下列各题选项中，选出2个或2个以上正确答案；共5题，每题3分，共15分；全部选对得3分，少选得相应分，错选、不选不得分）

1. 下列关于镀锡金属丝归类，描述正确的选项有(　　)。

A. 镀锡钢琴丝，成卷的银白色钢丝（7312.1000）

B. 镀锡钢琴丝，成卷的银白色钢丝（9209.3000）

C. 镀锡铜线，精炼铜94.5%，表面镀锡5.5%，最大截面尺寸6mm（7408.1900）

D. 镀锡铜线，精炼铜94.5%，表面镀锡5.5%，最大截面尺寸6mm（7408.2900）

2. 下列选项商品归入税目94.01的有(　　)。

A. 汽车座椅骨架，具有汽车座椅的基本形状且已安装了轨道

B. 汽车安全座椅，用于携带婴幼儿和初学走路的儿童

C. 装有旋转、倾斜或升降装置的理发用椅

D. 装有税目90.18所列牙科器械的牙科用椅

3. 下列选项中商品归入第十六类的有(　　)。

A. 电动玩具火车用小型电动机　　　　B. 飞机用电动风挡刮水器

C. 精密天平（感量为1mg）用成套砝码　　D. 电子显微镜用真空泵

4. 下列零件中不属于税目84.09的有(　　)。

A. 内燃机用增压器　　　　B. 内燃机用连杆

C. 内燃机用曲轴　　　　　　　　D. 内燃机用滤油器

5. 下列选项商品可以归入税目 90.23 的有(　　)。
   A. 裁缝用的人体模型
   B. 蜡像馆名人蜡像原件
   C. 教习头，美发从业者初学修剪头发、烫染、造型用
   D. 教学专用数控铣削中心，仅能对切削要素等物理量以及走刀路线、工艺方案设计、夹具定位等进行几何仿真模拟

四、分析题（请根据题目的要求作答，共 5 题，每题 4 分，共 20 分）

1. 隔音件，聚氨酯制，黑色，套装在汽油发动机燃油高压泵上。高压泵为柱塞式的圆柱体形状，该隔音件按照高压泵外壳的形状制成，覆盖了高压泵一半壳体，起到降噪隔音的作用。对其归类存在归入税目 39.26 和 84.09 两种意见。请对该商品的归类进行分析。
   （1）归入税目（39.26、84.09 或其他）：

   （2）总规则的运用：

   （3）分析归类理由：

2. 冷冻存储罐，如图所示，主要由罐体、监控及控制系统和用于存放标本的支架组成，用于脐带血标本库的液氮存储。该商品靠消耗罐体内液氮来保持标准温度，通过外接的液氮罐及电磁阀可控制输入液氮。对其归类存在归入税目 84.18 和 84.19 两种意见。请对该商品的归类进行分析。

   （1）归入税目（84.18、84.19 或其他）：

   （2）总规则的运用：

   （3）分析归类理由：

3. 移动式细水雾灭火系统设备，由马达、高压泵（柱塞泵）、变速箱、管子、运转计时表和其他部件组装在一起，通过高压水泵喷射，产生超细水雾，用于灭火，该商品不含200L储水罐及喷枪。对其归类存在归入税目84.13和84.24两种意见。请对该商品的归类进行分析。

（1）归入税目（84.13、84.24或其他）：

（2）总规则的运用：

（3）分析归类理由：

4. 真空吸笔，如图所示，装配精密电子元件用的工具，工作原理是真空发生器产生压强差（反向真空）后，吸盘吸住物体，灵活拿捏装配。对其归类存在归入税目73.26和84.79两种意见。请对该商品的归类进行分析。

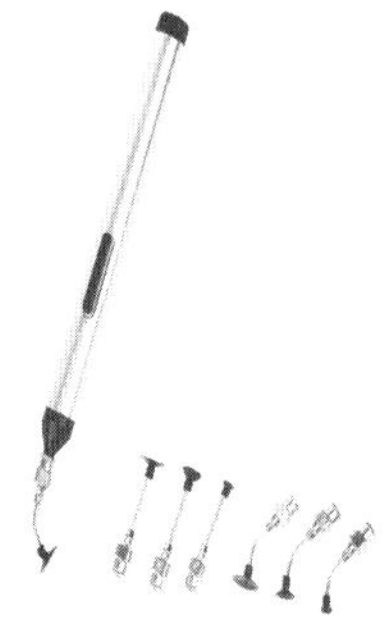

（1）归入税目（73.26、84.79或其他）：

（2）总规则的运用：

（3）分析归类理由：

5. 咖啡豆烘焙干燥机，不锈钢结构，由电机、驱动器和控制装置构成。通过天然气或丙烷气加热干燥。对其归类存在归入税目84.38和85.16两种意见。请对该商品的归类进行分析。

（1）归入税目（84.38、85.16或其他）：

（2）总规则的运用：

（3）分析归类理由：

第 10 天打卡

Day 10

任务难度：★★★☆☆
任务时间：75min
任务分数：

一、判断题（请对下列各题做出正误判断，共 5 题，每题 1 分，共 5 分；答错、不答不得分也不扣分）

1. 蓝牙耳机属于耳机的范围，应归入税目 85.18。（ ）
2. 轿车用机油冷却器，应按机动车辆的零件归入税目 87.08。（ ）
3. 用一个独立的电动机通过软轴驱动的毛发推剪，应归入税目 85.10。（ ）
4. 所有加热电阻器不论其应用于哪个税目的设备或装置上，均应归入税目 85.16。（ ）
5. 单独报验的电视摄像机的远距离控制及调焦用的电气设备，应归入税目 85.43。（ ）

二、单选题（请在下列各题选项中，选出 1 个正确答案；共 5 题，每题 2 分，共 10 分；错选、不选均不得分）

1. LED 智能半盔，如图所示，ABS 材质，带双镜、尾灯，可通风、防雾，可充电，应归入税号（ ）。

A. 6506.1000　　B. 6506.9100
C. 6506.9990　　D. 8543.7099

2. 机油压力报警传感器，如图所示，由浮子、金属片等组成，用于机油压力的检测。当机油量多时，压力正常，两个金属片是分开的；当压力不足时，两个金属片结合，导通电路，应归入税目（ ）。

A. 85.36　　B. 87.08

C. 90.26　　D. 90.32

3. 别针，如图所示，钢铁丝和塑料头制成，应归入税号(　　)。

A. 7319.4010　　B. 7319.4090

C. 7326.9090　　D. 8305.9000

4. 小脚轮，连接支架为贱金属材质，其余为塑料制，轮子直径3.9cm，应归入税目(　　)。

A. 39.26　　B. 73.26

C. 83.02　　D. 87.16

5. 台式电脑用显卡，如图所示，应归入税目(　　)。

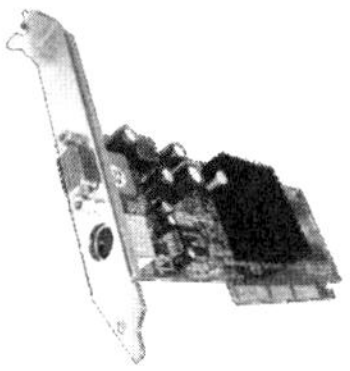

A. 84.71　　B. 84.73

C. 85.17　　D. 85.34

三、多选题（请在下列各题选项中，选出2个或2个以上正确答案；共5题，每题3分，共15分；全部选对得3分，少选得相应分，错选、不选不得分）

1. 以下选项商品归入同一税目的有(　　)。

A. 血压计　　B. 体温表（管内充有水银）

C. 牙科用椅（带牙科用器械）　　D. 外科专用手锯

2. 以下选项商品归入同一税目的有(　　)。
   A. 人造血管（曲桑蚕丝织造而成）　B. 心脏监视仪
   C. 心脏起搏器　D. X 射线胸透机

3. 热电偶可能归入的税目包括（　　）。
   A. 85.03　B. 85.48
   C. 90.25　D. 90.33

4. 税目 85.42 所列“多元件集成电路”可包含的元件有（　　）。
   A. 硅基执行器　B. 变压器
   C. 电磁铁　D. 热敏电阻

5. 下列选项商品归入 90.24 的是(　　)。
   A. 纱线拉力应变计　B. 玻璃纤维伸长计
   C. 金属翻转扭力计　D. 纱线扭力计

四、分析题（请根据题目的要求作答，共 5 题，每题 4 分，共 20 分）

1. 汽油滤芯，由圆柱形的纸制过滤部分及两边的塑料连接件部分组成，安装在燃油箱里，对汽油进行过滤。该商品还需与其他部件共同组成汽油过滤装置。对其归类存在归入税目 48.12 和 84.21 两种意见。请对该商品的归类进行分析。
   (1) 归入税目（48.12、84.21 或其他）：

   (2) 总规则的运用：

   (3) 分析归类理由：

2. 工业机器人，功能为抓取、移动、投放，实现模内贴标、自动镶插件等自动化生产，或抓取后移动至火焰发生器旁。对其归类存在归入税目 84.28 和 84.79 两种意见。请对该商品的归类进行分析。
   (1) 归入税目（84.28、84.79 或其他）：

   (2) 总规则的运用：

   (3) 分析归类理由：

3. 电梯导轨，碳素钢 T 型钢材质，经过刨削、铣榫槽、钻孔等，用于安装在电梯井道墙壁上，通过连接板连接固定，是电梯上下行驶的安全路轨。对其归类存在归入税目 73.08 和 84.31 两种意见。请对该商品的归类进行分析。

(1) 归入税目（73.08、84.31 或其他）：

(2) 总规则的运用：

(3) 分析归类理由：

4. 电子配钥匙机，如图所示，该商品加工钥匙时，刀具旋转，工件（钥匙）作直线进给运动，用于配制金属钥匙。对其归类存在归入税目 84.58 和 84.59 两种意见。请对该商品的归类进行分析。

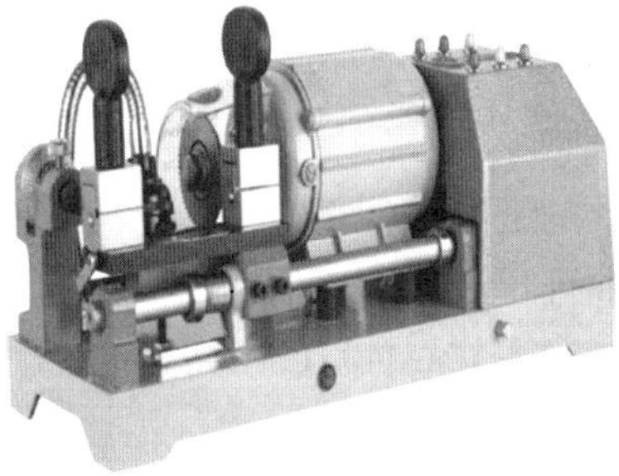

(1) 归入税目（84.58、84.59 或其他）：

(2) 总规则的运用：

(3) 分析归类理由：

5. 燃气热水器用排烟管，材质为不锈钢，直径为 85mm，管壁厚 1mm，为直焊缝钢管，一端焊接收弯头，另一端焊接有细短管，并带有小孔。对其归类存在归入税目 73.07 和 84.19 两种意见。请对该商品的归类进行分析。

(1) 归入税目（73.07、84.19 或其他）：

(2) 总规则的运用：

(3) 分析归类理由：

第 11 天打卡

Day 11

任务难度：★★★★★
任务时间：75min
任务分数：

一、判断题（请对下列各题做出正误判断，共 5 题，每题 1 分，共 5 分；答错、不答不得分也不扣分）

1. 保险杠是车身的外防护件，有保护和装饰功能，应按其材质归类。（　　）
2. 用于小轿车变速箱的齿轮应归入税目 84.83。（　　）
3. 彩色投影机应归入税目 90.08。（　　）
4. 马达用滑动轴承，硫化橡胶制，应归入税目 40.16。（　　）
5. 扫地机器人又称智能吸尘器，连接 Wi-Fi 自动计算，主要完成清扫、吸尘、擦地工作，应按真空吸尘器归入税目 85.08。（　　）

二、单选题（请在下列各题选项中，选出 1 个正确答案；共 5 题，每题 2 分，共 10 分；错选、不选均不得分）

1. 咖喱，配料表：食用油脂制品、小麦粉、白砂糖、食用盐、麦芽糊精、咖喱粉、香辛料、味精、食品添加剂、椰子粉、脱脂乳粉、番茄粉、食用葡萄糖、蜂蜜、水、复合调味料、浓缩苹果浆、食用香精等，食品添加剂：5′-肌苷酸二钠、磷脂、柠檬，应归入税号（　　）。

   A. 0910.9100　　　　B. 0910.9900

   C. 2103.9090　　　　D. 2106.9090

2. 单模单芯光纤跳线，如图所示，又称光纤连接器，应归入税号（　　）。

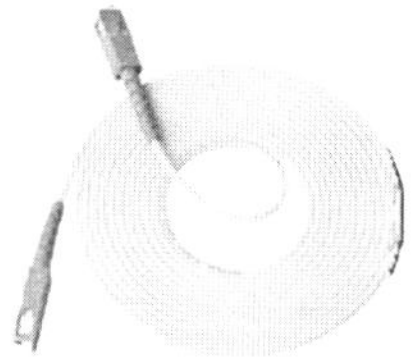

   A. 8536.7000　　　　B. 8544.4919

   C. 8544.7000　　　　D. 9001.1000

3. 咖啡机，设计为商业用途，额定功率 2650W，水箱容量 1.5L，外形尺寸 345mm×428mm×485mm，应归入税号（　　）。

A. 8419.8100　　B. 8514.1090
C. 8514.2000　　D. 8516.5000

4. 汽车遥控钥匙，由金属和电子部件组成，含三个控制按键，分别控制车门的开启、关闭和行李箱的开启。通过无线电信号与车辆防盗系统连接，遥控车门和行李箱，起到主动保护车辆安全的作用，应归入税号(　　)。
A. 8301.7000　　B. 8526.9200
C. 8543.7099　　D. 8708.9999

5. 无线路由器，如图所示，应归入税号(　　)。

A. 8517.6236　　B. 8517.6239
C. 8517.6299　　D. 8517.6910

三、多选题（请在下列各题选项中，选出2个或2个以上正确答案；共5题，每题3分，共15分；全部选对得3分，少选得相应分，错选、不选不得分）

1. 下列选项商品归入税目84.23的是（　　）。
A. 投币式体重秤　　B. 弹簧秤
C. 比重天平　　D. 智能称重狗碗

2. 一只零售包装纸盒，内有平板电脑、充电器、数据线、皮套，以下选项描述正确的有（　　）。
A. 全部按平板电脑归入税号8471.3010。
B. 运用归类总规则五，纸盒、皮套一并按平板电脑归类
C. 纸盒、充电器、数据线与平板电脑一起按平板电脑归类，皮套另外归类
D. 纸盒、充电器、数据线、平板电脑和皮套符合“零售成套货品”的三个条件，故应一起按构成“基本特征”的平板电脑归类

3. 下列选项中归入税目84.79的商品有（　　）。
A. 手持洗衣机（小型电动机拍打去污）
B. 手持洗衣机（喇叭超音速震动去污）
C. LED芯片分选机（未完成封装）
D. LED成品分选机（已完成封装）

4. 加工金属工件必须要有切屑产生的税目有(　　)。

A. 84.59　　B. 84.60

C. 84.61　　D. 84.62

5. 下列属于第十五类所称“通用零件”的有(　　)。

A. 不锈钢制法兰　　B. 道路标志牌

C. 铝制拉环盖（饮料罐用）　　D. 铜制方头螺钉

四、分析题（请根据题目的要求作答，共5题，每题4分，共20分）

1. 除湿机，又称减湿机，由电动压缩机、热交换器、风扇、盛水器、机壳及控制器组成。其工作原理是由风扇将潮湿空气抽入机内，通过热交换器将空气中的水分冷凝成水珠，变成干燥的空气排出机外。如此循环使室内的湿度降低。家用型，重量18kg。对其归类存在归入税目84.79和85.09两种意见。请对该商品的归类进行分析。

(1) 归入税目（84.79、85.09或其他）：

(2) 总规则的运用：

(3) 分析归类理由：

2. 切边集尘机，功率7.5kW，重量1200kg，是由集尘箱、粉尘过滤芯、消声器、消声过滤器、控制面板及电动机抽风组件组成，工作原理是在负压作用下，通过抽风口吸收切割镜片产生的粉尘碎屑和空气，吸入的脏空气经由过滤芯过滤并将粉尘收集在集尘箱中，经初次过滤的空气经消声过滤器进一步过滤粉尘，然后将干净的空气排到室外，主要功能是过滤粉尘、净化空气。对其归类存在归入税目84.21和85.08两种意见。请对该商品的归类进行分析。

(1) 归入税目（84.21、85.08或其他）：

(2) 总规则的运用：

(3) 分析归类理由：

3. 镜片自动组立机，该商品由机械手、夹爪、吸嘴、球心单元、组装治具、视觉系统、点胶UV固化单元组成。专用于手机塑料镜片的组装，将吸嘴及镜筒组装治具装入机器上，通过系统操控，将镜片、垫片放入镜筒内，点胶固化后组成手机镜头。对其归类存在归入税目 84.65 和 84.79 两种意见。请对该商品的归类进行分析。

(1) 归入税目（84.65、84.79 或其他）：

(2) 总规则的运用：

(3) 分析归类理由：

4. 高速加工中心，由 *X*、*Y*、*Z* 轴，工作台，控制柜，石墨吸收装置，油雾吸收装置，刀库等组成。工作原理：首先依据继电器产品注塑部件设计石墨电极 3D 模型，将 3D 模型通过 CAM 软件转化为设备加工程序，设备会根据加工需要选择刀具，*X*、*Y*、*Z* 三轴联动对石墨电极进行铣削加工，最终形成所需要的石墨电极。对其归类存在归入税目 84.64 和 84.74 两种意见，请对该商品的归类进行分析。

(1) 归入税目（84.64、84.74 或其他）：

(2) 总规则的运用：

(3) 分析归类理由：

5. 手动模压机，通过手柄驱动液压泵工作，液压油驱动液压缸，液压缸推动模具，模具内放有氧化铝粉末，受力后压制成型。对其归类存在归入税目 84.67 和 84.74 两种意见。请对该商品的归类进行分析。

(1) 归入税目（84.67、84.74 或其他）：

(2) 总规则的运用：

(3) 分析归类理由：

第 12 天打卡

Day 12

任务难度：★★★★★
任务时间：75min
任务分数：

一、判断题（请对下列各题做出正误判断，共 5 题，每题 1 分，共 5 分；答错、不答不得分也不扣分）

1. 汽车倒车雷达，由一个主机、报警装置和多个发射/接收天线构成，利用发射/接收无线电波工作，应按汽车用电器信号装置归入税目 85.12。（　　）

2. 家用小型电冰箱用隔板，由安全玻璃和塑料边框制成，应按照玻璃制品归入第七十章。（　　）

3. 曲轴毛坯在报验时已具有曲轴的基本特征，根据归类总规则二（一），应归入税目 84.83。（　　）

4. 陶瓷泵属于专门技术用途的陶瓷制品，应按其材料属性归入第六十九章。（　　）

5. 根据第十六类注释一（三）描述，不包括各种材料制的筒管、卷轴、纡子、锥形筒管、芯子、线轴及类似品，用于镇流器缠绕漆包铜线的胶芯属于类似品，应按其材料属性归类。（　　）

二、单选题（请在下列各题选项中，选出 1 个正确答案；共 5 题，每题 2 分，共 10 分；错选、不选均不得分）

1. 喷墨打印机用墨盒，如图所示，装有墨水，直接安装使用，应归入税号（　　）。

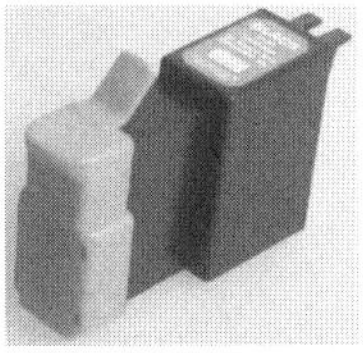

A. 3215.1100　　B. 3215.9020
C. 3215.9090　　D. 8443.9990

2. 红外线遥控器，如图所示，应该归入税目（　　）。

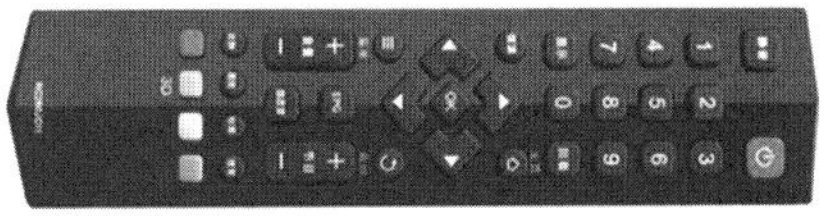

A. 85.17　　B. 85.26

C. 85.29　　D. 85.43

3. 单轮电动平衡车，如图所示，应归入子目(　　)。

A. 8711.60　　B. 8711.90

C. 8712.00　　D. 9503.00

4. 减压阀，如图所示，用于油缸的油液进口压力控制，当油缸进口压力大于减压阀设定压力时，减压到设定压力并维持稳定，应归入税号（　　）。

A. 8481.1000　　B. 8481.2010

C. 8481.4000　　D. 8481.8040

5. 吸尘器电机碳刷组件，如图所示，由碳刷架（塑料制）、装有接头的碳刷（石墨制）组成，吸尘器输出功率1200W，应归入税目(　　)。

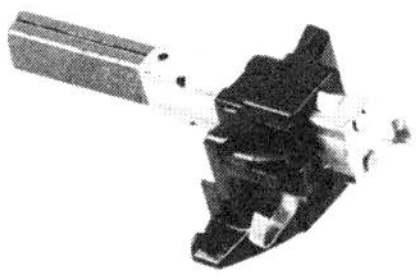

A. 68.15　　B. 85.03

C. 85.08　　D. 85.45

三、多选题（请在下列各题选项中，选出2个或2个以上正确答案；共5题，每题3分，共15分；全部选对得3分，少选得相应分，错选、不选不得分）

1. 下列选项商品归入同一税目的有(　　)。

A. 装有防腐剂和水的冰袋

B. 装有羧甲基纤维素的冰袋

C. 装有过饱和醋酸钠水溶液及色素的热袋

D. 装有甘油、水、薄荷脑、乙醇、对羟基苯甲酸等的退热贴

2. 下列选项中，属于产生、变换或存储电能装置的税目有(　　)。

A. 85.04　　B. 85.05

C. 85.06　　D. 85.07

3. 以下选项商品按饮料归入税目 22.02 的有(　　)。

A. 紫葡萄汁，葡萄汁 83%、葡萄浓缩汁 17%、白利糖度值 16~18

B. 混合果汁，葡萄汁 35%、蓝莓汁 35%、樱桃汁 15%、芒果汁 14.8%、维生素 C 0.1%、柠檬酸 0.1%

C. 酵素饮料，水 85%、乌梅汁 3%、木瓜汁 3%、菠萝汁 3%，其余为山梨糖醇、麦芽糊精、低聚木糖等

D. 旺仔牛奶，复原乳（80%）、水、白砂糖、食品添加剂、食用香精

4. 下列选项中，全部为电动器具的税目有(　　)。

A. 85.08　　B. 85.09

C. 85.10　　D. 85.11

5. 关于玻璃假眼归类，下列选项描述正确的有(　　)。

A. 供人使用的玻璃假眼应归入税目 90.21

B. 用于玩偶、机器人、填制的玩具动物上的玻璃假眼应归入税目 95.03

C. 装在服装人体模型上的玻璃假眼应归入税目 70.18

D. 装在毛皮制品等物品上的玻璃假眼应归入税目 70.18

四、分析题（请根据题目的要求作答，共 5 题，每题 4 分，共 20 分）

1. 手动可升降推车，如图所示，由升降平台、液压缸、车架 、轮子组成。对其归类存在归入税目 84.27 和 87.16 两种意见。请对该商品的归类进行分析。

(1) 归入税目（84.27、87.16 或其他）：

(2) 总规则的运用：

(3) 分析归类理由：

2. 商用烤面包机，如图所示，对其归类存在归入税目85.14和85.16两种意见。请对该商品的归类进行分析。

(1) 归入税目（85.14、85.16或其他）：

(2) 总规则的运用：

(3) 分析归类理由：

3. 垃圾收集车，车长3.8米、车重量1.92吨，为纯电动车辆，不带有发动机。利用液压压缩装置将车厢内的垃圾压缩，利用车辆自带的液压倾倒装置，将垃圾倒入垃圾站。对其归类存在归入税目87.04和87.05两种意见。请对该商品的归类进行分析。

(1) 归入税目（87.04、87.05或其他）：

(2) 总规则的运用：

(3) 分析归类理由：

4. 按钮开关，主要由三部分组成，包括壳体、电路板和连接线缆，按下按钮时，可实现导通电路、LED灯亮、蜂鸣器发声三种功能，其中导通电路为主要功能。对其归类存在归入税目85.31和85.36两种意见。请对该商品的归类进行分析。

(1) 归入税目（85.31、85.36或其他）：

(2) 总规则的运用：

(3) 分析归类理由：

5. 磁力碗，如图所示，马口铁、铁氧体磁铁制，工作原理为通过磁铁和马口铁的组合应用，使碗工作面产生一个磁力吸附小零件等。对其归类存在归入税目73.26和85.05两种意见。请对该商品的归类进行分析。

(1) 归入税目（73.26、85.05或其他）：

(2) 总规则的运用：

(3) 分析归类理由：

第 13 天打卡

Day 13

任务难度：★★★★☆

任务时间：70min

任务分数：________

一、判断题（请对下列各题做出正误判断，共 5 题，每题 1 分，共 5 分；答错、不答不得分也不扣分）

1. 税目 90.01 的光学元件必须进行过光学加工。（　　）
2. 由室内机和室外机组成的空调归入税目 84.15，其依据是第十六类注释四。（　　）
3. 由铝框架、聚碳酸酯（PC）顶板和围布三部分组成的遮阳棚归入税目 76.10，其归类依据是归类总规则二（一）。（　　）
4. 税目 84.86 所称“半导体器件”，包括二极管、晶体管及类似的半导体器件，也包括光敏半导体器件及发光二极管（LED）。（　　）
5. 轿车内门把手（该商品带周围饰板，内部不含锁闭结构，塑料材质）应按材质归入税目 39.26。（　　）

二、单选题（请在下列各题选项中，选出 1 个正确答案；共 5 题，每题 2 分，共 10 分；错选、不选均不得分）

1. 袋式除尘器用过滤袋，如图所示，尼龙织物制得，长约 23cm，顶端直径约 10cm，开口端带有钢制的缝入环，应归入税号（　　）。

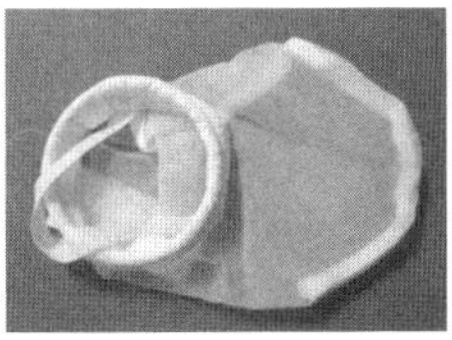

A. 5911.4000　　B. 5911.9000

C. 8421.9190　　D. 8421.9990

2. 日光灯启辉器应归入子目（　　）。

A. 8504.10　　B. 8504.50

C. 8536.10　　D. 8536.50

3. 电感式镇流器应归入子目（　　）。

A. 8504.10　　B. 8504.50

C. 8536.10　　D. 8536.50

4. 空调用电路板，包括可编程存储器，配备有多种有源和无源元件，用于控制风扇速度等，应归入子目（　　）。
A. 8415.90（空调零件）　　B. 8534.00（印刷电路）
C. 8537.10（控制装置）　　D. 9032.89（自动控制装置）

5. 电动汽车电路板，由电池管理单元（BMU）和四个本地电池监控单元（LMU）组成，用于电动汽车在运行或电池充放电过程中对电池系统进行监控管理与保护，应归入税目（　　）。
A. 85.07（电池零件）　　B. 85.42（集成电路）
C. 85.43（其他未列名）　　D. 87.08（汽车零件）

三、多选题（请在下列各题选项中，选出2个或2个以上正确答案；共5题，每题3分，共15分；全部选对得3分，少选得相应分，错选、不选不得分）

1. 下列选项关于子目8413.1“装有或可装计量装置的泵”描述正确的有（　　）。
A. 仅包括各种类型装有或可装液体排出量容积测控装置的泵
B. 仅包括各种类型装有或可装液体排出量容积计量装置的泵
C. 不论其测控装置是否与泵同时报验
D. 不论其计量装置是否与泵同时报验

2. 下列选项中，属于热能转换机器的税目有（　　）。
A. 84.15　　B. 84.16
C. 84.17　　D. 84.18

3. 电容器铝壳，如图所示，纯度≥99.5%，尺寸为8.55mm×12.2mm，以下说法正确的选项有（　　）。

A. 应归入税号8532.9000
B. 应归入税号7616.9990
C. 归类依据为第十六类注释二（一）
D. 运用了归类总规则一及六

4. 下列选项商品不归入税目 84.79 的有(　　)。

A. 专用于水下样品采集的单用途工业机器人

B. 集成电路工厂专用自动搬运机器人

C. 摩擦焊接机器人

D. 激光焊接机器人

5. 下列选项关于 3D 打印机归类描述正确的有(　　)。

A. 加工对象为塑料，不论其加工方式，均应归入税号 8477.5910

B. 加工对象为合金，不论其加工方式，均应归入税号 8479.8190

C. 加工对象为石膏，不论其加工方式，均应归入税号 8474.8090

D. 加工对象为食品，不论其加工方式，均应归入税号 8438.8000

四、分析题（请根据题目的要求作答，共 5 题，每题 4 分，共 20 分）

1. 密封垫，由丁腈橡胶和铁件（柳钉）压制而成，用途：密封垫与摩擦片铆装，再与皮带轮、电磁线圈组装，合成电磁离合器总成，用在汽车空调压缩机上。对其归类存在归入税目 84.84 和 85.05 两种意见。请对该商品的归类进行分析。

（1）归入税目（84.84、85.05 或其他）：

（2）总规则的运用：

（3）分析归类理由：

2. 商用烤箱，上部为烤箱，下部为醒发箱，工作时将事先搅拌好的面团放入醒发箱内醒发，面团醒发好后再由人工放入上部烤箱进行烘烤，主要用于面包房、酒店、餐厅。对其归类存在归入税目 84.38 和 85.14 两种意见。请对该商品的归类进行分析。

（1）归入税目（84.38、85.14 或其他）：

（2）总规则的运用：

（3）分析归类理由：

3. 喷头，如图所示，液体的散布或喷雾器具，用于亮发营养水的包装瓶上。对其归类存在归入税目 84. 24 和 96. 16 两种意见。请对该商品的归类进行分析。

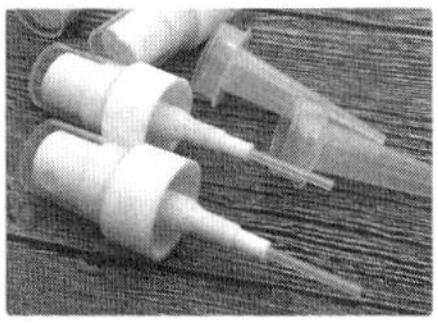

(1) 归入税目（84. 24、96. 16 或其他）：

(2) 总规则的运用：

(3) 分析归类理由：

4. V 形磁座，如图所示，划线用具，底部带有磁力，用于支承圆柱体工件。对其归类存在归入税目 84. 87 和 85. 05 两种意见。请对该商品的归类进行分析。

(1) 归入税目（84. 87、85. 05 或其他）：

(2) 总规则的运用：

(3) 分析归类理由：

5. 助行车，如图所示，对其归类存在归入税目 87. 16 和 90. 21 两种意见。请对该商品的归类进行分析。

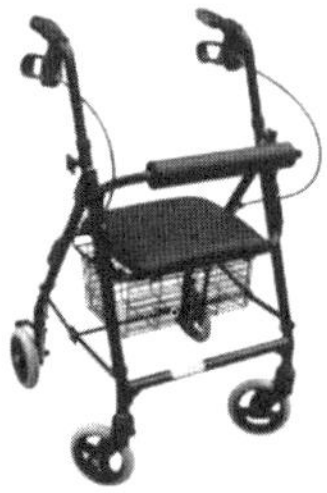

(1) 归入税目（87. 16、90. 21 或其他）：

(2) 总规则的运用：

(3) 分析归类理由：

第 14 天打卡

Day 14

任务难度：★★★★☆

任务时间：70min

任务分数：________

一、判断题（请对下列各题做出正误判断，共 5 题，每题 1 分，共 5 分；答错、不答不得分也不扣分）

1. 超薄玻璃，使用下拉生产工艺，表面经火抛光处理，进口后需要镀膜处理，并切割成小片，该商品应归入税目 90.01。（　　）

2. 餐巾纸压花用的模具应归入税目 84.80。（　　）

3. 用于计算机、汽车音响设备、打印机等多种设备的贴片滤波器归入税目 85.48 的依据是第十六类注释二（三）。（　　）

4. 带电子计算器的手表，其功能一半是计算器，一半是手表，归入税目 91.02 的依据是第十六类注释三。（　　）

5. 税目 85.37 不包括电视接收机或其他电气设备用的无绳红外遥控器。（　　）

二、单选题（请在下列各题选项中，选出 1 个正确答案；共 5 题，每题 2 分，共 10 分；错选、不选均不得分）

1. 打印机碳粉，黑色墨粉，由黏结树脂、炭黑、荷电控制剂、外添加剂等成分组成，应归入税号（　　）。

A. 3215.1900　　B. 3215.9090

C. 3707.9090　　D. 3824.9999

2. 压舌板套装，如图所示，包括 LED 灯和塑料压舌板，应归入税目（　　）。

A. 39.26（塑料制品）　　B. 85.13（自供能源灯）

C. 90.18（医疗器具）　　D. 分别归类

3. 加热电阻器，如图所示，应归入税目(　　)。

A. 85.16　　B. 85.33

C. 85.41　　D. 85.44

4. 汽车用油箱（由贱金属焊接而成，容积为50L），如图所示，应归入税目(　　)。

A. 73.09　　B. 73.10

C. 73.26　　D. 87.08

5. 硫化橡胶制密封圈，如图所示，用于汽车发动机机油泵密封，应归入税号(　　)。

A. 4016.9310　　B. 4016.9390

C. 4016.9990　　D. 8431.4999

三、多选题（请在下列各题选项中，选出2个或2个以上正确答案；共5题，每题3分，共15分；全部选对得3分，少选得相应分，错选、不选不得分）

1. 下列选项的汽车零件归入税目87.08的有(　　)。

A. 冷却系统散热器　　B. 火花塞

C. 天窗车顶板　　D. 转速计

2. 下列选项商品在《协调制度》中税目相同的有(　　)。

A. 同轴电缆

B. 电脑用布线组，有接头，额定电压12V

C. 汽车用布线组，有接头，额定电压 12V
D. 加热电缆，用于消防管道防冻、低温地板保温、设备保温等

3. 下列选项商品，属于第八十四章章注七“多用途机器”的有(　　)。
A. 数控雕刻机（利用铣刀对金属、塑料、木材等多种材料进行雕刻）
B. 电路板切割机（电路板材质为铜箔和塑料板）
C. 工业机器人（可完成点焊、涂胶、搬运、打孔等工作）
D. 全自动清洗消毒柜（利用超声波清洗、热水喷淋和高温干燥等方式实现对医疗器械的消毒）

4. 单片集成电路在报验时可以是（　　）。
A. 未切小片、未封装　　B. 未切小片、未蚀刻
C. 已切小片、已封装　　D. 已切小片、未封装

5. 下列选项中的家用电动器具，归入税目 85.09 的有(　　)。
A. 绞肉机，29.5kg　　B. 除湿机，15kg
C. 睫毛刷，缺少马达　　D. 修枝剪，1.2kg

四、分析题（请根据题目的要求作答，共 5 题，每题 4 分，共 20 分）

1. 交叉滚子直线滑动导轨，如图所示，在光学和测量仪器等设备中提供稳定的、非循环的线性运动。对其归类存在归入税目 84.66 和 84.83 两种意见。请对该商品的归类进行分析。

（1）归入税目（84.66、84.83 或其他）：

（2）总规则的运用：

（3）分析归类理由：

2. 三角警示牌，如图所示，由硬质塑料三角、贱金属支架构成。对其归类存在归入税目 83.10 和 85.31 两种意见。请对该商品的归类进行分析。

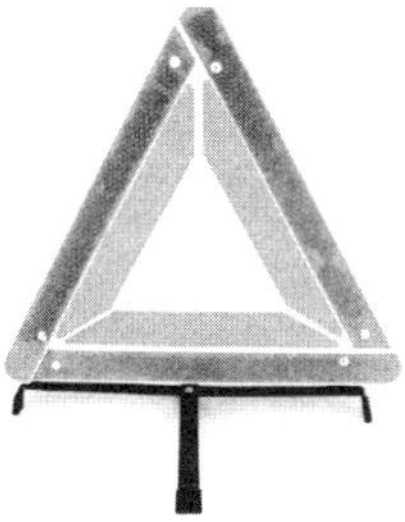

（1）归入税目（83.10、85.31 或其他）：

（2）总规则的运用：

（3）分析归类理由：

3. 铜导线，如图所示，由9股非绝缘铜导线编织而成，在水冷测试中作为导体使用。对其归类存在归入税目74.13和85.44两种意见。请对该商品的归类进行分析。

(1) 归入税目（74.13、85.44或其他）：

(2) 总规则的运用：

(3) 分析归类理由：

4. 带线插座头，如图所示，对其归类存在归入税目85.36和85.44两种意见。请对该商品的归类进行分析。

(1) 归入税目（85.36、85.44或其他）：

(2) 总规则的运用：

(3) 分析归类理由：

5. 卷笔刀，如图所示，对其归类存在归入税目82.14和84.72两种意见。请对该商品的归类进行分析。

(1) 归入税目（82.14、84.72或其他）：

(2) 总规则的运用：

(3) 分析归类理由：

第 15 天打卡

Day 15

任务难度：★★★★★

任务时间：70min

任务分数：

一、判断题（请对下列各题做出正误判断，共 5 题，每题 1 分，共 5 分；答错、不答不得分也不扣分）

1. 轿车用后视镜（已镶框），应归入税目 87.08。（　　）

2. 毡呢制帽的机器的铅制帽模应归入税目 84.80。（　　）

3. 带有时钟的电加热香薰器归入税目 85.16，其归类依据是第十六类类注三。（　　）

4. 归入税目 87.06 的货品为不带车身的机动车辆。（　　）

5. 利用电热效应产生热量以供人们利用的装置，应归入第八十五章。（　　）

二、单选题（请在下列各题选项中，选出 1 个正确答案；共 5 题，每题 2 分，共 10 分；错选、不选均不得分）

1. 桶装方便面，内含面饼、蔬菜包、料理酱包、调味粉包、酸菜包、塑料餐叉。其按面饼归类运用了（　　）。

A. 归类总规则一　　B. 归类总规则二（一）

C. 归类总规则三（一）　　D. 归类总规则三（二）

2. 鸿运扇，如图所示，额定功率 50W，应归入税号（　　）。

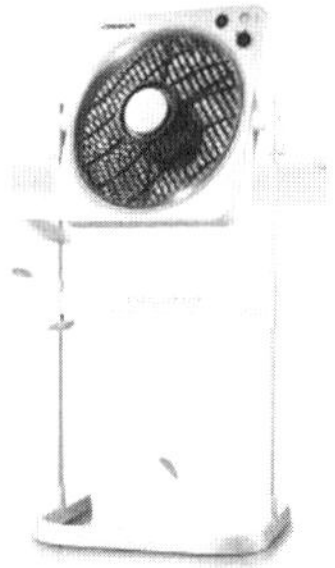

A. 8414.5120　　B. 8414.5130

C. 8414.5192　　D. 8414.5199

3. 陶瓷加热风扇，如图所示，额定电压 220V，额定功率 2kW，带内置风扇和瓷风扇加热器，用于房间供暖，应归入税目（　　）。

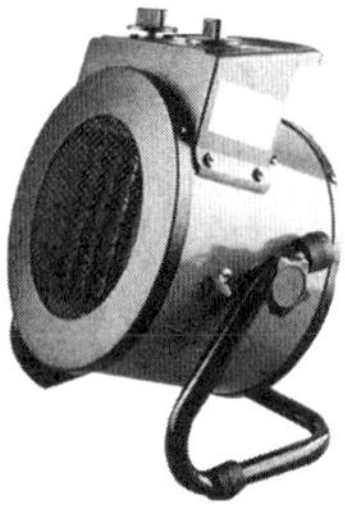

A. 84.14　　B. 84.19

C. 85.14　　D. 85.16

4. 泡沫塑料制成的特殊形状的垫圈，如图所示，用于扬声器密封，应归入税号(　　)。

A. 3926.9010　　B. 3926.9090

C. 8487.9000　　D. 8518.9000

5. 墙面打磨机，如图所示，用于打磨墙壁和天花板以及去除油漆、松散灰泥和壁纸残留物，应归入税目(　　)。

A. 84.33　　B. 84.64

C. 84.67　　D. 85.09

三、多选题

(请在下列各题选项中，选出2个或2个以上正确答案；共5题，每题3分，共15分；全部选对得3分，少选得相应分，错选、不选不得分)

1. 下列选项的车辆归入税目87.05的有(　　)。

A. 救火车　　B. 旅宿车

C. 洒水车　　D. 测试车

2. 下列选项商品符合税目85.05的有(　　)。

A. 用于汽车空调压缩机的电磁离合器

B. 带黏合剂的粉状或粒状磁铁氧体
C. 用于冰箱门上的磁贴
D. 眼科或外科医生专用的电磁铁

3. 下列描述正确的选项有(　　)。
A. 船用推进器用侧推筒体应归入税号 8487.9000
B. 机动船只用的喷水推进器应归入税号 8487.1000
C. 单独报验的搅拌叶片应归入税号 8487.9000
D. 船用推进器用桨叶应归入税号 8487.1000

4. 下列选项中单独报验的机械装置，视为具有“独立功能”的有(　　)。
A. 臭氧发生器用的空气减湿器　　B. 装在工业缝纫机上的链式割线器
C. 内燃机用的化油器　　D. 升降椅用的气弹簧

5. 下列设备属于税目 84.86 制造半导体器件或集成电路用的机器及装置的有(　　)。
A. 圆片切割机，用于将半导体材料的单晶柱切割成圆片
B. 激光划片机，用于将圆片切割成片（芯片分割）
C. 激光雕刻机，用于雕刻单片集成电路成品或分立半导体元件的塑料外壳
D. 圆片切割机，用于将圆片切割成小片

四、分析题（请根据题目的要求作答，共 5 题，每题 4 分，共 20 分）

1. 订书机，如图所示，对其归类存在归入税目 82.14 和 84.72 两种意见。请对该商品的归类进行分析。

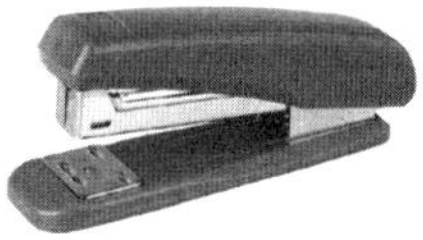

（1）归入税目（82.14、84.72 或其他）：

（2）总规则的运用：

（3）分析归类理由：

2. 变频器中的电源基板，接收输入的 600V 直流电，经逆变、整流后输出 5V 的直流电，供变频器的控制部件使用，带有自激式稳压电路，输出功率 50W，精度为 5%。对其归类存在归入税目 85.04 和 90.32 两种意见。请对该商品的归类进行分析。
（1）归入税目（85.04、90.32 或其他）：

（2）总规则的运用：

（3）分析归类理由：

3. 专用于汽车自动变速器的贱金属齿轮，如图所示，对其归类存在归入税目84.83和87.08两种意见。请对该商品的归类进行分析。

（1）归入税目（84.83、87.08或其他）：

（2）总规则的运用：

（3）分析归类理由：

4. 电动口罩，内置微电机增压涡轮，复合滤芯可更换，主要过滤雾霾、PM2.5粉尘、尾气等。对其归类存在归入税目84.21和90.20两种意见。请对该商品的归类进行分析。

（1）归入税目（84.21、90.20或其他）：

（2）总规则的运用：

（3）分析归类理由：

5. 橡胶垫片，如图所示，钢骨架占56%，硫化橡胶占44%，装上铁链条组装后成为履带，保证挖掘机在地面上行驶。对其归类存在归入税目40.16和73.15两种意见。请对该商品的归类进行分析。

（1）归入税目（40.16、73.15或其他）：

（2）总规则的运用：

（3）分析归类理由：

第 16 天打卡

Day 16

任务难度：★★★★★

任务时间：70min

任务分数：

一、判断题（请对下列各题做出正误判断，共 5 题，每题 1 分，共 5 分；答错、不答不得分也不扣分）

1. 零售包装的纸盒内有清洁剂、黏合剂各一瓶，配合使用，根据归类总规则一（第六类类注三），将其按黏合剂归类。（　　）
2. 给准备进行纺织的羊毛进行清洗的洗毛机应归入税目 84.45。（　　）
3. 一个通用于税目 84.17、84.62、85.36 多个设备的通用电气零件应归入税目 84.87。（　　）
4. 一个同时带有 HDMI 和 S 端子、复合视频端子的 27 寸液晶监视器应归入子目 8528.52。（　　）
5. 全套超声波倒车雷达应归入税目 85.12。（　　）

二、单选题（请在下列各题选项中，选出 1 个正确答案；共 5 题，每题 2 分，共 10 分；错选、不选均不得分）

1. 钢铁制平板电脑框架，如图所示，应归入税目（　　）。

A. 73.21　　　　B. 73.26

C. 84.73　　　　D. 84.87

2. 差压传感器，如图所示，由压力传感器、IC 芯片、电阻器和电容器组成，用于测量内燃机的排气压力，应归入税目（　　）。

A. 84.12　　B. 87.08

C. 90.26　　D. 90.31

3. 八角形保护帽，如图所示，带内螺纹。产品由聚酰胺制成，并另外拧到恒温阀插件上，以保护它们在运输或储存过程中免受损坏或污染，应归入税目(　　)。

A. 39.23　　B. 39.26

C. 84.81　　D. 84.87

4. 视镜管件，如图所示，由铸铁和层状石墨、玻璃制成的管接头，用于管道连接，中间可以监测流动介质，应归入税目(　　)。

A. 70.07　　B. 73.07

C. 73.26　　D. 84.81

5. 双孔 SIM 卡托，如图所示，材质为铝，用数控铣床铣制而成，下列选项描述正确的是(　　)。

A. 按材质归入第七十六章　　B. 按托架归入税目 83.02

C. 按手机零件归入税目 85.17　　D. 按零件归入税目 85.48

三、多选题（请在下列各题选项中，选出 2 个或 2 个以上正确答案；共 5 题，每题 3 分，共 15 分；全部选对得 3 分，少选得相应分，错选、不选不得分）

1. 下列选项商品属于税目 85.06 的有(　　)。
   A. 笔记本电脑锂电池　　B. 遥控器用 7 号电池
   C. 手表用纽扣锂锰电池　　D. 路灯用光电池

2. 下列选项关于税目 87.03 描述正确的有(　　)。
   A. 可装有各种发动机
   B. 可以是轮式或履带式
   C. 由蓄电池组供电的一个或多个电动机加以驱动的车辆称为“电动汽车（EVs）”
   D. “旅行小客车”是指最大载客量为 9 人（包括驾驶员，车内需作结构上的变动）兼可载运客货的车辆

3. 下列选项关于飞机模型归类正确的有(　　)。
   A. 完全按比例制成的应归入税目 88.01　　B. 专供示范用的应归入税目 90.23
   C. 娱乐用的应归入税目 95.03　　D. 装饰用的应归入税目 83.06

4. 下列选项商品不归入第七十一章的有(　　)。
   A. 表壳　　B. 喷丝头
   C. 单独报验的砝码　　D. 手提包，贵金属构成其基本特征

5. 下列选项商品归入同一税目的有(　　)。
   A. 磁力天平，用于勘探矿藏、石油等
   B. 扭力天平，以游丝扭力与被称物质质量达到平衡的方式测重
   C. 试金天平，用于贵金属检验
   D. 比重天平，用于确定液体或固体的比重

四、分析题（请根据题目的要求作答，共 5 题，每题 4 分，共 20 分）

1. 漫威手摇削笔器，如图所示，对其归类存在归入税目 84.72 和 95.03 两种意见。请对该商品的归类进行分析。

（1）归入税目（84.72、95.03 或其他）：

（2）总规则的运用：

（3）分析归类理由：

2. 带有金属永磁体的通用磁性支架，如图所示，对其归类存在归入税目 85.05 和 96.20 两种意见。请对该商品的归类进行分析。

(1) 归入税目（85.05、96.20 或其他）：

(2) 总规则的运用：

(3) 分析归类理由：

3. 旋转编码器，如图所示，可将旋转位移信号转变为电信号，相应脉冲信号需要输出至计算机控制系统进行计算后得出转速数据，用于测量机床工作轴的转速、转动方向及移动角度等。对其归类存在归入税目 85.43 和 90.31 两种意见。请对该商品的归类进行分析。

(1) 归入税目（85.43、90.31 或其他）：

(2) 总规则的运用：

(3) 分析归类理由：

4. 电梯反绳轮，如图所示，铸铁制动滑轮，根据需要，可将曳引钢丝绳绕过反绳轮，用以构成不同的曳引绳传动比。对其归类存在归入税目 84.31 和 84.83 两种意见。请对该商品的归类进行分析。

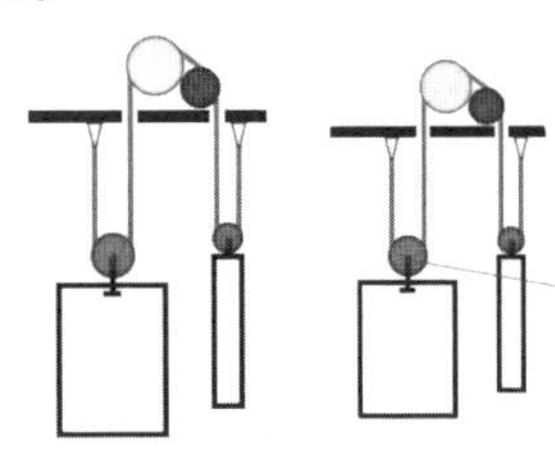

(1) 归入税目（84.31、84.83 或其他）：

(2) 总规则的运用：

(3) 分析归类理由：

5. 高速焊线机，利用超声波焊接原理，将金线焊接到集成电路触点上，对半导体硅晶圆芯片与基板电路进行连接，形成摄像头单片集成电路。对其归类存在归入税目 84.86 和 85.15 两种意见。请对该商品的归类进行分析。

(1) 归入税目（84.86、85.15 或其他）：

(2) 总规则的运用：

(3) 分析归类理由：

第 17 天打卡

Day 17

任务难度：★★★★★
任务时间：70min
任务分数：

一、判断题（请对下列各题做出正误判断，共5题，每题1分，共5分；答错、不答不得分也不扣分）

1. 光学显微镜，设计时不带目镜，光学信号直接经CCD转换输入电脑显示在电脑屏幕上，且能将拍摄画面录像，应归入子目9011.20。（　　）
2. 钢铁制铅垂线，铁砣+棉线组成，用于工地测垂直度，应归入税目90.17。（　　）
3. 黄包车应归入税目87.16。（　　）
4. 公路用交通灯应归入税目86.08。（　　）
5. 用于行李箱外部缠绕塑料保护膜的机器应归入子目8422.40。

二、单选题（请在下列各题选项中，选出1个正确答案；共5题，每题2分，共10分；错选、不选均不得分）

1. 车门把手，如图所示，塑料制，下列选项描述正确的是（　　）。

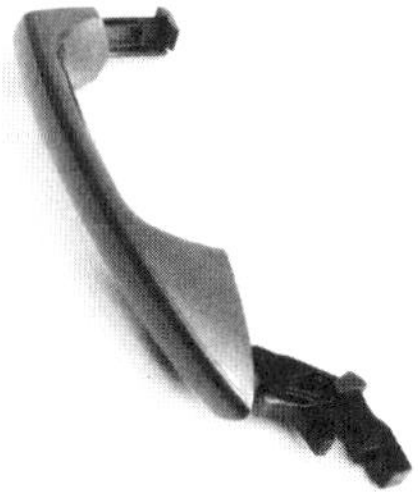

A. 应按塑料材质归入子目3926.30　　B. 应按塑料材质归入子目3926.90
C. 应按汽车零件归入子目8708.29　　D. 应按汽车零件归入子目8708.99

2. 塞尺，如图所示，又称厚薄规，主要用来检查两结合面之间的缝隙，应归入税号（　　）。

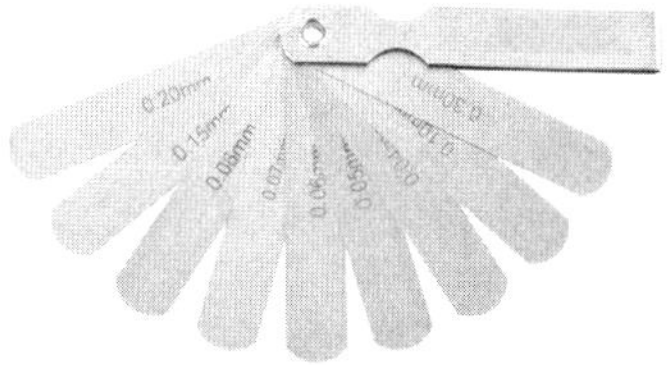

A. 8205.5900　　B. 9017.3000

C. 9017.8000　　D. 9031.8090

3. 汽车发动机隔热垫，如图所示，合成纤维非织造布制，已制成特定形状，粘贴到发动机盖的下侧，并用于隔音或减弱内燃机的“通过噪声”，应归入税目(　　)。

A. 59.11　　B. 63.07

C. 84.12　　D. 87.08

4. 铝制阀塔封闭盖，如图所示，用于机动车辆的液压和电动液压转向系统中，应归入税目(　　)。

A. 76.12　　B. 76.16

C. 83.02　　D. 87.08

5. 塑料旋钮，如图所示，通用于收音机、电视机、测量装置。下列选项说法正确的是(　　)。

A. 按塑料制品归入税目 39.26

B. 按从后归类归入测量装置的零件

C. 按第十六类类注二（三）归入税目 84.87

D. 按第九十章章注三归入税目 90.33

三、多选题（请在下列各题选项中，选出 2 个或 2 个以上正确答案；共 5 题，每题 3 分，共 15 分；全部选对得 3 分，少选得相应分，错选、不选不得分）

1. 下列选项符合税目 87.03“多用途车辆”特征的有(　　)。

A. 沿车厢两侧带有后窗
B. 与乘客区间相连的整个车厢内部具有装饰精致、配置舒适的特征
C. 在驾驶员和前排乘客所在区间与后部区间之间具有固定隔板或屏障
D. 与车辆乘客区间相连的装货区间内部没有装饰精致、配置舒适的特征

2. 专用于(　　)可归入税目 90.26。
A. 测量低速气流的电离风速计　B. 测定大气风速的风杯风速计
C. 测量矿井中气流速度的风速计　D. 记录导管中风速的风速计

3. 下列选项商品不归入税目 90.21 的有(　　)。
A. 治疗静脉曲张的长袜
B. 为残疾人特制的普通手杖
C. 定制用于矫正畸形的特种鞋垫
D. 内底弓起以减轻平跖者不适的批量生产的鞋子

4. 下列选项商品可归入税目 85.12 的有(　　)。
A. 挂有拖车的车辆用三角形发光装置　B. 机械风挡刮水器
C. 车辆内部照明灯　D. 倒车雷达传感器

5. 下列选项商品可归入税目 85.15 的有(　　)。
A. 热塑性材料的焊接机器　B. 回流焊炉
C. 波峰焊接机器　D. 超声波焊接机器

四、分析题(请根据题目的要求作答，共 5 题，每题 4 分，共 20 分)

1. 电梯液压缓冲器，如图所示，主要由柱塞、弹簧和油缸组成。当电梯发生故障，轿厢下坠到达井道底部后，会冲击液压缓冲器的柱塞，柱塞因此会下沉，柱塞下方的液压油随之被压缩到缸体外壳中，从而起到缓冲作用。当轿厢被拉回原位后，柱塞下方的弹簧将柱塞顶回原位。对其归类存在归入税目 84.12 和 84.31 两种意见。请对该商品的归类进行分析。

(1) 归入税目 (84.12、84.31 或其他)：

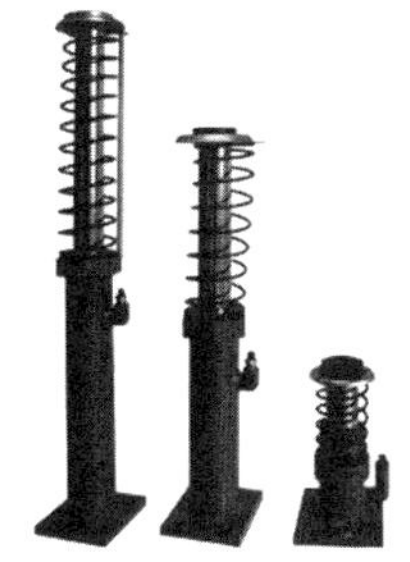

(2) 总规则的运用：

(3) 分析归类理由：

2. 已装配的自行车反光板，如图所示，对其归类存在归入税目39.26和85.12两种意见。请对该商品的归类进行分析。
   (1) 归入税目（39.26、85.12或其他）：

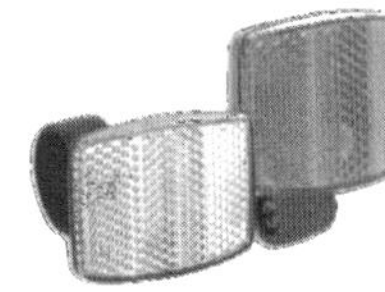

   (2) 总规则的运用：

   (3) 分析归类理由：

3. 游泳呼吸管，如图所示，塑料制，对其归类存在归入税目90.20和95.06两种意见。请对该商品的归类进行分析。
   (1) 归入税目（90.20、95.06或其他）：

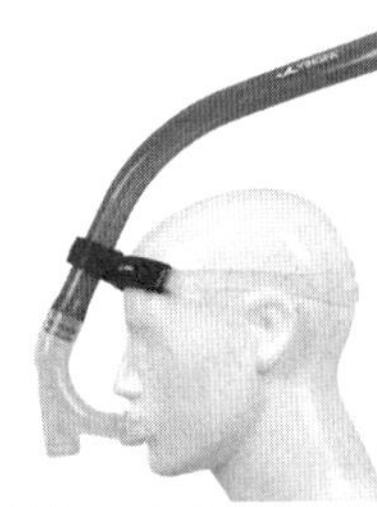

   (2) 总规则的运用：

   (3) 分析归类理由：

4. 电磁阀线圈，如图所示，由固定座（插头）、绕线管、铜线、塑钢外壳等组成，不带阀门部件，线圈通电后，产生磁场，磁场带动磁管中的铁管产生推力，推动本体体内的主轴，进行油路切换。对其归类存在归入税目84.81和85.05两种意见。请对该商品的归类进行分析。
   (1) 归入税目（84.81、85.05或其他）：

   (2) 总规则的运用：

   (3) 分析归类理由：

5. 家用嵌入式暖碟抽屉，如图所示，风循环电热丝加热，具有餐具预热、食品保温功能。对其归类存在归入税目84.22和85.16两种意见。请对该商品的归类进行分析。
   (1) 归入税目（84.22、85.16或其他）：

   (2) 总规则的运用：

   (3) 分析归类理由：

第 18 天打卡

Day 18

任务难度：★★★★☆
任务时间：70min
任务分数：________

一、判断题（请对下列各题做出正误判断，共 5 题，每题 1 分，共 5 分；答错、不答不得分也不扣分）

1. 搅拌鲜奶的机器应归入税目 84.79。（　　）
2. 装袋后的缝袋机应归入税目 84.22。（　　）
3. 以天然蜂蜜为基料制成的糖食归入税目 17.04 运用了归类总规则一。（　　）
4. 超过一百年的珠宝首饰应归入第九十七章。（　　）
5. 内燃发动机的进气阀应归入税目 84.81。（　　）

二、单选题（请在下列各题选项中，选出 1 个正确答案；共 5 题，每题 2 分，共 10 分；错选、不选均不得分）

1. 金属制手动润滑脂枪，用于给机械加注润滑脂，以下选项归类正确的是（　　）。

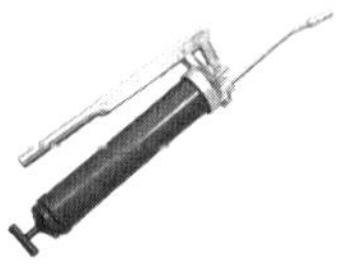

A. 按“手提式气动工具”归入税目 84.67
B. 按“内燃发动机专用零件”归入税目 84.09
C. 按“液体喷射、散布或喷雾的机械器具”归入税目 84.24
D. 按“贱金属制其他手工工具”归入税目 82.05

2. 起动电机，如图所示，电压 12V，用于柴油机，应归入税目（　　）。

A. 84.09　　B. 85.01
C. 85.11　　D. 87.08

3. 电动推杆，如图所示，由直流电动机、齿轮传动装置和滚珠丝杠构成，广泛用于工业举升、农业机械、工程车辆改装、汽车制造厂自动升降装置等，应归入税目（　　）。

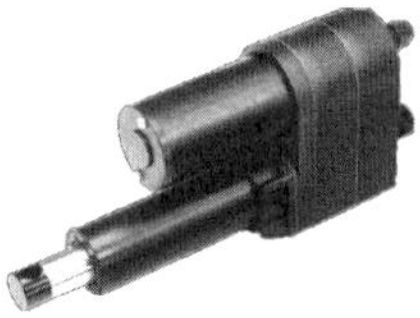

A. 84.12　　B. 84.79
C. 84.83　　D. 85.01

4. 吸尘器电机，如图所示，主要由电机、风机构成，利用电动机带动叶片高速旋转，在密封的壳体内产生空气负压，吸取尘屑，应归入税目（　　）。

A. 84.14　　B. 84.21
C. 85.01　　D. 85.09

5. 三螺杆泵，如图所示，由泵和马达组成，当主动螺杆转动时，带动与其啮合的从动螺杆一起转动，吸入腔一端的螺杆啮合空间容积逐渐增大，压力降低，适用于输送各种无腐蚀性油类及类似油的润滑性液体，应归入税目（　　）。

A. 84.13　　B. 84.79
C. 84.83　　D. 85.01

三、多选题（请在下列各题选项中，选出2个或2个以上正确答案；共5题，每题3分，共15分；全部选对得3分，少选得相应分，错选、不选不得分）

1. 税目87.06的机动车底盘可装有（　　）。
A. 轮胎　　B. 车身
C. 驾驶室　　D. 传动机构

2. 下列选项商品可归入税目 84. 22 的有(　　)。
   A. 家用电动洗碟机　　B. 包装胶囊设备
   C. 卷烟包装联合机　　D. 饲料打包机

3. 归类总规则三（二）仅涉及(　　)。
   A. 混合物　　B. 不同材料的组合货品
   C. 不同部件的组合货品　　D. 零售的成套货品

4. 下列小轿车零件中，不能归入税目 87. 08 的有(　　)。
   A. 汽车空调　　B. 变速箱
   C. 汽车电磁离合器　　D. 汽车发动机

5. 下列选项商品的归类描述正确的有(　　)。
   A. 不锈钢病历夹为钢铁制，应归入第七十三章
   B. 车床用刀具，应归入第八十二章
   C. 镀铜制的水龙头，应归入第八十四章
   D. 铝合金制散热片，应归入第七十六章

四、分析题（请根据题目的要求作答，共 5 题，每题 4 分，共 20 分）

1. 电梯轿厢操纵盘，如图所示，用于操作电梯运行至第几层、开关门等，其指令都要反馈至控制中心后，控制中心才开始启动，电梯得以运行。对其归类存在归入税目 84. 31 和 85. 37 两种意见。请对该商品的归类进行分析。

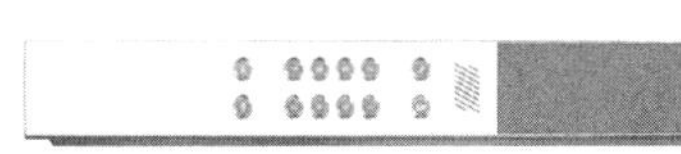

   （1）归入税目（84. 31、85. 37 或其他）：

   （2）总规则的运用：

   （3）分析归类理由：

2. 自行车制动索缆，如图所示，钢铁制。对其归类存在归入税目 73. 12 和 87. 14 两种意见。请对该商品的归类进行分析。

   （1）归入税目（73. 12、87. 14 或其他）：

   （2）总规则的运用：

   （3）分析归类理由：

3. 智能感应式矫正器，如图所示，预防驼背，弯曲度超过25°时自动震动报警提醒。对其归类存在归入税目85.43和90.21两种意见。请对该商品的归类进行分析。

(1) 归入税目（85.43、90.21或其他）：

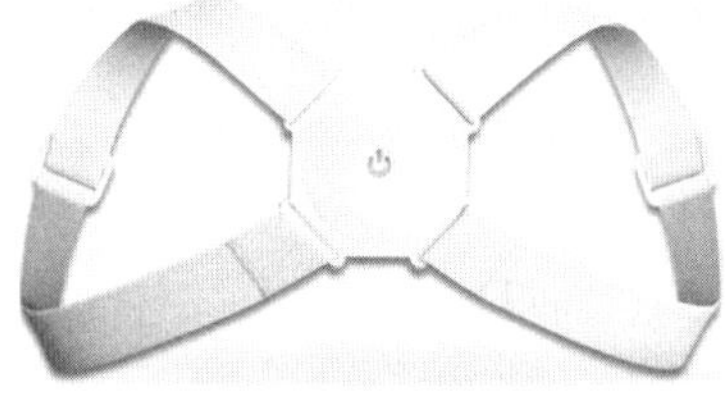

(2) 总规则的运用：

(3) 分析归类理由：

4. 眉夹灯，如图所示，由眉夹和LED灯构成，壳体为金属材质。对其归类存在归入税目82.03和85.13两种意见。请对该商品的归类进行分析。

(1) 归入税目（82.03、85.13或其他）：

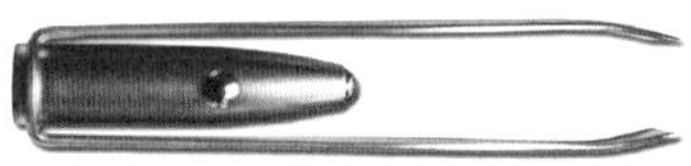

(2) 总规则的运用：

(3) 分析归类理由：

5. 商用电热饮水机，如图所示，对其归类存在归入税号8419.8100和8419.8990两种意见。请对该商品的归类进行分析。

(1) 归入税号（8419.8100、8419.8990或其他）：

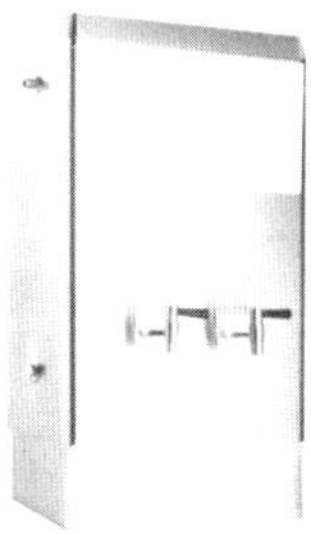

(2) 总规则的运用：

(3) 分析归类理由：

第 19 天打卡

Day 19

任务难度：★★★★☆
任务时间：65min
任务分数：

一、判断题（请对下列各题做出正误判断，共 5 题，每题 1 分，共 5 分；答错、不答不得分也不扣分）

1. 野外厨房车属于税目 87.05 所列特殊用途机动车辆。（　　）
2. 电气石属于第七十一章所称的宝石或半宝石种类。（　　）
3. 德银属于贵金属合金。（　　）
4. 归入税目 85.34 的印刷电路可配有非经印刷的连接元件。（　　）
5. 太阳能集热管，由内外两层玻璃管构成，内管外表面有镀膜，外管为透明玻璃，夹层之间抽成真空，应按太阳能热水器专用零件归入第八十四章。（　　）

二、单选题（请在下列各题选项中，选出 1 个正确答案；共 5 题，每题 2 分，共 10 分；错选、不选均不得分）

1. 回转马达，如图所示，主要由柱塞液压马达和行星齿轮减速机两部分组成，用于连接挖掘机下部车架和上部回转体，应归入税目（　　）。

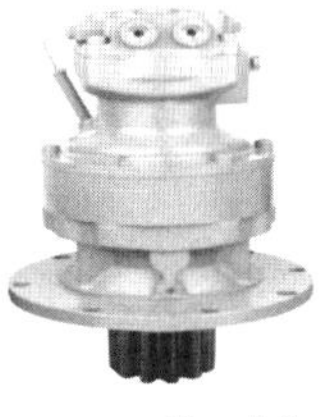

A. 84.12　　B. 84.31
C. 84.83　　D. 85.01

2. 阀门电动执行器，如图所示，由带有蜗轮的直流电动机、限位开关、调节器等组成，用于 0~90°控制的球阀和蝶阀，应归入税目（　　）。

A. 84.81　　B. 84.83

C. 85.01　　D. 85.37

3. 风扇齿轮箱，如图所示，由齿轮、拉杆、固定件等组成，安装在电风扇马达上，带动风扇左右摆头，应归入税目（　　）。

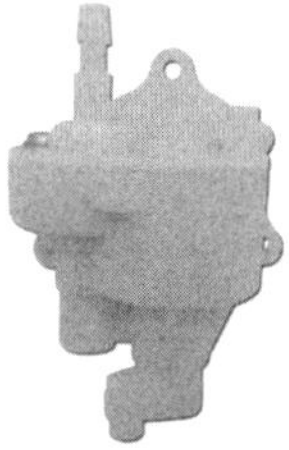

A. 39.26　　B. 84.14

C. 84.83　　D. 85.03

4. 硫化橡胶制按键，如图所示，红外线遥控器用，应归入税号(　　)。

A. 4016.9910　　B. 4016.9990

C. 8543.9029　　D. 8543.9090

5. 用于机动车辆点燃活塞内燃发动机的铝制进气歧管，如图所示，应归入税目(　　)。

A. 76.08　　B. 76.16

C. 84.09　　D. 87.08

三、多选题（请在下列各题选项中，选出2个或2个以上正确答案；共5题，每题3分，共15分；全部选对得3分，少选得相应分，错选、不选不得分）

1. 下列小轿车零件中，应归入税目87.08的有(　　)。

A. 保险杠　　B. 悬挂减震器

C. 高位制动灯　　D. 汽车空调压缩机支架

2. 下列选项关于税目 85. 25 设备归类描述正确的有(　　)。
   A. 没有存储功能的，按电视摄像机归入子目 8525. 801
   B. 有存储功能的，以拍摄静止画面为主的，按数字照相机归入子目 8525. 802
   C. 有存储功能的，以拍摄动态画面为主的，按摄录一体机归入子目 8525. 803
   D. 特种用途，是指专用于高空、水下或应用于不可见光、激光、强光及高速拍摄等其他类似条件下使用的设备

3. 下列选项商品可归入税目 84. 86 的有(　　)。
   A. 激光雕刻机，用于雕刻单片集成电路成品或分立半导体元件的塑料外壳
   B. 通过挤压芯片外围塑料材料制造芯片塑料外壳用的挤压机
   C. 无心磨床，用砂轮对蓝宝石单晶体晶棒做圆直径尺寸研磨
   D. 测试分选机，对 LED 芯片进行测试并分选的设备

4. 下列选项商品归入同一税目的有(　　)。
   A. 内存条　　B. 扫描仪
   C. 读卡器　　D. 集线器

5. 下列选项中工业用商品不归入税目 84. 38 的有(　　)。
   A. 面条挤出机用的铜制模具　　B. 粮食磨粉工业用机器
   C. 面包烘箱　　D. 饺子填馅机

四、分析题（请根据题目的要求作答，共 5 题，每题 4 分，共 20 分）

1. IGBT 模块，如图所示，带有多个呈芯片形式的绝缘栅双极晶体管，在与二极管成反并联的电路中，安装在具有 9 个连接的模块外壳中，功率损耗为 14. 5kW。对其归类存在归入税目 85. 04 和 85. 41 两种意见。请对该商品的归类进行分析。
   (1) 归入税目（85. 04、85. 41 或其他）：

   (2) 总规则的运用：

   (3) 分析归类理由：

2. 挡风玻璃组件散件，如图所示，PC 制，适用于电动车、摩托车等有后视镜车型。对其归类存在归入税目 39. 26 和 87. 14 两种意见。请对该商品的归类进行分析。
   (1) 归入税目（39. 26、87. 14 或其他）：

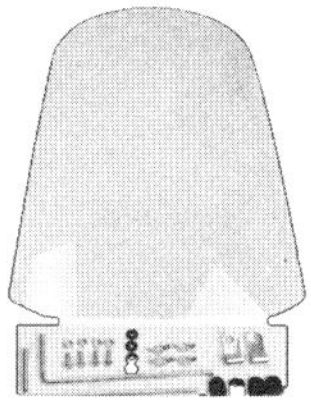

（2）总规则的运用：

（3）分析归类理由：

3. 多媒体音箱，如图所示，两只箱体各有一个扬声器，通过电线相连，其中一个箱体带有音频放大器和电源，通过 USB 接口和音频插头连接，即可播放声音。对其归类存在归入税号 8518.2100 和 8518.2200 两种意见。请对该商品的归类进行分析。

（1）归入税号（8518.2100、8518.2200 或其他）：

（2）总规则的运用：

（3）分析归类理由：

4. 缓冲气垫机，如图所示，对缓冲气垫膜充气并封口。对其归类存在归入税目 84.14 和 84.22 两种意见。请对该商品的归类进行分析。

（1）归入税目（84.14、84.22 或其他）：

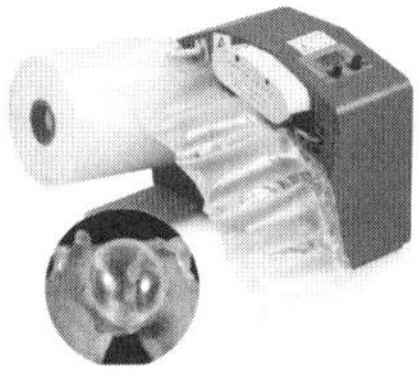

（2）总规则的运用：

（3）分析归类理由：

5. 马刺，如图所示，钢铁制，连在骑马者的靴后根上，用来刺激马快跑。对其归类存在归入税目 73.26 和 83.02 两种意见。请对该商品的归类进行分析。

（1）归入税目（73.26、83.02 或其他）：

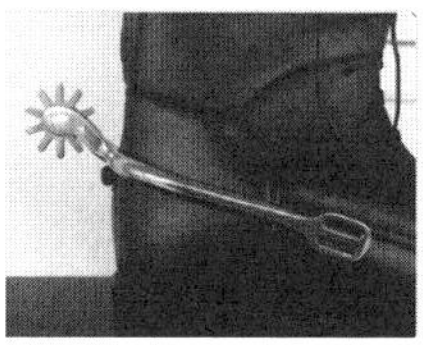

（2）总规则的运用：

（3）分析归类理由：

第 20 天打卡

Day 20

任务难度：★★★★☆
任务时间：65min
任务分数：

一、判断题（请对下列各题做出正误判断，共 5 题，每题 1 分，共 5 分；答错、不答不得分也不扣分）

1. 可逆式热泵必须具有换向阀，可实现热量的双向交换。（　　）

2. 汽车挡风玻璃的冲洗机械装置应归入税目 84.24。（　　）

3. 丝网印刷用的丝网应归入税目 59.11。（　　）

4. 静态的标志，即使是电气照明的（例如，灯、提灯、发光板等），也不作为信号设备归类。（　　）

5. 税目 84.79 仅包括简单更换不同工具即可执行各种功能的工业机器人。（　　）

二、单选题（请在下列各题选项中，选出 1 个正确答案；共 5 题，每题 2 分，共 10 分；错选、不选均不得分）

1. 观光车，如图所示，8 座内燃机（汽油）型，排气量为 797mL，用于观光旅游、楼盘参观、公园观光、县城公交运输等，应归入税号（　　）。

A. 8703.1019　　B. 8703.1090
C. 8703.2150　　D. 8703.2190

2. 车顶行李箱，如图所示，ABS 制，设计安装在汽车行李支架上，应归入税目（　　）。

A. 39.23　　B. 39.26
C. 42.04　　D. 87.08

3. 警报喇叭，如图所示，12V 电源，适用于汽车和摩托车，应归入税目（　　）。

A. 85.12　　B. 85.18
C. 85.31　　D. 87.08

4. 蚝油按压器，如图所示，材质为聚丙烯，安装在蚝油瓶上，用于压出蚝油，应归入税号（　　）。

A. 3926.9090　　B. 8413.2000
C. 8479.8999　　D. 9616.1000

5. 笔记本散热器，如图所示，由支架、马达、风扇、显示屏、USB 接口等组成，产品尺寸为 365mm×265mm×32mm，转速为 1400r/min，功率为 5W，应归入税号（　　）。

A. 8414.5130　　B. 8414.5199
C. 8414.5990　　D. 8414.8090

三、多选题（请在下列各题选项中，选出 2 个或 2 个以上正确答案；共 5 题，每题 3 分，共 15 分；全部选对得 3 分，少选得相应分，错选、不选不得分）

1. 剔除器，与自动选别一体机连接在一起报验，当设备检测到产品超重及欠重后，主机会把剔除信号传给剔除器将不良品剔除，下列归类描述错误的有(　　)。
A. 该商品为筛选机器，应归入税号 8479.8200
B. 该商品为选别机，与一般筛选机器不同，应归入税号 8479.8999
C. 该商品主要功能为检测，应归入税号 9031.8090
D. 自动选别一体机与剔除器应分别归类

2. 下列选项不归入税目 84.31 的有(　　)。
A. 电梯配重块（铸铁制）
B. 装有机械装置的自动钢铁滑门，安装在大楼电梯通道的每层进出口处的墙壁内
C. 电梯轿厢操纵盘
D. 电梯上下行驶的安全路轨

3. 下列选项不归入税目 85.17 的有(　　)。
A. 手机闪光灯（组件）
B. 手机摄像头

C. 手机用平板玻璃，面板有留置的“按键孔”，用于保护手机

D. 手机射频模块

4. 压雪机，如图所示，动力为柴油发动机，有驾驶室，无车厢、变速装置，外置式可互换犁雪装置等，推动扫雪装置的运行。以下选项说法正确的有(　　)。

A. 该压雪机应按牵引车归入税目 87.01

B. 该压雪机应按特种车辆归入税目 87.05

C. 犁雪装置已装配在压雪机主机上，应按压雪机归类

D. 犁雪装置与压雪机主机分别包装、一同进口，应分别归类

5. 下列选项关于打印机用的零件归类描述正确的有(　　)。

A. 硒鼓归入税目 84.43

B. 塑料齿轮归入税目 84.83

C. 带芯片的墨盒归入税目 84.43

D. 控制面板归入税目 85.37

四、分析题（请根据题目的要求作答，共 5 题，每题 4 分，共 20 分）

1. 电梯配重块，如图所示，每块重 35kg，生铁铸造，根据电梯井道大小及电梯装载量的要求来确定电梯平衡配重块的样式、尺寸及材质，然后制成相应的电梯配重块，直接安装在电梯配重架上。对其归类存在归入税目 73.25 和 84.31 两种意见。请对该商品的归类进行分析。

(1) 归入税日（73.25、84.31 或其他）：

(2) 总规则的运用：

(3) 分析归类理由：

2. 真空包装机，对装入食品的袋子进行抽真空并自动热处理封口。对其归类存在归入子目 8422.30 和 8422.40 两种意见。请对该商品的归类进行分析。

(1) 归入子目（8422.30、8422.40 或其他）：

(2) 总规则的运用：

(3) 分析归类理由：

3. 膨化机用齿轮箱，如图所示，带有马达、油泵、换热器等装置，供其自身运转、润滑、冷却。齿轮箱的动力需要另外的马达提供。对其归类存在归入税目 84.83 和 85.01 两种意见。请对该商品的归类进行分析。

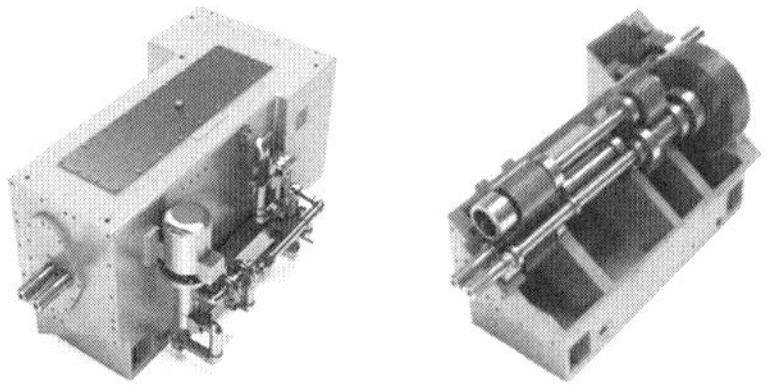

（1）归入税目（84.83、85.01 或其他）：

（2）总规则的运用：

（3）分析归类理由：

4. 手提式鼓风吸尘一体机，如图所示，由电机、叶轮、连接管、吸尘袋等组成，具有吹风和吸尘的功能，主要用于工厂。对其归类存在归入税目 84.24 和 85.08 两种意见。请对该商品的归类进行分析。

（1）归入税目（84.24、85.08 或其他）：

（2）总规则的运用：

（3）分析归类理由：

5. 商用面条机，如图所示，材质为 430 不锈钢，净重 2.7kg，可以制作面条、饺子皮、馄饨皮。对其归类存在归入税目 84.20 和 84.38 两种意见。请对该商品的归类进行分析。

（1）归入税目（84.20、84.38 或其他）：

（2）总规则的运用：

（3）分析归类理由：

第 21 天打卡

Day 21

任务难度：★★★★☆
任务时间：65min
任务分数：

一、判断题（请对下列各题做出正误判断，共 5 题，每题 1 分，共 5 分；答错、不答不得分也不扣分）

1. 陶瓷材料制的泵必须所有材料都是陶瓷制才可以归入税目 69.09。（　　）

2. 汽油型混合动力小轿车应归入子目 8703.40。（　　）

3. 具有变速及突然停止功能以测验飞机驾驶员反应能力的旋转椅，因其是测验下意识反应能力或肢体灵巧程度的装置，应按飞行训练器归入税目 88.05。（　　）

4. 既可作为兽医手术器械，也可用作铁工工具的物品，应归入第九十章。（　　）

5. 带浮标墨盒外壳是塑料材质，已装有水性墨水，配合打印机主体上的浮标位置感应器起到监测墨水使用状态的作用，归入税目 32.15 运用了归类总规则一、三（二）。（　　）

二、单选题（请在下列各题选项中，选出 1 个正确答案；共 5 题，每题 2 分，共 10 分；错选、不选均不得分）

1. 园区观光车，如图所示，6 座电力驱动，以载人为主要用途，在园林、景区等场合作休闲娱乐用，应归入税号（　　）。

A. 8703. 1019　　B. 8703. 1090
C. 8703. 2150　　D. 8703. 2190

2. 安全带，如图所示，一端安装在车身上，另一端安装在座椅上，应归入税号（　　）。

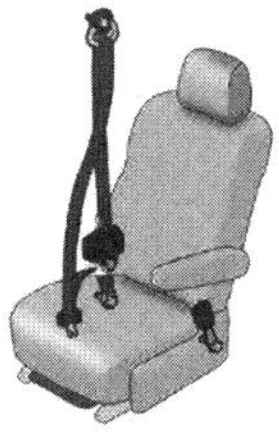

A. 6307.2000　　B. 8708.2100
C. 9401.9190　　D. 9401.9090

3. 医用防护面罩，有机玻璃制，应归入税目（　　）。
A. 39.26　　B. 65.06
C. 70.20　　D. 90.04

4. 智能垃圾桶，如图所示，ABS 材质，感应开盖，USB 充电，应归入税号（　　）。

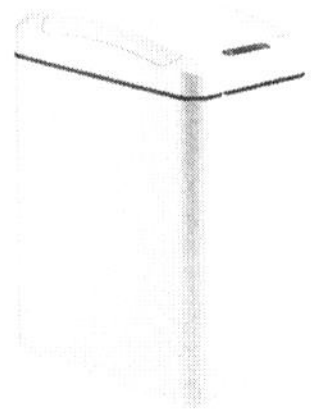

A. 3924.9000　　B. 3926.9090
C. 8509.8090　　D. 8543.7099

5. 智能手表，如图所示，通过蓝牙连接手机，可实现时间显示、来电显示、心率监测、睡眠监测等多个功能，应归入税号（　　）。

A. 8517.1210　　B. 8517.6299
C. 8543.7099　　D. 9102.1200

三、多选题（请在下列各题选项中，选出 2 个或 2 个以上正确答案；共 5 题，每题 3 分，共 15 分；全部选对得 3 分，少选得相应分，错选、不选不得分）

1. 下列选项描述正确的有（　　）。
A. 税目 90.31 不包括手用测量长度的器具
B. 税目 90.17 不包括摄影测量用的坐标制图器
C. 用手测量的铅垂线应归入税目 90.17
D. 无调节装置，仅用于测量零件角度的量规应归入税目 90.31

2. 下列商品中不属于组合机器的有（　　）。
A. 一种机器装在另一种机器的上面

B. 两种机器同时固定于地板上
C. 一种机器通过更换工作头实现不同的功能
D. 两种机器装于同一机壳内

3. 下列选项商品归入同一税目的有(　　)。
A. LED 灯泡　　B. 紫外灯
C. 卤素前照灯灯泡　　D. 钨灯

4. 下列选项商品归入同一税目的有(　　)。
A. 真空管太阳能热水器
B. 平板太阳能热水器，太阳辐射转化为热能
C. 太阳能电池板热水器
D. 燃气快速热水器

5. 下列选项关于钢铁制滚珠的归类描述正确的有(　　)。
A. 公差不超过 1%或 0.05mm（以相差数值较小的为准）的应归入税目 84.82
B. 钟表用轴承滚珠应归入税目 84.82
C. 圆珠笔用滚珠应归入税目 84.82
D. 轴承滚珠次品，尽管与小球粒用途相同，但根据第八十四章注释六的规定，仍应归入税目 73.26

四、分析题（请根据题目的要求作答，共 5 题，每题 4 分，共 20 分）

1. 电梯层门，装有机械装置的自动钢铁滑门，如图所示，安装在大楼电梯通道的每层进出口处的墙壁内，不随电梯舱在大楼各层上下运行。对其归类存在归入税目 73.08 和 84.31 两种意见。请对该商品的归类进行分析。
（1）归入税目（73.08、84.31 或其他）：

（2）总规则的运用：

（3）分析归类理由：

2. 超市购物篮，如图所示，PP 塑料制。对其归类存在归入税目 39.26 和 87.16 两种意见。请对该商品的归类进行分析。
（1）归入税目（39.26、87.16 或其他）：

（2）总规则的运用：

（3）分析归类理由：

3. 塑料BB弹，如图所示，塑料制，直径为6mm的实心圆弹丸，作为以弹簧为动力的仿真枪的发射弹丸，并与仿真枪同时出口，经公安机关鉴定为：仿真枪。对其归类存在归入税目93.06和95.03两种意见。请对该商品的归类进行分析。

（1）归入税目（93.06、95.03或其他）：

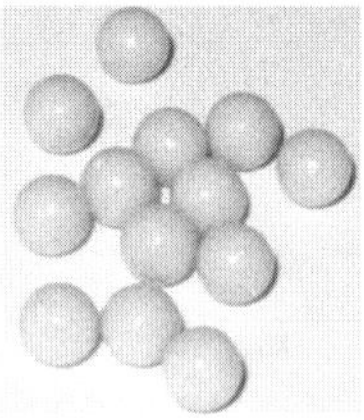

（2）总规则的运用：

（3）分析归类理由：

4. 网络变送器，如图所示，是把工作室里录制的音视频电磁或脉冲信号转变成线路要求的信号。其工作原理是通过激励器将接收到的二进制数字信号转变为光信号，并经过放大器放大。对其归类存在归入税目85.17和85.43两种意见。请对该商品的归类进行分析。

（1）归入税目（85.17、85.43或其他）：

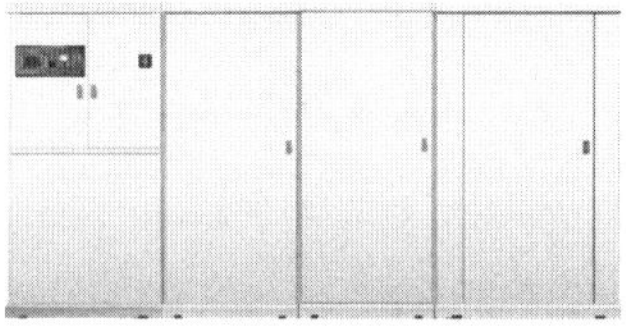

（2）总规则的运用：

（3）分析归类理由：

5. 羽毛球拍，为碳纤维框架，成品长度1380mm，拍面：500mm（纵向）×400mm（横向），放在展示场所为商场的橱窗展示用。对其归类存在归入税目95.06和96.18两种意见。请对该商品的归类进行分析。

（1）归入税目（95.06、96.18或其他）：

（2）总规则的运用：

（3）分析归类理由：

第 22 天打卡

Day 22

任务难度：★★★★☆

任务时间：65min

任务分数：

一、判断题（请对下列各题做出正误判断，共 5 题，每题 1 分，共 5 分；答错、不答不得分也不扣分）

1. 税目 87.07 的车身可以带有机动车底盘。（　　）
2. 带风扇的铝合金窗，安装好后不能起到透光作用，只能依靠风扇通风，归入税目 84.14 运用了归类总规则一、三（一）。（　　）
3. 税目 85.09 中的家用电动器具必须在 20kg 以下。（　　）
4. 税目 85.25 中的电视摄像机是指电视台专用的拍摄视频的设备。（　　）
5. 长途客运车辆（50 座，柴油发动机）安装的防抱死制动系统（ABS）应归入税号 8708.3029。（　　）

二、单选题（请在下列各题选项中，选出 1 个正确答案；共 5 题，每题 2 分，共 10 分；错选、不选均不得分）

1. 电动观光车，如图所示，11 座，适用于旅游景区、大型游乐场、城市步行街、机场、港口、码头等场所，应归入税号（　　）。

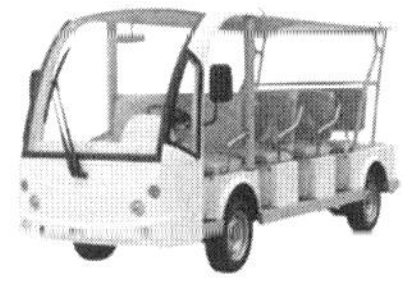

A. 8702.4030　　B. 8703.1019

C. 8703.1090　　D. 8703.8000

2. 夹片太阳镜，如图所示，夹在其他眼镜框架的前部使用，应归入税号（　　）。

A. 9001.9090　　B. 9002.2090

C. 9003.9000　　D. 9004.1000

3. 智能音箱，如图所示，由单个外壳组成，包含 2 个扬声器、Wi-Fi 和蓝牙连接组件、麦克风、控制面板、放大器、语音助手、节拍同步的内置灯，可以语音控制网络设备（如照明设备），或请求搜索基于 Internet 的站点（即天气预报、本地交通、如何用另一种语言说出单词等），应归入税号（　　）。

A. 8517.6299　　B. 8518.2200
C. 8519.8990　　D. 8537.1090

4. 智能汽车钥匙，无机械钥匙结构，具有应激被动发射无线电信号进行身份识别或无线遥控实现开闭门和启动的功能，应归入税号(　　)。
A. 8301.7000　　B. 8526.9110
C. 8537.1090　　D. 8543.7099

5. 转子轴，如图所示，钢铁制，与转子铁芯和绕组线圈等零件组成电机转子，应归入税目(　　)。

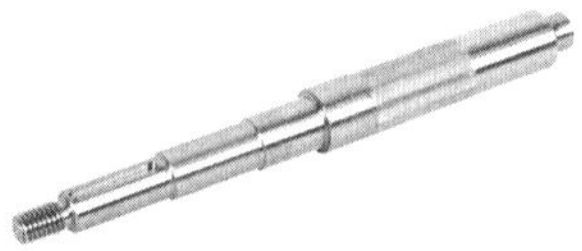

A. 73.25　　B. 73.26
C. 84.83　　D. 85.03

三、多选题（请在下列各题选项中，选出2个或2个以上正确答案；共5题，每题3分，共15分；全部选对得3分，少选得相应分，错选、不选不得分）

1. 下列选项符合税目84.15的有(　　)。
A. 装有电动风扇、冷却装置、增湿装置，一同报验
B. 装有电动风扇、冷却装置、增湿装置，分批报验
C. 装有鼓风机、加热装置、冷却装置，一同报验
D. 装有鼓风机、加热装置、干燥装置，一同报验

2. 下列选项中的车床用零件、附件归入税目84.66的有(　　)。
A. 测微刀架制动器　　B. 车床顶尖
C. 变速箱　　D. 摩擦式离合器

3. 由干电池、LED手电筒、老虎钳构成的零售包装，如图所示，下列选项说法正确的有(　　)。

A. 该商品构成零售包装，根据归类总规则三（二），应按老虎钳归类
B. 该商品构成零售包装，但无法区分主要特征，应按归类总规则三（三）归类
C. 该商品不符合零售成套包装定义，应分别归类
D. 根据归类总规则五（二），该商品的包装无须单独归类

4. 下列选项关于测量仪器归类描述正确的有(　　)。
   A. 单独测流速的仪器归入税目 90.26
   B. 单独测流量的仪器归入税目 90.28
   C. 既测流速又测流量的仪器归入税目 90.26
   D. 既测气体总量又测液体总量的仪器从后归入税目 90.28

5. 下列选项商品（如图所示）在归类中属于“智能卡”的有(　　)。

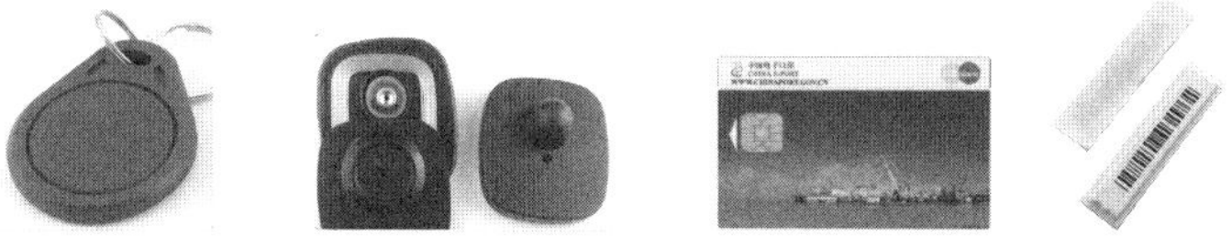

   A. RFID 射频卡　　　　　　　　B. 电子防盗硬标签
   C. 电子口岸卡　　　　　　　　　D. 电子防盗软标签

四、分析题（请根据题目的要求作答，共 5 题，每题 4 分，共 20 分）

1. 电梯导轨，如图所示，碳素钢 T 型钢制，经过刨削、铣榫槽、钻孔等，用于安装在电梯井道墙壁上，通过连接板连接固定，是电梯上下行驶的安全路轨。对其归类存在归入税目 73.08 和 84.31 两种意见。请对该商品的归类进行分析。

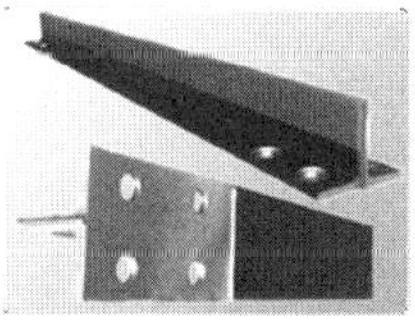

   （1）归入税目（73.08、84.31 或其他）：

   （2）总规则的运用：

   （3）分析归类理由：

2. 动刀式浓度变送器，如图所示，内部含一个可运动的刀体，工作时，将刀头伸入液体，刀头旋转，液体通过刀体产生剪切力，利用剪切力原理，通过刀头与液体之间的摩擦效应来实现对液体黏稠度的测量，从而得出液体的浓度。对其归类存在归入税目 90.27 和 90.31 两种意见。请对该商品的归类进行分析。

   （1）归入税目（90.27、90.31 或其他）：

   （2）总规则的运用：

   （3）分析归类理由：

3. 挖掘机用铝制散热器，如图所示，该散热器能够将挖掘机发动机中的冷却液带有的多余热量与空气进行热交换以实现为冷却液降温的目的。冷却液降温后流回发动机。对其归类存在归入税目 76.16 和 84.19 两种意见。请对该商品的归类进行分析。

(1) 归入税目（76.16、84.19 或其他）：

(2) 总规则的运用：

(3) 分析归类理由：

4. 手持式气动修枝剪，在筒状手柄上装有一个活塞和若干刀片，由使用者通过大拇指和食指扳动活塞产生压缩空气进行操作。对其归类存在归入税目 82.01 和 84.33 两种意见。请对该商品的归类进行分析。

(1) 归入税目（82.01、84.33 或其他）：

(2) 总规则的运用：

(3) 分析归类理由：

5. 接插板（50 端口语音），如图所示，用于在 IP 协议通信网络或语音通信网络（电话呼叫）中简化线缆结构。这是一个无源连接装置，不具有放大、再生、改变信号的功能。具有 50 个 RJ45 接口，每一个接口可以连接一个工作站。该接插板允许每个用户与交换机、集线器或者路由器连接，以便与网络相连。对其归类存在归入税目 85.17 和 85.36 两种意见。请对该商品的归类进行分析。

(1) 归入税目（85.17、85.36 或其他）：

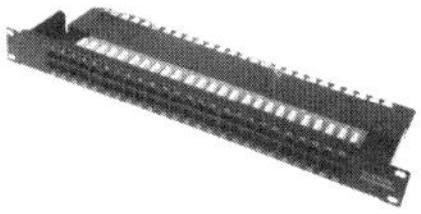

(2) 总规则的运用：

(3) 分析归类理由：

第 23 天打卡

Day 23

任务难度：★★★★☆
任务时间：65min
任务分数：______

一、判断题（请对下列各题做出正误判断，共 5 题，每题 1 分，共 5 分；答错、不答不得分也不扣分）

1. 综合蔬果干，真空油炸技术制作，配料：芭蕉 30%、甘薯 30%、凤梨 20%、芋头 10%、波罗蜜 10%。将其归入税目 20.08 运用了归类总规则一。（　　）

2. 一根金项链装在一只木盒中，应运用归类总规则三（二）按项链归类。（　　）

3. 税目 85.01 仅包括不带原动机的发电机。（　　）

4. 高速钢制车刀应归入第八十二章。（　　）

5. 车辆速度计用软轴应归入税目 84.83。（　　）

二、单选题（请在下列各题选项中，选出 1 个正确答案；共 5 题，每题 2 分，共 10 分；错选、不选均不得分）

1. 皮卡车，如图所示，该车为四门双排座，可乘坐 5 人，轿厢后部有一个独立的敞开式载货区域。车辆总重量为 3198kg，整车整备质量为 2682kg，汽油型，排量为 3497mL，应归入税号（　　）。

A. 8703.2419　　B. 8703.3329
C. 8704.2100　　D. 8704.3100

2. 带防丢绳的相机镜头保护盖，如图所示，塑料制，应归入税号（　　）。

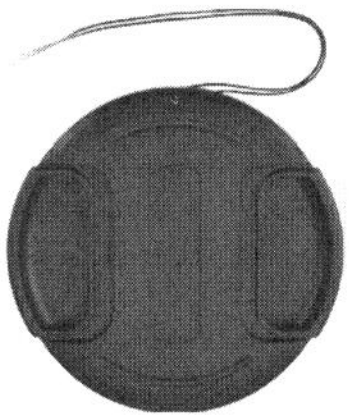

A. 9002.1131　　B. 9002.1190
C. 9002.1990　　D. 9006.9900

3. 经纬仪用三脚架，应归入税目(　　)。
A. 73.26　　B. 85.43
C. 90.15　　D. 96.20

4. 便携冲牙器，如图所示，通过电机产生真空压，带动水泵，高压喷射出水流，清洁牙齿，应归入税目(　　)。

A. 84.13　　B. 84.24
C. 85.09　　D. 90.19

5. POS机，如图所示，安装在信用卡的特约商户和受理网点中与计算机连成网络，实现电子资金自动转账，具有支持消费、预授权、余额查询和转账等功能，应归入税目(　　)。

A. 84.70　　B. 84.71
C. 84.72　　D. 85.17

三、多选题（请在下列各题选项中，选出2个或2个以上正确答案；共5题，每题3分，共15分；全部选对得3分，少选得相应分，错选、不选不得分）

1. 下列商品属于税目84.08的有(　　)。
A. 小轿车用汽油发动机　　B. 摩托艇用柴油发动机
C. 飞机模型用柴油发动机　　D. 货轮用柴油发动机

2. 下列选项描述正确的有(　　)。
A. 餐厅用炭烤炉应归入税目73.21
B. 家用厨房用炭烤炉应归入税目73.21
C. 工业用电炉应归入税目84.17

D. 面包房用电烤炉应归入税目 85.14

3. 下列商品属于税目 84.20 的有(　　)。
   A. 织物辊压机
   B. 玻璃热滚压机
   C. 既可滚压金属又可滚压塑料的滚压机
   D. 既可滚压纸张又可滚压塑料的滚压机

4. 下列商品属于子目 8428.3 的有(　　)。
   A. 螺旋式输送机　　B. 气流管式输送机
   C. 振动输送机　　D. 翻斗提升机

5. 点燃式活塞内燃机和压燃式活塞内燃机具有哪些相同的结构部件(　　)。
   A. 气缸　　B. 活塞
   C. 火花塞　　D. 排气阀

四、分析题(请根据题目的要求作答，共 5 题，每题 4 分，共 20 分)

1. 曳引机，如图所示，又称电梯主机，由电动机、制动器、联轴器、减速箱、曳引轮、机架和导向轮及附属盘车手轮等组成，通过摩擦力驱动电梯运行。对其归类存在归入税目 84.25 和 84.28 两种意见。请对该商品的归类进行分析。
   (1) 归入税目(84.25、84.28 或其他)：

   (2) 总规则的运用：

   (3) 分析归类理由：

2. 照相机，如图所示，装配在检查患者用 X 射线设备的内部，用于患者身体的 X 射线图像在荧光屏上显示并记录在胶片上，结构如图所示(1. 带状胶片驱动装置；2. 物镜组件；3. 带有 X 射线荧光屏的显像管)。对其归类存在归入税目 90.06 和 90.22 两种意见。请对该商品的归类进行分析。
   (1) 归入税目(90.06、90.22 或其他)：

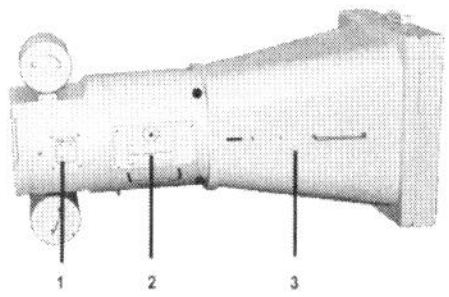

   (2) 总规则的运用：

   (3) 分析归类理由：

3. 制动硬管，如图所示，钢铁制，一端与越野车制动油路连接，另一端与制动软管连接。在汽车制动中传递制动介质。对其归类存在归入税目 73.07 和 87.08 两种意见。请对该商品的归类进行分析。

(1) 归入税目（73.07、87.08 或其他）：

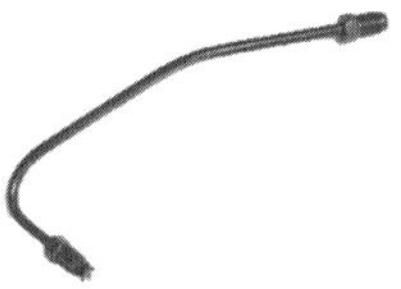

(2) 总规则的运用：

(3) 分析归类理由：

4. 剪切式大型碎纸机，如图所示，主要用于办公文件的大量销毁工作，将文件粉碎成符合保密标准的碎纸。在纸张等文件进入碎纸机后，强大的驱动电机带动两组刀轴旋转，刀轴上的刀具（圆盘状）转动，利用刀具旋转产生的剪切力达到破碎文件的目的。对其归类存在归入税目 84.41 和 84.72 两种意见。请对该商品的归类进行分析。

(1) 归入税目（84.41、84.72 或其他）：

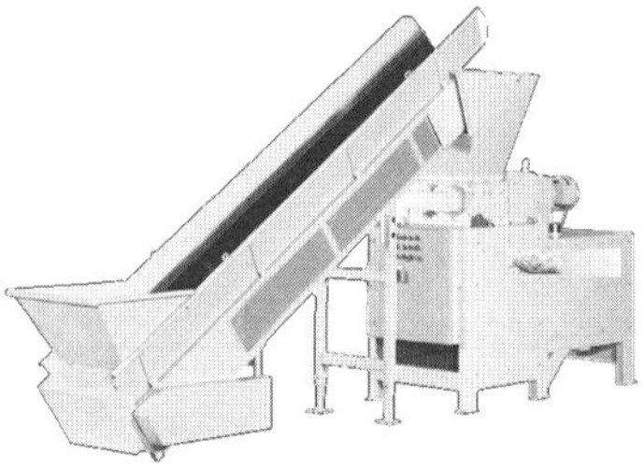

(2) 总规则的运用：

(3) 分析归类理由：

5. 空气净化器用过滤网，如图所示，两层铝制网板（冲压成型）夹杂乱的铝箔细条组成的三层复合结构，用边框封边，所有部分的材质均为铝合金。对其归类存在归入税目 76.16 和 84.21 两种意见。请对该商品的归类进行分析。

(1) 归入税目（76.16、84.21 或其他）：

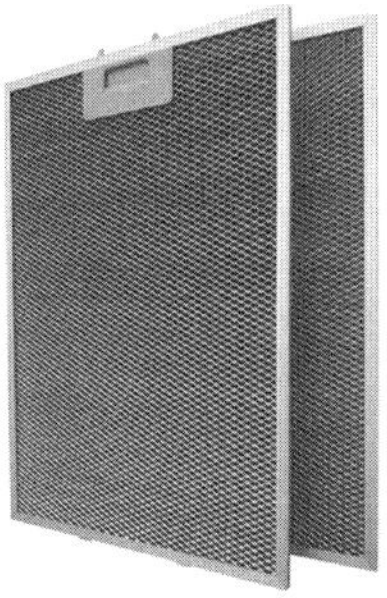

(2) 总规则的运用：

(3) 分析归类理由：

第 24 天打卡

Day 24

任务难度：★★★★☆
任务时间：65min
任务分数：

一、判断题（请对下列各题做出正误判断，共 5 题，每题 1 分，共 5 分；答错、不答不得分也不扣分）

1. 户外旅游用烤肉架，零售包装，内装炉体、铁丝网和机制炭，归入税目 44.02，是运用了归类总规则一、三（一）。（　　）
2. 以石油为原料加工的润滑油与合成润滑油的混合，若前者含量高，则归入税目 27.10，若后者含量高，则归入税目 34.03，两者含量相等时从后归类。（　　）
3. 聚酰胺-6，6 切片即为塑料粒子。（　　）
4. 电视摄像机的远距离控制及调焦用的电气设备单独报验时，应归入税目 85.37。（　　）
5. 光导纤维用的连接器应按通信设备归入税目 85.17。（　　）

二、单选题（请在下列各题选项中，选出 1 个正确答案；共 5 题，每题 2 分，共 10 分；错选、不选均不得分）

1. 电焊护面罩，如图所示，涂漆薄钢板制，中间有透视玻璃，用于电焊操作时保护眼睛、面部，应归入税号（　　）。

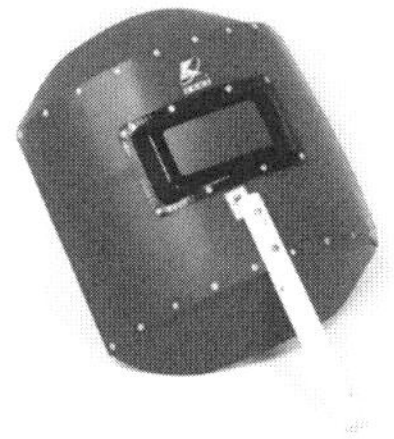

A. 7007.2900　　B. 7326.9019
C. 7326.9090　　D. 9004.9090

2. 蓝牙自拍杆应归入税目（　　）。
A. 85.17　　B. 85.37
C. 85.43　　D. 96.20

3. 网络机柜，如图所示，报验状态为整机发运，内部已安装布线系统（沟槽)、风扇、PDU 等部分定制单元，用于安装通信用服务器和路由器、交换机，应归入税号(　　)。

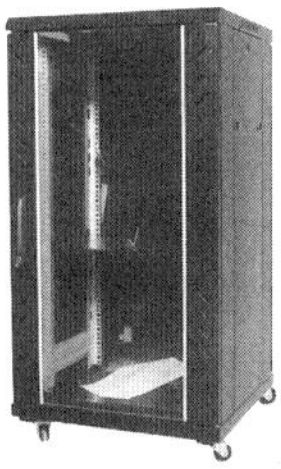

A. 7326.9019　　B. 8473.3090

C. 8517.7090　　D. 9403.2000

4. 柴油发动机，如图所示，用于发电机组，带有风扇和散热器，额定功率 136kW，净功率 129kW，应归入税号(　　)。

A. 8408.2010　　B. 8408.2090

C. 8408.9092　　D. 8408.9093

5. 抽油烟机照明用的玻璃盖，如图所示，无光学加工，应归入税目(　　)。

A. 70.06　　B. 70.20

C. 84.14　　D. 90.01

三、多选题（请在下列各题选项中，选出 2 个或 2 个以上正确答案；共 5 题，每题 3 分，共 15 分；全部选对得 3 分，少选得相应分，错选、不选不得分）

1. 下列选项中关于皮卡车的归类描述正确的有(　　)。

A. 单排座皮卡，因载货特征明显，归入税目 87.04

B. 单排座皮卡，按归类总规则三（三），归入税目 87.04

C. 双排座皮卡，因载货特征明显，归入税目 87.03

D. 双排座皮卡，兼具载人和载货两种用途，应以载货重量和载客重量的多

少来判断主要用途

2. 下列商品不属于税目 84.34 的有(　　)。
   A. 牛奶加热灭菌机　　B. 挤奶机
   C. 牛奶灌装机　　D. 奶油分离器

3. 下列选项描述不正确的有(　　)。
   A. 热力催芽器应归入税目 84.19　　B. 牧草电热干燥机应归入税目 84.36
   C. 家禽孵卵器应归入税目 84.36　　D. 禽蛋检验器应归入税目 90.31

4. 下列选项描述正确的有(　　)。
   A. 粮食磨粉机用筛布应归入税目 59.11
   B. 粮食磨粉机的橡胶滚筒应归入税目 40.16
   C. 石碾应归入税目 68.04
   D. 玉米细粉干燥机应归入税目 84.19

5. 下列符合税目 84.57 的多工位组合机床条件的有(　　)。
   A. 必须可进行多种机械加工操作　　B. 必须配有刀具自动更换装置
   C. 必须能自动将工件送向刀具　　D. 必需配有多种动力头

四、分析题（请根据题目的要求作答，共 5 题，每题 4 分，共 20 分）

1. 带扣安全带，安全带的两端与飞机客舱座椅骨架相连，纺织品制，带有金属制扣。对其归类存在归入税目 63.07、94.01 两种意见。请对该商品的归类进行分析。

   （1）归入税目（63.07、94.01 或其他）：

   （2）总规则的运用：

   （3）分析归类理由：

2. 办公室用电动碎纸机，如图所示，重量为 6.6kg。对其归类存在归入税目 84.72、85.09 两种意见。请对该商品的归类进行分析。

   （1）归入税目（84.72、85.09 或其他）：

   （2）总规则的运用：

   （3）分析归类理由：

3. 无线充电板发射板，如图所示，用于组装无线手机座式充电器，利用电磁感应原理，将电能转化为磁能，手机接收端将磁能转化为电能完成充电。对其归类存在归入税目 85.04、85.07 两种意见。请对该商品的归类进行分析。

(1) 归入税目（85.04、85.07 或其他）：

(2) 总规则的运用：

(3) 分析归类理由：

4. 疏通器，如图所示，ABS 枪身，橡胶堵头，打气形成高压来消除管道、马桶堵塞。对其归类存在归入税目 39.26、82.05 两种意见。请对该商品的归类进行分析。

(1) 归入税目（39.26、82.05 或其他）：

(2) 总规则的运用：

(3) 分析归类理由：

5. 商用离心榨汁机，如图所示，用于榨取蔬菜或水果汁，重量为 6.9kg，电机转速 12000～15000r/min。对其归类存在归入税目 84.38、85.09 两种意见。请对该商品的归类进行分析。

(1) 归入税目（84.38、85.09 或其他）：

(2) 总规则的运用：

(3) 分析归类理由：

第 25 天打卡

Day 25

任务难度：★★★★★

任务时间：60min

任务分数：

一、判断题（请对下列各题做出正误判断，共 5 题，每题 1 分，共 5 分；答错、不答不得分也不扣分）

1. 装有加热和制冷装置的茶饮料制作设备，用于速溶茶的冲泡和生产，归入税目 84.19，运用了归类总规则一、三（三）。(　　)
2. 税目 73.07 所称“对焊件”就是通过对焊焊接方法将两部分钢铁件连接组成的管件，其本身就是一个焊接件。(　　)
3. 电视摄像机不具备任何内设的录像功能。(　　)
4. 基因扩增仪，利用光学原理实时监测刺激物对基因扩增的影响的理化分析仪器，应归入税目 90.27。(　　)
5. 单独报验的提升机用滑轮及滑轮组应归入税目 84.25。(　　)

二、单选题（请在下列各题选项中，选出 1 个正确答案；共 5 题，每题 2 分，共 10 分；错选、不选均不得分）

1. 一次性使用医用丁腈检查手套，应归入税号(　　)。

A. 3926.2011　　B. 3926.2019

C. 4015.1100　　D. 4015.1900

2. 儿童望远镜，如图所示，应归入税号(　　)。

A. 9005.1000　　B. 9005.8090

C. 9503.0060　　D. 9503.0089

3. 麦克风三脚架，如图所示，应归入税目(　　)。

A. 73.26　　B. 85.17
C. 85.18　　D. 96.20

4. 电缆排槽，如图所示，塑料材质，带有电缆导槽、安装凹槽、固定杆和四个安装孔，安装在车辆用汽油发动机上，用于电缆和线路的引导和保护，应归入税号(　　)。

A. 3926.9010　　B. 3926.9090
C. 8409.9199　　D. 8409.9920

5. DVI 转 HDMI 适配器，如图所示，应归入税号(　　)。

A. 8471.8000　　B. 8536.9090
C. 8543.7099　　D. 8544.4211

三、多选题（请在下列各题选项中，选出2个或2个以上正确答案；共5题，每题3分，共15分；全部选对得3分，少选得相应分，错选、不选不得分）

1. 下列商品属于税目84.07的有(　　)。
   A. 拖拉机用点燃往复式活塞发动机
   B. 快艇用舷外发动机
   C. 航模飞机用点燃活塞式内燃发动机
   D. 收割机用压燃式内燃发动机

2. 下列商品属于税目84.33的有(　　)。
   A. 马铃薯分选机　　B. 干豆分选机
   C. 玉米分选机　　D. 苹果分选机

3. 下列商品属于税目 84.60 的有(　　)。
   A. 外圆磨床　　B. 刀具磨床
   C. 齿轮磨床　　D. 平面磨床

4. 下列设备归入税目 84.68 的有(　　)。
   A. 气体焊接机　　B. 激光焊接机
   C. 摩擦焊接机　　D. 回流焊炉

5. 下列符合子目 8528.52 监视器接口描述的选项有(　　)。
   A. VGA 接口和 HDMI 接口　　B. S-视频接口和 DVI 接口
   C. HDMI 接口和 DP 接口　　D. S-视频接口

四、分析题（请根据题目的要求作答，共 5 题，每题 4 分，共 20 分）

1. 雷达液位计，如图所示，是运用雷达信号反射原理测量备测液体位置的设备，可用于固料、液体和浆料的位置测量，主要测量液体。对其归类存在归入税目 90.26、90.31 两种意见。请对该商品的归类进行分析。

(1) 归入税目（90.26、90.31 或其他）：

(2) 总规则的运用：

(3) 分析归类理由：

2. 瑞士军刀，如图所示，包括：①主刀；②剪刀；③指甲锉；④螺丝刀；⑤开瓶器；⑥带磁性十字螺丝刀；⑦剥线钳；⑧优盘（64G）；⑨钥匙圈；⑩LED 灯；⑪圆珠笔。对其归类存在归入税目 82.11、85.23 两种意见。请对该商品的归类进行分析。

(1) 归入税目（82.11、85.23 或其他）：

(2) 总规则的运用：

(3) 分析归类理由：

3. 射频/微波信号发生器，如图所示，作为信号源提供频率为 2~10GHz 的射频/微波信号，还具有宽带功率扫频功能，提供相位锁定步进扫频、交替扫频等模式，可对单独宽带频率上的任意两个功率水平进行扫描。该设备还带有电子步进衰减器，可以在对接收机的灵敏度等参数进行测试时提供步进频率信号。对其归类存在归入税目 85.43、90.30 两种意见。请对该商品的归类进行分析。

（1）归入税目（85.43、90.30 或其他）：

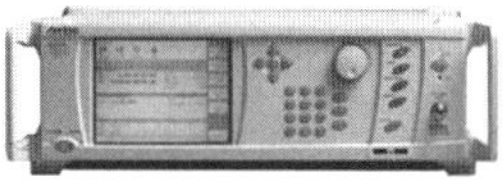

（2）总规则的运用：

（3）分析归类理由：

4. 蚀刻机，用于线路板加工制程中图形蚀刻工序，蚀刻过程中泵浦抽取蚀刻液加压后经喷管对板的上下表面进行喷射，把没有被膜覆盖住的铜用蚀刻液咬蚀掉，之后再进入清洗段进行清洁，烘干板面水分、水汽，最后从机器出料段得到完成图形的线路板。对其归类存在归入税目 84.24、84.79 两种意见。请对该商品的归类进行分析。

（1）归入税目（84.24、84.79 或其他）：

（2）总规则的运用：

（3）分析归类理由：

5. 螺丝管，如图所示，由铁芯（推杆）、铁外壳（内置铜线圈绕组）、内齿形固定圈和六角螺母组成，报验状态为整套散件。用途：组装后安装在厨房垃圾压缩机内部，用于控制垃圾压缩机门的开启。原理：螺线管通电使铜线圈绕组产生磁场，利用电磁感应原理使线圈中心的推杆作直线运动，从而推开机器的门。对其归类存在归入税目 84.79、85.05 两种意见。请对该商品的归类进行分析。

（1）归入税目（84.79、85.05 或其他）：

（2）总规则运用：

（3）分析归类理由：

第 26 天打卡

Day 26

任务难度：★★★★★
任务时间：60min
任务分数：______

一、判断题（请对下列各题做出正误判断，共 5 题，每题 1 分，共 5 分；答错、不答不得分也不扣分）

1. 缺少马达的电动睫毛刷归入税目 85.09 运用了归类总规则一、二（一）。（　　）

2. 电视摄像机用的移动式活动机械设备，不论是否单独报验，均归入税目 84.28。（　　）

3. 税目 90.26 中液位计测量的是动态的液体体积。（　　）

4. 如果某种机器或器具既符合税目 84.01 至 84.24 中一个或几个税目的规定，又符合税目 84.25 至 84.80 中一个或几个税目的规定，则应归入税目 84.01 至 84.24 中的相应税号。（　　）

5. 税目 84.02 的“锅炉”包含电热锅炉。（　　）

二、单选题（请在下列各题选项中，选出 1 个正确答案；共 5 题，每题 2 分，共 10 分；错选、不选均不得分）

1. 速溶低因咖啡，配料为 100%咖啡粉，应归入子目（　　）。

   A. 0901.21　　B. 0901.22
   C. 2101.11　　D. 2101.12

2. 手机闪光灯组件，由闪光灯泡（含反射镜）、电容和连接电路组成，电源与手机共用，电容作为放电元件通过充放电使闪光灯泡发光，应归入税号（　　）。

   A. 8517.7030　　B. 9006.6100
   C. 9006.6990　　D. 9006.9900

3. 如图所示，乐谱架应归入税目（　　）。

A. 73.26　　B. 92.09

C. 94.03　　D. 96.20

4. 移动空调，如图所示，冷暖型，制冷量3600W，制热量3800W，包含单一机壳及其内部的2个电机驱动的风扇、一个蒸发器（热交换器）、一个冷凝器（热交换器）和一个压缩机，应归入税号(　　)。

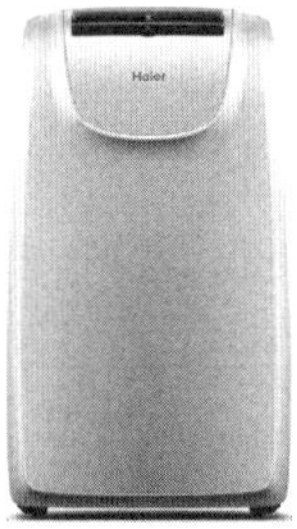

A. 8415.1010　　B. 8415.8110

C. 8415.8210　　D. 8414.8090

5. 湿度指示卡，如图所示，显示密封空间湿度状况的卡片。圆圈上方或侧方的百分率数据是对应圆圈指示的相对湿度数据，应归入税号(　　)。

A. 3822.0010　　B. 3824.9999

C. 9025.1100　　D. 9025.8000

三、多选题（请在下列各题选项中，选出2个或2个以上正确答案；共5题，每题3分，共15分；全部选对得3分，少选得相应分，错选、不选不得分）

1. 税目84.07中的点燃往复式或旋转式活塞内燃发动机常用燃料有(　　)。

A. 天然气　　B. 柴油

C. 煤焦油　　D. 汽油

2. 下列选项对税目 84.03 描述正确的有(　　)。
   A. 用于集中供暖
   B. 输出热水，压力正常，不是温度超过 180℃以上的高压过热水
   C. 可以是电热水锅炉
   D. 可装有压力调节器，但不可产生低压蒸汽

3. 下列电压不超过 1000V 的单独的商品属于税目 85.36 的有(　　)。
   A. 光缆连接器　　B. 接触器
   C. 变压器　　D. 保险丝

4. 下列商品属于税目 85.33 的有(　　)。
   A. 热敏电阻器　　B. 光敏电阻器
   C. 压敏电阻器　　D. 加热电阻器

5. 下列商品属于税目 85.40 的有(　　)。
   A. 显示管　　B. 整流管
   C. X 射线管　　D. 光电管

四、分析题（请根据题目的要求作答，共 5 题，每题 4 分，共 20 分）

1. 盒式磁带适配器，如图所示，用于汽车磁带卡座，将 iPod、CD 播放器或 MP3 播放器上的任何内容，通过汽车立体声系统传输该音频。对其归类存在归入税目 85.23、85.43 两种意见。请对该商品的归类进行分析。

   (1) 归入税目（85.23、85.43 或其他）：

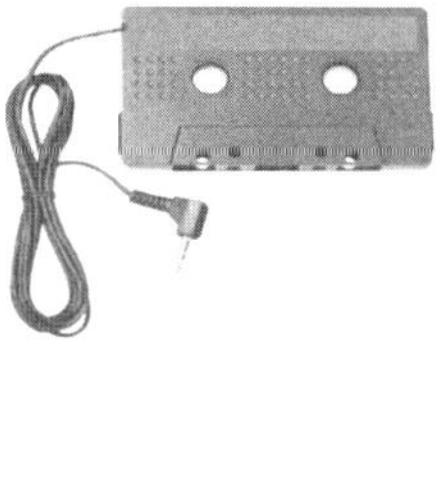

   (2) 总规则的运用：

   (3) 分析归类理由：

2. 移液器，如图所示，依据是胡克定律，即在一定限度内弹簧伸展的长力与弹力成正比，也就是移液器内的液体体积与移液器内的弹簧弹力成正比，被广泛用于生物、化学等领域。对其归类存在归入税目 84.13、84.79 两种意见。请对该商品的归类进行分析。

   (1) 归入税目（84.13、84.79 或其他）：

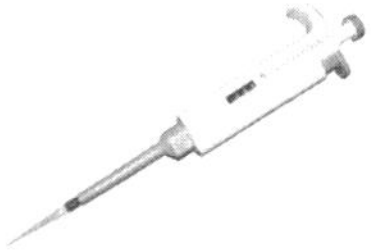

   (2) 总规则的运用：

   (3) 分析归类理由：

3. 真空采血管用密封塞，如图所示，硫化橡胶制。对其归类存在归入税号 4016.9310、4016.9390 两种意见。请对该商品的归类进行分析。

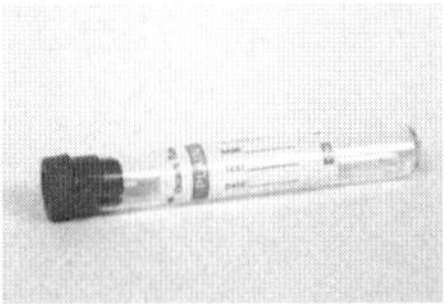

（1）归入税号（4016.9310、4016.9390 或其他）：

（2）总规则的运用：

（3）分析归类理由：

4. 电磁接触器，如图所示，工作电压为 DC200～240V，AC200～250V；工作频率为 50/60Hz，用于多种场合，主要作远距离接通和分断电路之用。对其归类存在归入税号 8536.3000、8536.4900 两种意见。请对该商品的归类进行分析。

（1）归入税号（8536.3000、8536.4900 或其他）：

（2）总规则的运用：

（3）分析归类理由：

5. 振动马达，如图所示，马达轴上压入一个偏心盘，旋转偏心盘从而产生振动效果，用于平板电脑、手机等。对其归类存在归入税目 85.01、85.48 两种意见。请对该商品的归类进行分析。

（1）归入税目（85.01、85.48 或其他）：

（2）总规则的运用：

（3）分析归类理由：

第 27 天打卡

Day 27

任务难度：★★★★★
任务时间：60min
任务分数：

一、判断题（请对下列各题做出正误判断，共 5 题，每题 1 分，共 5 分；答错、不答不得分也不扣分）

1. 税目 90.13 的放大器具仅作一级放大。(　　)
2. 安放鼓的支架，属于安放乐器用的架座，应归入税目 92.09。(　　)
3. 装有磷酸的塑料桶，塑料桶不具备明显可重复使用的特征，与磷酸一并归类，运用了归类总规则五（二）。(　　)
4. 汽轮机用的换向齿轮单独报验时应归入税目 84.83。(　　)
5. 陶瓷电热水壶应按陶瓷材料归入第六十九章。(　　)

二、单选题（请在下列各题选项中，选出 1 个正确答案；共 5 题，每题 2 分，共 10 分；错选、不选均不得分）

1. 椰子水饮料，配料为椰子水（≥99%）、果糖、维生素 C，应归入税目(　　)。

A. 20.09　　B. 21.06
C. 22.01　　D. 22.02

2. 风扇叶片注射模具，如图所示，叶片材质为玻璃钢，模具材质为贱金属，应归入税号(　　)。

A. 8207.3000　　B. 8480.5000
C. 8480.7190　　D. 8480.7900

3. 活塞销，如图所示，合金钢制，主要用于船舶压燃式活塞内燃发动机，输出功率可达 300kW ~ 500kW，应归入税号(　　)。

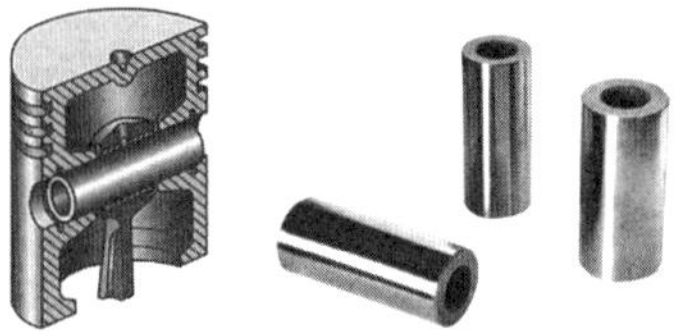

A. 7318.2400　　B. 8409.9110
C. 8409.9910　　D. 8409.9991

4. 射频网络分析仪，如图所示，频率 300kHz~1.5GHz，一般专用于无线通信领域的射频器件测试，应归入税号(　　)。

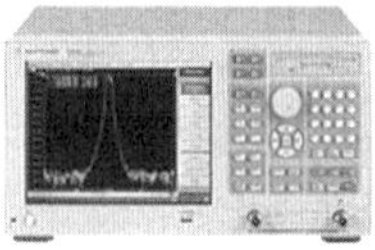

A. 9030.2090　　B. 9030.4010
C. 9030.4090　　D. 9030.8490

5. 塑料深沟球轴承，如图所示，框架为塑料，内部为钢珠，应归入税号(　　)。

A. 3926.9090　　B. 7326.9090
C. 8482.1020　　D. 8482.1090

三、多选题（请在下列各题选项中，选出 2 个或 2 个以上正确答案；共 5 题，每题 3 分，共 15 分；全部选对得 3 分，少选得相应分，错选、不选不得分）

1. 下列商品属于税目 87.05 的特殊用途的机动车辆有(　　)。
A. 集卡车　　B. 洒水车
C. 救火车　　D. 碰碰车

2. 下列商品属于税目 90.15 的有(　　)。
A. 测距仪　　B. 湿度仪
C. 气泡水平仪　　D. 测云仪

3. 下列商品不属于税目 90.27 的有(　　)。

A. 比色计　　　　B. 黏度计
C. 湿度计　　　　D. 面积仪

4. BD 真空采血系统，如图所示，由无菌针头、持针器和真空采血管组成。下列选项关于其归类的描述正确的有（　　）。

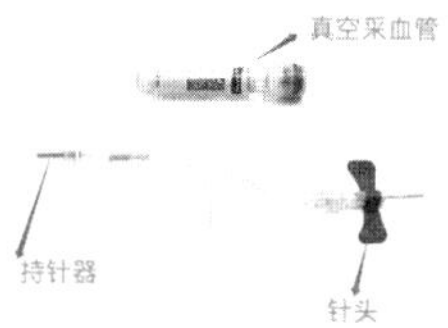

A. 成套进口时，应归入税号 9018.3900
B. 单独进口时，无菌针头应归入税号 9018.3210
C. 单独进口时，持针器应归入税号 9018.3900
D. 单独进口时，塑料制采血管应归入 9018.3900，玻璃制采血管应归入 7017.9000

5. 下列选项对继电器（如图所示）的归类描述正确的有（　　）。

A. 该继电器用于超过 60V 的线路
B. 该继电器用于不超过 60V 的线路
C. 该继电器应归入税号 8536.4110
D. 该继电器应归入税号 8536.4900

四、分析题（请根据题目的要求作答，共 5 题，每题 4 分，共 20 分）

1. 谷物压片机，主要由液压控制系统、压辊、电机、皮带等构成，与烘干机、震动加水机器组成动物食料配制机器，通过对谷物喷射水雾加以震动，使谷物快速地加水，然后通过烘焙机进行烘干，达到一定温度后将谷物压成薄片。对其归类存在归入税目 84.20、84.37 两种意见。请对该商品的归类进行分析。
（1）归入税目（84.20、84.37 或其他）：

（2）总规则的运用：

（3）分析归类理由：

2. 石墨散热片，如图所示，由石墨进行高温膨胀后压延加工成卷，出口后客户根据实际需要可进行再加工。对其归类存在归入税目 68.15、85.45 两种意见。请对该商品的归类进行分析。

（1）归入税目（68.15、85.45 或其他）：

（2）总规则的运用：

（3）分析归类理由：

3. 智能功率模块，如图所示，由单片集成电路、IGBT、二极管、电阻器、NTC、电容器组成，封装在带有23针连接的SIP外壳中。对其归类存在归入税目85.04、85.42两种意见。请对该商品的归类进行分析。

（1）归入税目（85.04、85.42或其他）：

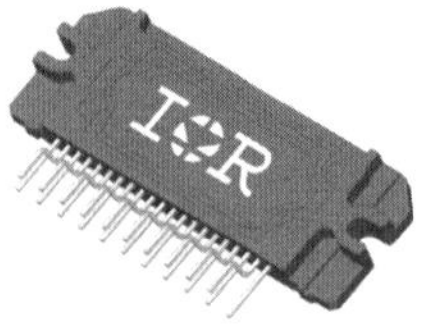

（2）总规则的运用：

（3）分析归类理由：

4. 干冰清洗机，由控制面板、干冰槽、旋转刀、电机、空气过滤器、泄压阀构成，将干冰雾状物喷射到金属模具表面，利用干冰在常温常压下瞬间膨胀来清理模具表面污垢，轻型结构，一体式，带有手持式喷枪、管道、干冰存储槽和控制装置。对其归类存在归入税号8424.3000、8424.8999两种意见。请对该商品的归类进行分析。

（1）归入税号（8424.3000、8424.8999或其他）：

（2）总规则的运用：

（3）分析归类理由：

5. 热风枪，用于对塑料产品（如塑料板、塑料管等）进行热熔、热焊、热缩等操作。产品主要由发热芯、电机、温控开关、开关、电缆线、外壳、前护套等部分组成，通过将送入的冷风加热至450℃或600℃的高温风送出使用。对其归类存在归入税目85.15、85.16两种意见。请对该商品的归类进行分析。

（1）归入税目（85.15、85.16或其他）：

（2）总规则的运用：

（3）分析归类理由：

第 28 天打卡

Day 28

任务难度：★★★★★

任务时间：60min

任务分数：

一、判断题（请对下列各题做出正误判断，共 5 题，每题 1 分，共 5 分；答错、不答不得分也不扣分）

1. 塑木复合托盘，由热塑性塑料（30%）和木粉（70%，填充料）构成，其按塑料制品归类，运用了归类总规则三（一）。（　　）

2. 单独报验的无绳电话手机用基座应归入子目 8517.70。（　　）

3. 子目 8415.10 所列空调器必须设计为固定在窗、壁、天花板或地板上。（　　）

4. 税目 84.67 所列的手提式电动工具，在报验时未带电动机，应按相应的完整机器归入同一税目。（　　）

5. 消防泵，不论是否配有储水槽，非机动车辆型的归入税目 84.13，机动车辆型的归入税目 87.05。（　　）

二、单选题（请在下列各题选项中，选出 1 个正确答案；共 5 题，每题 2 分，共 10 分；错选、不选均不得分）

1. 无乳糖牛奶，配料：生牛乳 99.99%，乳糖酶 0.01%，应归入税目（　　）。

   A. 04.01　　B. 04.04

   C. 21.06　　D. 22.02

2. 全自动曝光机，如图所示，利用紫外线在 PCB 基板上曝光显影菲林上的电路图，使电路板之涂覆层感光而出现线路图，应归入税号（　　）。

   A. 8486.3039　　B. 8486.3049

   C. 9010.5022　　D. 9010.5029

3. 铁氧体永磁模具，如图所示，用于把不定型的磁粉和黏结剂的混合物施压，制成模具形状的压坯，模具材质为贱金属，应归入税号（　　）。

   A. 8207.3000　　B. 8480.4120

   C. 8480.4900　　D. 8480.6000

4. 起重机，如图所示，最大起重重量为300吨，应归入税号(　　)。

A. 8426.1200　　B. 8426.4110
C. 8705.1023　　D. 8705.1093

5. 滚针轴承，如图所示，滚针长度5.8mm，直径2mm，应归入税号(　　)。

A. 8482.1090　　B. 8482.4000
C. 8482.5000　　D. 8482.8000

三、多选题（请在下列各题选项中，选出2个或2个以上正确答案；共5题，每题3分，共15分；全部选对得3分，少选得相应分，错选、不选不得分）

1. 下列选项中，符合税目87.03中装有摩托车发动机及车轮等的三轮车特征的有(　　)。
   A. 未装有汽车型转向系统，装有逆向齿轮
   B. 未装有汽车型转向系统，装有逆向齿轮和差速器
   C. 装有汽车型转向系统
   D. 装有汽车型转向系统、逆向齿轮和差速器

2. 下列选项关于税目85.46归类描述正确的有(　　)。
   A. 装有金属角、保护铠装层或其他器件，构成避雷器的绝缘子归入税目85.35
   B. 可以装有金属配件
   C. 除了为装配需要而在模制时装入的小金属零件外，全部用绝缘材料制成的，应归入税目85.47
   D. 绝缘子的大小一般与电压有关（大的绝缘子用于高电压，小的绝缘子用于低电压）

3. 如果货品符合第十六类类注四所述“功能机组”定义，则(　　)。

A. 整套设备应按有关功能归入其相应税目

B. 起主要功能作用的机器或机组应按有关功能归入其相应税目

C. 不包括执行辅助功能而不执行整套设备的主要功能的机器或器具

D. 不论各个部件是否为了方便或其他原因而彼此分开，或仅用管道（装有空气、压缩空气、油等）、传动装置、电缆或其他装置连接起来

4. 下列选项中，(　　)制物料输送机输送带不能归入第十六类。

A. 聚酯塑料　　B. 硬质橡胶

C. 硫化橡胶　　D. 再生皮革

5. 下列商品不属于第十六类机器范畴的有(　　)。

A. 数码相机用电子闪光灯　　B. 外科医生用电磁铁

C. 教学用红外激光笔　　D. 家用电动按摩器具

四、分析题（请根据题目的要求作答，共 5 题，每题 4 分，共 20 分）

1. 手机用石墨散热片，如图所示，已制成特殊形状，由石墨片、丙烯酸胶、离型膜构成，安装时撕开离型膜直接粘贴于手机上，供散热用。对其归类存在归入税目 68. 15 和 85. 17 两种意见。请对该商品的归类进行分析。

（1）归入税目（68. 15、85. 17 或其他）：

（2）总规则的运用：

（3）分析归类理由：

2. 磁条读取机，如图所示，由一个塑料外壳组成，包含一个单轨磁卡读取器，该读取器具有永久连接的带有 USB 连接器的电缆，通过 USB 连接器直接连接到自动数据处理机，以输入数据。对其归类存在归入税号 8471. 8000 和 8471. 9000 两种意见。请对该商品的归类进行分析。

（1）归入税号（8471. 8000、8471. 9000 或其他）：

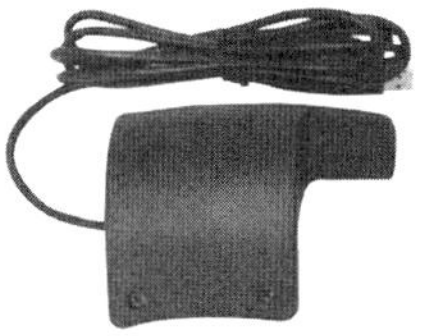

（2）总规则的运用：

（3）分析归类理由：

3. 金属薄板滚涂机，如图所示，利用多个平行的滚筒配合压力对金属薄板表

面进行滚压涂布的设备，主要用于金属薄板印刷前后的加工，能按设定的涂层厚度，在金属薄板表面均匀地涂上底漆、内涂漆或罩光漆。对其归类存在归入税目84.20和84.43两种意见。请对该商品的归类进行分析。

(1) 归入税目（84.20、84.43或其他）：

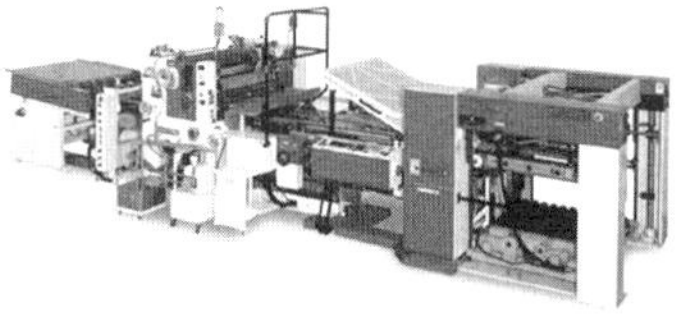

(2) 总规则的运用：

(3) 分析归类理由：

4. 挤奶设备，如图所示，进口报验状态为各个独立部件分别包装，其中包括：真空泵1个、脉动器1个、奶头吸杯5个、奶桶1个、软管5条，进口后通过软管对各部件加以连接成整体（如图所示），用于农场挤奶。对其归类存在归入税目84.34和分别归类两种意见。请对该商品的归类进行分析。

(1) 归入税目（84.34或分别归类）：

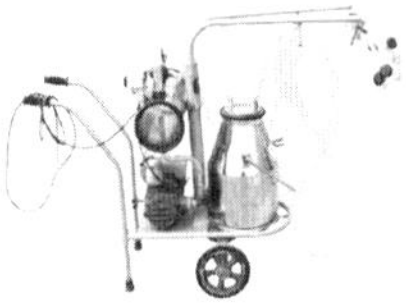

(2) 总规则的运用：

(3) 分析归类理由：

5. 线切割机床，如图所示，由床身、立柱、拖板工作台、丝杆导轨、运丝筒、步进电机、高压水箱、控制电柜和数控系统等部件构成整机。该商品是一种利用电极丝放电对金属进行切割处理的数控机床。工作原理：利用移动的钼丝作电极丝，通过电极丝之间突然放电，产生高温使加工金属熔化或汽化形成切缝，从而对金属进行切割加工。对其归类存在归入税目84.56和84.61两种意见。请对该商品的归类进行分析。

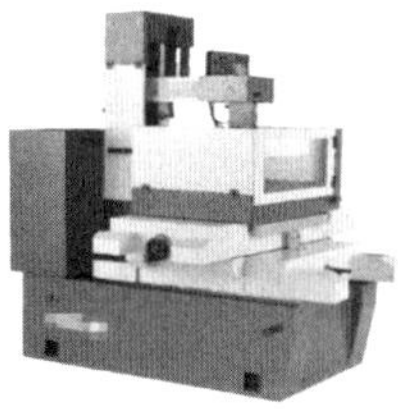

(1) 归入税目（84.56、84.61或其他）：

(2) 总规则的运用：

(3) 分析归类理由：

第 29 天打卡

Day 29

任务难度：★★★★★

任务时间：60min

任务分数：________

一、判断题（请对下列各题做出正误判断，共 5 题，每题 1 分，共 5 分；答错、不答不得分也不扣分）

1. 税目 87.04 中车辆总重量是指车辆自重、最大设计载荷、装满燃油的油箱重量的总和。（　　）

2. 带蓝牙装置的自拍杆（如图所示）归入税目 96.20 运用了归类总规则一。（　　）

3. 本身装有电动机，并配有泵及喷射材料（油漆、清漆等）贮液容器的手持式喷枪应归入税目 84.67。（　　）

4. 水泥袋装包后缝口用的机器应归入税目 84.22。（　　）

5. 多层陶瓷介质固定电容器为圆片状或管状。（　　）

二、单选题（请在下列各题选项中，选出 1 个正确答案；共 5 题，每题 2 分，共 10 分；错选、不选均不得分）

1. 家用电动磨刀机，如图所示，毛重 1kg，可开刃，左右分别为粗砂轮、精砂轮，中间为精磨石，配有可互换的附件，应归入税号（　　）。

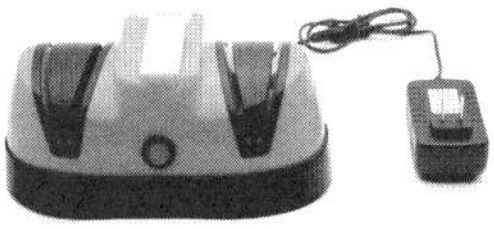

A. 8460.3900　　B. 8460.9010

C. 8467.2910　　D. 8509.8090

2. 数字影院控制板，如图所示，电影放映机的主板，接收巴可数字电影放映机外部的信号，存储信号，并把信号传给放映机的相关部件，应归入税号（　　）。

A. 8537.1090　　B. 8529.9090

C. 9007.9200　　D. 9008.9090

3. 双炮台支架，如图所示，由不锈钢、橡胶、硅胶材质制得，用于钓箱、钓椅、插地，应归入税目(　　)。

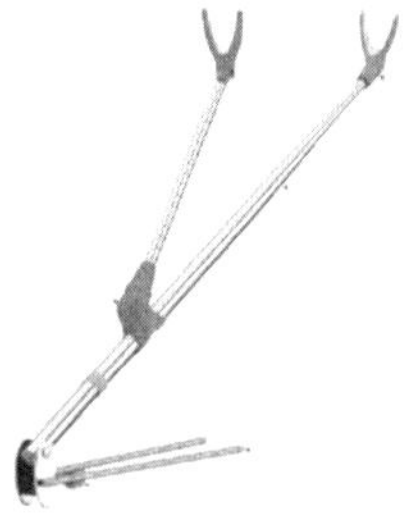

A. 73.26　　B. 83.02
C. 95.07　　D. 96.20

4. 耳机转接头，如图所示，应归入税目(　　)。

A. 85.18　　B. 85.36
C. 85.44　　D. 85.48

5. 电子眼压记录仪，如图所示，通过记录眼动脉压、眼静脉压的变化，对眼睛进行诊断，应归入税号(　　)。

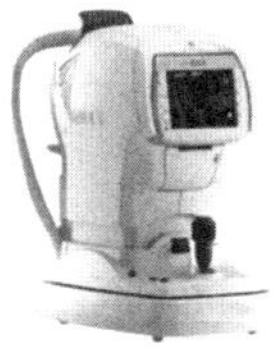

A. 9018.1990　　B. 9018.5000
C. 9018.9099　　D. 9026.2090

三、多选题（请在下列各题选项中，选出2个或2个以上正确答案；共5题，每题3分，共15分；全部选对得3分，少选得相应分，错选、不选不得分）

1. 下列商品的零件一般应按其构成材料归类的有(　　)。
A. 税目84.82滚动轴承　　B. 税目85.45电气设备用碳精制品
C. 税目85.46绝缘子　　D. 税目84.84密封垫

2. 下列机器零件属于第十六类的列名货品的有(　　)。
A. 落地扇用交流电动机　　B. 蒸汽机用滑阀
C. 电热饮水机用电磁泵　　D. 纺织机用经轴

3. 下列商品归类时无须引用第十六类类注三的规定的有(　　)。
A. 具有调温和调湿功能的空调器

B. 具有车、铣、刨、钻功能的金属加工中心
C. 具有拍照功能的无线手机
D. 调频调幅立体声收放音组合机

4. 税目 84.71 不包括下列选项单独报验的（　　）商品。
A. 数字激光打印机　　B. 无线路由器
C. 笔记本用高清摄像头　　D. 扫描仪

5. 子目 8471.49 所称“系统”应至少包含下列选项的（　　）部件。
A. 中央处理器　　B. 存储器
C. 键盘　　D. 视频显示器

四、分析题（请根据题目的要求作答，共 5 题，每题 4 分，共 20 分）

1. 平板电脑用石墨散热片，已制成特殊形状，由石墨片、丙烯酸胶、离型膜构成，安装时撕开离型膜直接粘贴于平板电脑上，供散热用。对其归类存在归入税目 68.15、84.73 两种意见。请对该商品的归类进行分析。
（1）归入税目（68.15、84.73 或其他）：

（2）总规则的运用：

（3）分析归类理由：

2. 便携式 VCD 播放机，如图所示，型号为 A-2000，该机将收音机、录音机（单卡）、VCD 播放机（可播放 VCD、CD 光盘）及两个喇叭集合在一个机体内，成为具有收音、录音、放音、播放 VCD 和 CD 光盘的音视频信号的多功能组合机。该机可在家庭中作为 VCD 播放机用，也可以在野外作为收录（放）音组合机用。对其归类存在归入税目 85.19、85.21 和 85.27 三种意见。请对该商品的归类进行分析。
（1）归入税目（85.19、85.21、85.27 或其他）：

（2）总规则的运用：

（3）分析归类理由：

3. 袖珍盒式磁带收放机，外形尺寸为 150mm×80mm×35mm，由两节 5 号电池供电，通过内置扬声器或耳机收听。对其归类存在归入子目 8527.12 和 8527.13 两种意见。请对该商品的归类进行分析。

（1）归入子目（8527.12、8527.13或其他）：

（2）总规则的运用：

（3）分析归类理由：

4. CD播放机专用线控，如图所示，主要由塑料外壳、按键、功能电路板、液晶显示屏和连接线组成。线控一端与CD播放机连接，另一端音频输出端与耳机连接。将商品扣于身上或背包带上，无须直接对CD播放机进行操作，直接通过线控上的按键实现音量调节、歌曲播放、停止、选曲等操控。对其归类存在归入税目85.22、85.37两种意见。请对该商品的归类进行分析。

（1）归入税目（85.22、85.37或其他）：

（2）总规则的运用：

（3）分析归类理由：

5. USB-C转HDMI适配器，如图所示，HDMI连接器由覆盖连接器的塑料外壳和PCBA组成，该PCBA将信号从USB- C格式数字转换为HDMI格式。对其归类存在归入税目84.71、85.44两种意见。请对该商品的归类进行分析。

（1）归入税目（84.71、85.44或其他）：

（2）总规则的运用：

（3）分析归类理由：

第 30 天打卡

Day 30

任务难度：★★★★★

任务时间：60min

任务分数：

一、判断题（请对下列各题做出正误判断，共 5 题，每题 1 分，共 5 分；答错、不答不得分也不扣分）

1. 配有内装式设备的机动犁雪车或吹雪车一律归入税目 87.05。（　　）

2. 玩具风扇，用于零售，内含一包净重 20g 的巧克力糖果和 1 节电池（供电给马达使之转动），归入税目 95.03 运用了归类总规则一、三（二）。（　　）

3. 税目 85.39 包括各种电灯，不论是否具有特种用途。（　　）

4. 计量或检验用的光学仪器、器具或机器，如果既可归入税目 90.13，又可归入税目 90.31，则应归入税目 90.13。（　　）

5. 小轿车用的塑料制地毯应按零件归入税目 87.08。（　　）

二、单选题（请在下列各题选项中，选出 1 个正确答案；共 5 题，每题 2 分，共 10 分；错选、不选均不得分）

1. 齿轮毛坯，如图所示，45#钢在模具中锻造而成，进口后分别用于加工齿轮，应归入税目（　　）。

A. 72.07　　B. 73.25

C. 73.26　　D. 84.83

2. AR 消防员头盔，如图所示，由盔壳、呼吸面罩、360°护颈、无线通信装置、热成像摄像装置等构成，应归入税目（　　）。

A. 65.06　　B. 85.17

C. 85.43　　D. 90.20

3. 汽车点烟器，如图所示，利用电热丝加热点燃香烟，应归入税号(　　)。

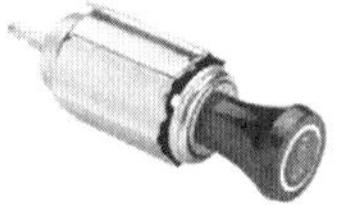

A. 8516.8000　　B. 8543.7099

C. 8708.9999　　D. 9613.8000

4. 智能马桶盖，如图所示，具有座圈加热、暖风干燥、按摩清洗、冷热 SPA 等功能，应归入税号(　　)。

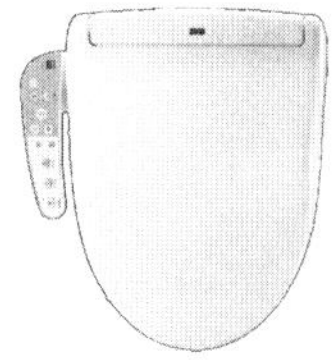

A. 8424.8999　　B. 8516.7990

C. 8543.7099　　D. 9019.1010

5. 智能狗碗，如图所示，304 不锈钢内胆，树脂外壳，称重范围 1～2000g，应归入税号(　　)。

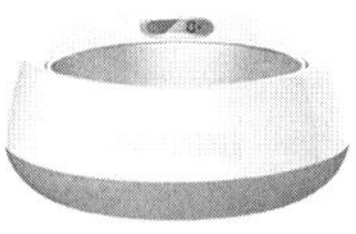

A. 3924.9000　　B. 7323.9300

C. 8423.1000　　D. 8543.7099

三、多选题

(请在下列各题选项中，选出 2 个或 2 个以上正确答案；共 5 题，每题 3 分，共 15 分；全部选对得 3 分，少选得相应分，错选、不选不得分)

1. 决定机电商品归类时的主要因素有(　　)。

A. 加工程度　　B. 功能用途
C. 结构组成　　D. 工作原理

2. 下列关于归类优先原则的描述正确的有(　　)。
A. 用于制造半导体或平板显示器的设备优先归入税目 84.86
B. 第八十四章的机器设备的“用途”优先于“功能”。
C. 特种机床优先归入税目 84.56
D. 计量或检验用的光学仪器、器具或机器，如果既可归入税目 90.13，又可归入税目 90.31，则应归入税目 90.31

3. 下列关于功能机组的描述正确的有(　　)。
A. 功能机组外观结构上不是一个整体
B. 功能机组各部件或机器都有一定的功能
C. 功能机组视为一个整体后，对外体现的只有唯一的一种功能
D. 功能机组各部件可由管道、电缆连接，也可以无任何连接

4. 下列商品归入税目 85.39 的有(　　)。
A. 金属卤化物灯　　B. 紫外线灯管
C. 电子闪光灯泡　　D. 发光二极管

5. 下列金属加工机器归入税目 84.62 的有(　　)。
A. 冲剪两用机　　B. 金属轧机
C. 金属冲压机　　D. 半导体引脚折弯机

四、分析题（请根据题目的要求作答，共 5 题，每题 4 分，共 20 分）

1. 读卡器，如图所示，连接电脑，多系统兼容，支持 SD/TF/CF/MS 卡同时读取。对其归类存在归入税号 8471.7000、8471.8000 两种意见。请对该商品的归类进行分析。
（1）归入税号（8471.7000、8471.8000 或其他）：

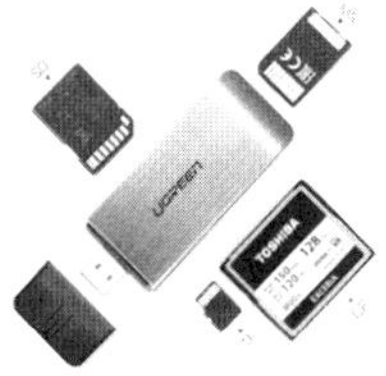

（2）总规则的运用：

（3）分析归类理由：

2. 物流配送车，如图所示，用于短距离无人驾驶配送货物，最高时速 20km/h，自由穿梭于室外复杂路况。对其归类存在归入税目 87.04、87.09 或 84.79 三种意见。请对该商品的归类进行分析。
（1）归入税目（87.04、87.09、84.79 或其他）：

（2）总规则的运用：

（3）分析归类理由：

3. 儿童手推车，可折叠，由婴儿篮（含一个玩偶）、活动手柄、四个脚轮、支架、收纳袋等部件组成，适合供儿童玩乐。对其归类存在归入税目87.15、95.03两种意见。请对该商品的归类进行分析。

（1）归入税目（87.15、95.03或其他）：

（2）总规则的运用：

（3）分析归类理由：

4. DVI转HDMI适配器，如图所示，对其归类存在归入税目84.71、85.36两种意见。请对该商品的归类进行分析。

（1）归入税目（84.71、85.36或其他）：

（2）总规则的运用：

（3）分析归类理由：

5. 自动栏杆机，如图所示，由控制器（安装于机壳内）、驱动机构和栏杆安装而成，用于道路车辆管理。根据选用不同的控制模块，可完成无线控制、电脑控制等多种控制方式。对其归类存在归入税目85.30、86.08两种意见。请对该商品的归类进行分析。

（1）归入税目（85.30、86.08或其他）：

（2）总规则的运用：

（3）分析归类理由：

第一套模拟题（机电类）

任务难度：★★★★☆
任务时间：180min
任务分数：________

一、判断题（请对下列各题做出正误判断，共10题，每题1分，共10分；答错、不答不得分也不扣分）

1. 归类总规则三是关于当商品可能归入两个或两个以上税目时如何归类的规定。(　　)
2. 猫眼，由一块凹透镜（物镜）和一块凸透镜组成，应按照已装配光学元件归入税目90.02。(　　)
3. 用于帽子成型机的铅制帽模应按材料归入第七十八章。(　　)
4. 由一个驾驶室及一个旋转起重机固定装在一个机动车底盘上所组成的起重车应归入第八十四章。(　　)
5. 自行车成套组件，有车架、前叉、手把、把立（连接前叉和手把）、制动把手及线缆，一同报验但未装配，适用同型号自行车。可运用归类总规则一、二（一）归入税目87.12。(　　)
6. 厚膜电路是采用丝网印刷工艺形成。(　　)
7. 保温瓶或其他保温容器用的玻璃胆应归入税目70.10。(　　)
8. 税目84.19仅包括非家用设备。(　　)
9. 有存储装置拍摄运动画面是工业相机按摄录一体机归类的条件。(　　)
10. 化验室中用于检验血液、组织液、尿液等的仪器设备，不论这些检验是否供诊断用，一般归入税目90.18(　　)。

二、单选题（请在下列各题选项中，选出1个正确答案；共10题，每题2分，共20分；错选、不选均不得分）

1. 皮鞋去污清洁护理套装，内含马鬃刷、尼龙刷、泡沫洗护剂（450mL）、加厚吸水毛巾（2片快洁湿巾）、便携喷雾铝瓶（30mL空瓶）、深层洗护剂（250mL）、防水防污喷雾（300mL），装在特定的盒子里，零售包装。下列选项说法正确的有(　　)。
   A. 应按归类总规则三（二）归入税目34.05
   B. 应按归类总规则三（三）归入税目96.03

C. 应按归类总规则一归入税目96.05

D. 应分别归类

2. PVC涂层男式羽绒服，由两层夹一层鸭绒的化纤机织物经绗缝制成，应归入税号（　　）。

A. 6201.1310　　B. 6201.9310

C. 6210.2000　　D. 6210.4000

3. 鸡蛋盒，塑料制，一边相连，另外三边可打开，应归入税号（　　）。

A. 3923.1000　　B. 3923.9000

C. 3924.1000　　D. 3926.9090

4. 千分表，如图所示，是通过齿轮或杠杆将一般的直线位移（直线运动）转换成指针的旋转运动，然后在刻度盘上进行读数的长度测量仪器，应归入税号(　　)。

A. 9017.3000　　B. 9017.8000

C. 9031.8039　　D. 9031.8090

5. 松木画架，如图所示，用于放置画板等，应归入税目(　　)。

A. 44.21　　B. 94.03
C. 96.10　　D. 96.20

6. 黑色颗粒，如图所示，聚丙烯 80%（丙烯单体 100%），滑石粉 19.5%，炭黑 0.5%，应归入税号(　　)。

A. 3902.1000　　B. 3902.2000
C. 3902.3090　　D. 3902.9000

7. 手动车窗升降器，如图所示，应归入税号(　　)。

A. 8302.3000　　B. 8708.2930
C. 8708.2942　　D. 8708.9999

8. 车轮中心装饰盖，如图所示，ABS 塑料制，面包车用，应归入税号(　　)。

A. 3923.5000　　B. 3926.9090
C. 8708.2990　　D. 8708.7099

9. 船用造水机，如图所示，反渗透法造水，利用只允许溶剂通过，不允许溶质通过的半透膜，将海水与淡水分隔开，应归入税号(　　)。

A. 8419.4090　　B. 8421.2191
C. 8421.2199　　D. 8479.8999

10. 汽车空调鼓风机叶轮，如图所示，塑料制，应归入税号(　　)。

A. 3926.9090　　B. 8414.9090

C. 8415.9090　　D. 8708.9999

三、多选题（请在下列各题选项中，选出2个或2个以上正确答案；共10题，每题3分，共30分；全部选对得3分，少选得相应分，错选、不选不得分）

1. 税目90.32的自动调节器或控制器包括的基本组成部分有（　　）。

A. 测量装置　　B. 控制装置

C. 启停或操作装置　　D. 执行装置

2. 下列内燃机用零件中不能归入税目84.09的有（　　）。

A. 曲轴　　B. 连杆

C. 增压器　　D. 滤油器

3. 税目85.01的电动机在确定具体税号时通常考虑的归类要素有（　　）。

A. 输出功率　　B. 用途

C. 机座尺寸　　D. 精度

4. 下列选项商品归入税目85.31的有（　　）。

A. 安装在街道上，用于呼唤消防队的装置

B. 装有检烟器（装有放射性物质）的防火报警器

C. 未装有电气音响或视觉报警装置的火焰探测器

D. 由探测装置及音响或视觉报警装置组成的电气气体报警器

5. 对于硫化橡胶制的医疗专用防放射性服装，下列选项描述错误的有（　　）。

A. 由于税目40.15的列名比税目40.14的列名具体，所以应归入税目40.15

B. 由于税号4015.9010有“医疗用”的具体列名，即税号4015.9010的列名比税目40.14和税号4014.9200更具体，所以应归入税目40.15

C. 由于税目40.14是医疗专用，故税目40.15应该是医疗专用之外的其他衣着用品及附件，而该防放射性服装属于医疗专用，所以应归入税目40.14

D. 根据归类总规则三（三）“从后归类”的原则，应归入税目40.15

6. 下列医疗设备中不归入税目90.18的有（　　）。

A. 血液透析机（人工肾透析装置）　　B. 血管支架

C. CT（又称 X 射线断层检查仪）　　D. 血糖仪

7. 鼓式制动器，非车用，可用于多种设备，由铸铁制底盘、两个活动臂、闸瓦、液压缸、推进器组成，推进器用来提供动力，此次进口状态未带有推进器，下列选项描述错误的有（　　）。

A. 该商品主要功能是使旋转的轴静止，属于传动装置，应归入税号 8483.4090

B. 该商品进口状态未带有推进器，应按未列名的机器零件归入税号 8487.9000

C. 该商品进口状态未带有推进器，应按未列名具有独立功能的机器归入税号 8479.9090

D. 应按未列名具有独立功能的机器归入税号 8479.8999

8. 下列选项商品（如图所示）不归入税目 85.47 的有(　　)。

A. 单件式插头连接器外壳，塑料制　　B. 电缆密封件，硅胶制

C. 安装在电源转换器用绝缘框架　　D. 塑料制绝缘子

9. 下列选项商品归入第十七类的有(　　)。

A. 军用飞机　　B. 坦克

C. 装甲列车　　D. 运钞车

10. 下列选项中归类运用规则为总规则三（一）的有(　　)。

A. 电动剃须刀及电动理发推子应归入税目 85.10，而不应作为本身装有电动机的手提式工具归入税目 84.67 或作为家用电动机械器具归入税目 85.09

B. 确定为用于小汽车的簇绒地毯，不应作为小汽车附件归入税目 87.08，而应归入税目 57.03

C. 谷物的分选机器应归入税目 84.37，而不应归入税目 84.38 或 84.79

D. 钢化或层压玻璃制的未镶框安全玻璃，已制成一定形状并确定用于飞机上。该货品不应作为税目 88.01 或 88.02 所列货品的零件归入税目 88.03，而应归入税目 70.07

四、分析题（请根据题目的要求作答，共 10 题，每题 4 分，共 40 分）

1. 多功能金属加工机床，如图所示，当工件固定在工作台上后，有三个动力头可同时对工件进行铣削、钻削和镗削加工，加工完成后，即可卸下工件，并安装下一个工件。对其归类存在归入税目 84.57 和 84.59 两种意见。请对该商品的归类进行分析。

（1）归入税目（84.57、84.59 或其他）：

（2）总规则的运用：

（3）分析归类理由：

2. 碾轮式混砂机，如图所示，通过碾轮的碾压、揉搓使不同的砂均匀地混合，用于金属铸造车间制作各种砂芯。对其归类存在归入税目 84.74 和 84.79 两种意见。请对该商品的归类进行分析。

（1）归入税目（84.74、84.79 或其他）：

（2）总规则的运用：

（3）分析归类理由：

3. 电磁炒货机，如图所示，对其归类存在归入税目 84.19 和 85.14 两种意见。请对该商品的归类进行分析。

（1）归入税目（84.19 和 85.14 或其他）：

（2）总规则的运用：

（3）分析归类理由：

4. 眼科专用电磁铁，对其归类存在归入税目 85.05 和 90.18 两种意见。请对该商品的归类进行分析。

（1）归入税目（85.05 和 90.18 或其他）：

（2）总规则的运用：

（3）分析归类理由：

5. 洗衣机用加热管，由电阻加热器和温度传感器组成，传感器是为了实现稳定加热而加装的零件，因为安装方便而与电阻加热器组装在一起。对其归类存在归入税目 84. 50 和 85. 16 两种意见。请对该商品的归类进行分析。

（1）归入税目（84. 50、85. 16 或其他）：

（2）总规则的运用：

（3）分析归类理由：

6. 波峰焊机，如图所示，用于电子元器件的装配，将熔化的铅锡合金等软钎焊料，经电动泵或电磁泵喷流成设计要求的焊料波峰，当预先装有元器件的电路板通过波峰时，实现元器件引脚与印刷电路板焊盘焊接在一起。对其归类存在归入税目 84. 68 和 85. 15 两种意见。请对该商品的归类进行分析。

（1）归入税目（84. 68、85. 15 或其他）：

（2）总规则的运用：

（3）分析归类理由：

7. 测距仪，主要由发射机系统（发射机）、接收机系统机（接收机）、监视系统（监控器、控制中心、控制终端、远程监控处理单元）、询问测试系统（状态面板、功率放大器）、天线系统（天线）组成，工作频率范围：960～1215MHz 。它的原理是通过接收和发送无线电脉冲来计算信号反馈时间差，从而确定飞机相对于地面测距仪台的斜距，用于航空机场跑道地面导航系统。对其归类存在归入税目 85. 26 和 90. 15 两种意见。请对该商品的归类进行分析。

（1）归入税目（85. 26、90. 15 或其他）：

（2）总规则的运用：

（3）分析归类理由：

8. 燃气泄漏检测仪，用于检测是否有可燃气体，当测到有可燃气体时，检测仪会报警。其工作原理为：当可燃气体发生泄漏，与检测仪内的半导体传感器中的金属氧化物接触，发生氧化还原反应导致传感器晶粒边界的势垒降低，从而传感器阻值减小，反应到电路中的电信号产生变化，而达到检测可燃气体的目的。对其归类存在归入税目 85. 31 和 90. 27 两种意见。请对该商品的归类进行分析。

（1）归入税目（85.31、90.27或其他）：

（2）总规则的运用：

（3）分析归类理由：

9. 光电开关，是利用发射端与接收端之间的光路是否被物体遮挡，从而输出信号给其他控制设备执行控制指令的一种电气装置，其通过发送/接收不可见光模式，输出信号给控制设备。对其归类存在归入税目85.36和90.31两种意见。请对该商品的归类进行分析。

（1）归入税目（85.36、90.31或其他）：

（2）总规则的运用：

（3）分析归类理由：

10. 燃气热水器用排烟管，材质为不锈钢，直径为85mm，管壁厚1mm，为直焊缝钢管，一端焊接收弯头，另一端焊接有细短管，并带有小孔。对其归类存在归入税目73.07和84.19两种意见。请对该商品的归类进行分析。

（1）归入税目（73.07、84.19或其他）：

（2）总规则的运用：

（3）分析归类理由：

第二套模拟题（机电类）

任务难度：★★★★☆
任务时间：180min
任务分数：

一、判断题（请对下列各题做出正误判断，共10题，每题1分，共10分；答错、不答不得分也不扣分）

1. 一只硬纸板盒内装有一只电水壶，该盒子应根据归类总规则五（一）中的包装容器的规定归类。（　　）
2. 一只工具箱，内有锤子、钳子、扳手、螺丝刀，由于构成零售成套货品，故应根据归类总规则三（二）归入税目82.06。（　　）
3. 已安装土壤耕作机具的拖拉机（可更换不同机具），应按拖拉机一并归类。（　　）
4. 税目85.40仅包括利用阴极在真空或气体中发射出来的电子效应工作的电子管。（　　）
5. 供诊断用的血糖仪应按理化分析仪器归入税目90.18。（　　）
6. 配有开关的门锁应按开关归类。（　　）
7. 由螺丝刀、锤子、钳子、活动扳手、电钻组成的零售包装的成套工具应归入税目82.06。（　　）
8. X光治疗专用的台及坐具应归入税目90.22。（　　）
9. 十字路口的交通信号灯作为道路的电气信号设备，应归入税目85.30。（　　）
10. 马铃薯挖掘机应归入税目84.29。（　　）

二、单选题（请在下列各题选项中，选出1个正确答案；共10题，每题2分，共20分；错选、不选均不得分）

1. 小轿车车顶拉手，如图所示，塑料制，应归入税号（　　）。

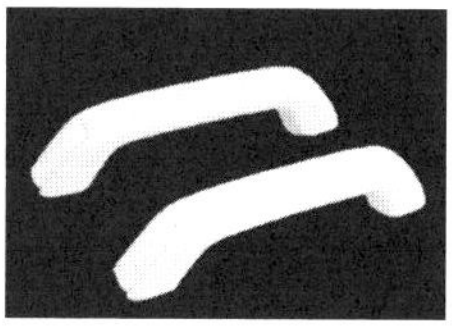

A. 3926.3000　　B. 3926.9090

C. 8708.2990　　D. 8708.9999

2. 起重机吊钩组，如图所示，由钩头、滑轮、外壳三部分组成，用钢丝绳连接在起重机上，直接用于重物的勾取，材质为钢铁，应归入税号(　　)。

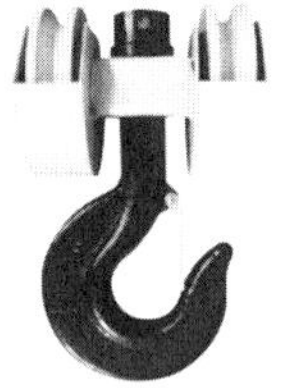

A. 7326.9019　　B. 8431.1000

C. 8431.4999　　D. 8483.5000

3. 双目放大镜，如图所示，放大镜戴在眼睛上，像眼镜一样，取戴方便，可用于医疗手术、微小与精细作业、缝纫、刺绣、书写、阅读等，应归入税目(　　)。

A. 90.11　　B. 90.12

C. 90.13　　D. 90.18

4. 汽车B柱加强板模具，如图所示，钢板热冲压成型制得，模具材质为贱金属，应归入税号(　　)。

A. 8207.3000　　B. 8479.8990

C. 8480.4110　　D. 8480.4900

5. 摇臂轴毛坯，如图所示，用于制造汽车发动机进排气系统中的轴，已经具备摇臂轴的基本特征。摇臂轴用于安装气门摇臂，摇臂围绕其转动，应归入税目（　　）。

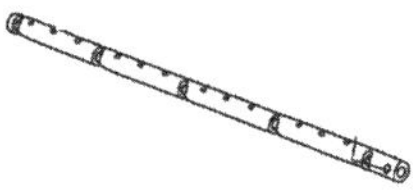

A. 73.06　　B. 84.09

C. 84.83　　D. 87.08

6. 纯电动运钞车，如图所示，应归入税号（　　）。

A. 8703.8000　　B. 8704.9000

C. 8705.9059　　D. 8705.9099

7. 引线框架，如图所示，集成电路的芯片载体，使用焊膏等黏合剂将芯片粘贴于引线框架焊盘上，利用合金丝连接芯片和引线框架的引脚，以实现外部电路与芯片内部电路的连接，应归入税目（　　）。

A. 74.19　　B. 85.36

C. 85.38　　D. 85.42

8. 全铜快开水龙头，如图所示，应归入税号（　　）。

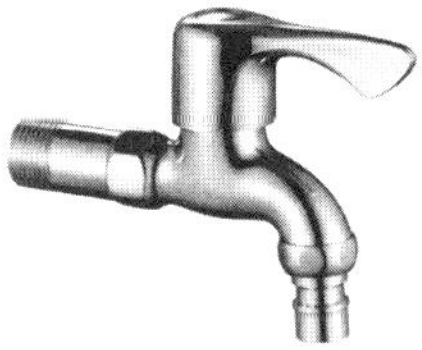

A. 7419.9999　　B. 8481.8040

C. 8481.8090　　D. 8481.9090

9. 电子雾化器（含烟油），如图所示，由塑料壳、吸气管、烟油、陶瓷雾化芯、电热丝等构成，零售包装，每盒有2只，通过与锂电池组件组成完整的电子烟，应归入税号（　　）。

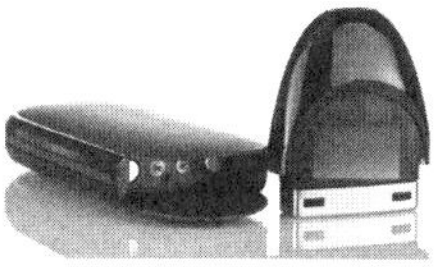

A. 3824.9999　　B. 8516.9090

C. 8543.9090　　D. 9614.0090

10. 船用造水机，如图所示，将海水通过蒸馏、冷凝，再过滤净化，成为可以饮用的淡水，应归入税号（　　）。

A. 8419.4090　　B. 8421.2191
C. 8421.2199　　D. 8479.8999

三、多选题（请在下列各题选项中，选出2个或2个以上正确答案；共10题，每题3分，共30分；全部选对得3分，少选得相应分，错选、不选不得分）

1. 下列选项中商品归类描述正确的有(　　)。
   A. 带发动机的卡车底盘，应归入税目87.06
   B. 小轿车用变速箱，应归入子目8708.40
   C. 坦克履带的驱动轮，应归入子目8710.90
   D. 摩托车的制动器，应归入子目8714.94

2. 下列商品归入税目90.18的有(　　)。
   A. 兽医用手术台　　B. X光外科检查台
   C. 牙科综合治疗台　　D. 婴儿人工保温箱

3. 下列商品归入税目90.27的有(　　)。
   A. 固体水分计　　B. 液体比重糖量计
   C. 白酒酒精度数计　　D. 织物渗压计

4. 下列选项中关于陶瓷、玻璃材料制品的归类，说法正确的有(　　)。
   A. 第八十四章的陶瓷制品不归入第八十四章
   B. 第八十四章的玻璃制品不归入第八十四章
   C. 第八十五章的陶瓷制品归入第八十五章
   D. 第八十五章的玻璃制品归入第八十五章

5. 下列商品（如图所示）归入税目85.05的有(　　)。

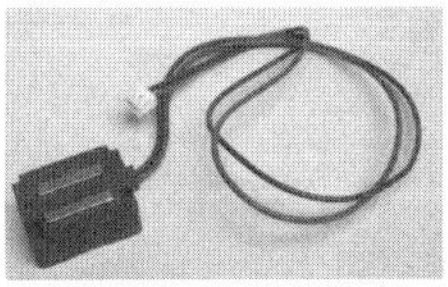

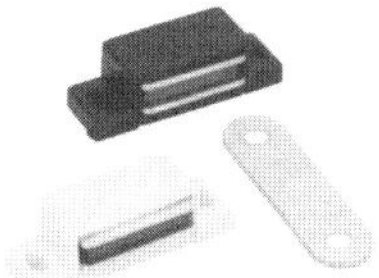

   A. 磁珠　　B. 带有铁芯的感应线圈
   C. 白板磁吸　　D. 柜门磁吸

6. 下列商品应归入税目 40.16 的有(　　)。
   A. 以含铅橡胶制成的防护围裙及手套
   B. 清洗机械上用的橡胶制的刷子
   C. 硫化橡胶制的电器绝缘零件
   D. 机动车刹车系统硫化橡胶制皮碗

7. 下列选项描述正确的有(　　)。
   A. 汽车用后视镜应归入税目 87.08
   B. 400°玻璃制近视镜片应归入税目 90.01
   C. 光学元件的坯件应归入第七十章
   D. 木制镜框（含镜）应归入第七十章

8. 汽车风窗玻璃电机，如图所示，下列选项中不符合《协调制度》“通用零件”定义的商品有(　　)。

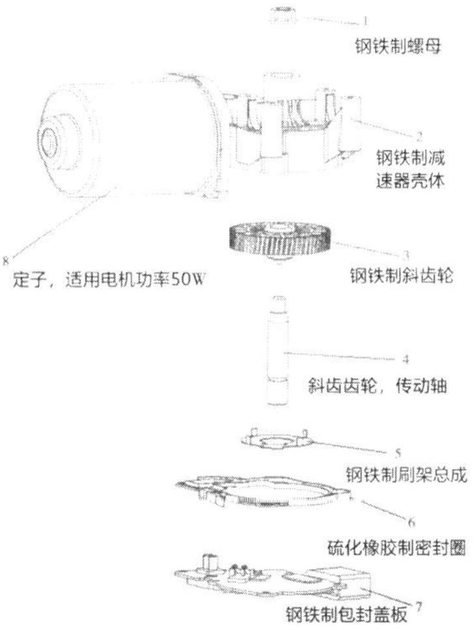

本图适用于第 8~10 题

   A. 1 钢铁制螺母　　B. 3 钢铁制斜齿轮
   C. 4 斜齿齿轮传动轴　　D. 6 硫化橡胶制密封圈

9. 下列选项中归入税号 8512.9000 的有(　　)。
   A. 2 钢铁制减速器壳体　　B. 5 钢铁制刷架总成
   C. 7 钢铁制包封盖板　　D. 8 定子，适用电机功率 50W

10. 下列选项中依据第十六类类注二（一）归类的商品有(　　)。
   A. 3 钢铁制斜齿轮　　B. 4 斜齿齿轮传动轴
   C. 6 硫化橡胶制密封圈　　D. 8 定子，适用电机功率 50W

四、分析题（请根据题目的要求作答，共10题，每题4分，共40分）

1. 会议电视小推车，如图所示，音频/视频设备用铝制落地支架，尺寸（高×宽×厚）：195cm×89cm×69cm，带小脚轮，以成套散件报验，不含电视机，适用于会议厅、教室、会议室、培训室、贸易展览会、市场营销活动等。对其归类存在归入税目73.26和94.03两种意见。请对该商品归类进行分析。

   （1）归入税目（73.26、94.03或其他）：

   （2）总规则的运用：

   （3）分析归类理由：

2. 烤炉，不锈钢制厨房设备，专用于餐厅烤烘食物。其通过天然气燃烧产生的热能将炉内的肉类烤熟。对其归类存在归入税目84.17和84.19两种意见。请对该商品的归类进行分析。

   （1）归入税目（84.17和84.19或其他）：

   （2）总规则的运用：

   （3）分析归类理由：

3. 三合一汽车救生工具，为多功能组合工具，上部一端带灯，装电池后可照明，有开关按钮控制，灯的另一端为金属头，可当锤子用，工具下部一侧装有小刀片，可作割刀用。对其归类存在归入税目82.05、85.13两种意见，请对该商品的归类进行分析。

   （1）归入税目（82.05、85.13或其他）：

   （2）总规则的运用：

   （3）分析归类理由：

4. 检漏仪，由电脑主机、显示器、真空泵、高压阀门、高压管道、外壳、压力感应器组成。通过高压阀门和高压管道将高压气体冲入管道系统中，然后关闭阀门使系统成密封状态，通过管道上的压力感应器检测系统是否泄漏，当压力下降值大于设定值时自动报警。用途：用于管道系统检漏。功能：高压氦气验漏，管道清洗，抽真空，氦气回收。对其归类存在归入税目 90.26 和 90.31 两种意见。请对该商品的归类进行分析。

（1）归入税目（90.26、90.31 或其他）：

（2）总规则的运用：

（3）分析归类理由：

5. 汽车空调出风口，如图所示，与空调送风管道连接，安装在汽车车身身上，由面板、导风板、风门、风门调节器、导风道、固定卡扣和密封棉组成，可控制车载空调出风风向的变化和通过风门的开关量控制风量大小。对其归类存在归入税目 84.15 和 87.08 两种意见。请对该商品的归类进行分析。

（1）归入税目（84.15、87.08 或其他）：

（2）总规则的运用：

（3）分析归类理由：

6. 平板笔记本二合一电脑，如图所示，由带触控功能的显示屏、可卸载的插接式键盘等组成。该商品分为上下两部分：上半部分为平板式电脑，集成中央处理部件、显示器、输入设备，可独立发挥功能；下半部分为锁扣式可拆卸的键盘。上下部分通过卡槽进行连接。出厂状态为盖合状态。该商品的上半部分已集成平板电脑的所有功能特征。对其归类存在归入税号 8471.3010 和 8471.3090 两种意见，请对该商品的归类进行分析。

（1）归入税号（8471.3010、8471.3090 或其他）：

（2）总规则的运用：

（3）分析归类理由：

7. BGA 返修台，如图所示，用于处理电路板上需要返修的 BGA 器件，整个工序分为拆焊及重新焊接两个主要环节。热风从喷嘴吹到要处理的器件上，使器件自身的锡制引脚熔化，从而实现 BGA 或 CSP 器件的拆除和焊接。对其归类存在归入税目 84.79 和 85.15 两种意见，请对该商品的归类进行分析。

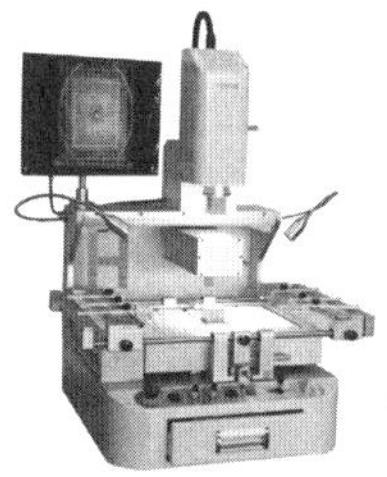

（1）归入税目（84.79、85.15或其他）：

（2）总规则的运用：

（3）分析归类理由：

8. 手动模压机，通过手柄驱动液压泵工作，液压油驱动液压缸，液压缸推动模具，模具内放有氧化铝粉末，受力后压制成型。对其归类存在归入税目84.67和84.74两种意见。请对该商品的归类进行分析。

（1）归入税目（84.67、84.74或其他）：

（2）总规则的运用：

（3）分析归类理由：

9. 批次型清洗槽，将硅片及承载硅片的花篮以机械手臂放入化学槽液中浸泡，再取出水洗、烘干，利用化学药水将硅片表面的脏污、成膜去除。对其归类存在归入税目84.22和84.79两种意见。请对该商品的归类进行分析。

（1）归入税目（84.22、84.79或其他）：

（2）总规则的运用：

（3）分析归类理由：

10. CT机用脚踏开关，属于机械轻触开关，踩下时电路连通，松开时电路断开。对其归类存在归入税目85.36和90.18两种意见。请对该商品的归类进行分析。

（1）归入税目（85.36、90.18或其他）：

（2）总规则的运用：

（3）分析归类理由：

第三套模拟题（机电类）

任务难度：★★★★☆
任务时间：180min
任务分数：

一、判断题（请对下列各题做出正误判断，共 10 题，每题 1 分，共 10 分；答错、不答不得分也不扣分）

1. 轿车用的汽油滤油器归入税目 84.21 的依据是第十六类类注二（一）。（　　）
2. 汽车用的门锁（可中央控制）应归入税目 87.08。（　　）
3. 税目 85.27 中的无线电播音设备必须是接收通过自由空间而不是线路所传播的电磁波信号。（　　）
4. 不同规格、尺寸可更换的成套螺丝刀头、螺丝刀手柄，应按可互换性工具归入税目 82.07。（　　）
5. 汽车座椅虽为汽车专用的零件，但仍属于坐具，所以不能按汽车零件归入第八十七章。（　　）
6. 牙科漱口盂，不论是否有架座，均应归入税目 90.18。（　　）
7. 钎焊是利用局部加热使连接处的材料熔化，再加入（或不加入）填充材料形成结合的方法。（　　）
8. 税目 84.18 可包括压缩式热泵、吸收式热泵、可逆式热泵。（　　）
9. 镀锡钢琴丝，成卷的银白色钢丝，应归入税号 9209.3000。（　　）
10. 钢铁制上弦钥匙应归入税目 91.14。（　　）

二、单选题（请在下列各题选项中，选出 1 个正确答案；共 10 题，每题 2 分，共 20 分；错选、不选均不得分）

1. 人造草坪，以聚丙烯为基底，以聚丙烯人造草（表观宽度 5mm 以下）为叶片，通过簇绒加工制成，主要用于铺设足球场，应归入税目（　　）。

   A. 39.18　　B. 39.26
   C. 57.03　　D. 57.05

2. 汽车空调系统用铝制弯管，如图所示，用于将增压器与冷凝器连接，以使制冷剂循环，应归入税目（　　）。

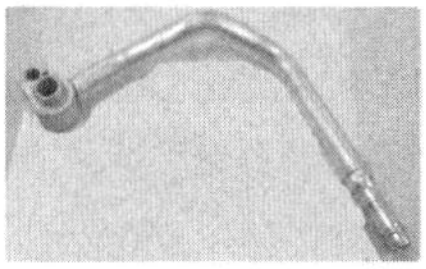

A. 76.08　　B. 83.07
C. 84.15　　D. 87.08

3. 三目生物显微镜，如图所示，由显微镜主机、光源、物镜、聚焦镜、三目镜筒、载物台等组成，其中两目用于观察，一目为显微照相预留接口，用于连接 CCD（显微照相装置），应归入税号(　　)。

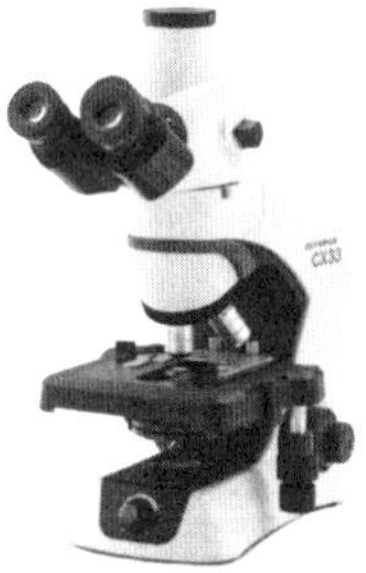

A. 9011.1000　　B. 9011.2000
C. 9011.8000　　D. 9012.1000

4. 探鱼器，如图所示，利用声呐传感器探测和识别水中物体和水底轮廓，应归入税号(　　)。

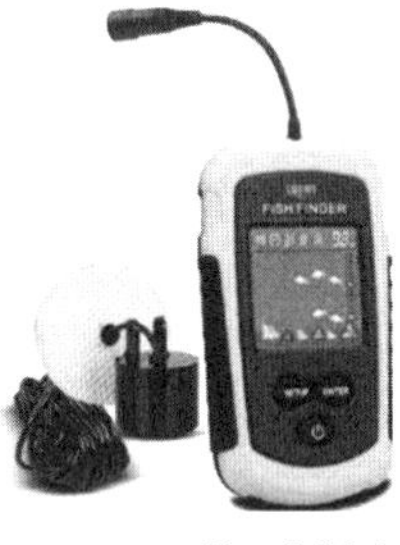

A. 8543.2010　　B. 9014.8000
C. 9031.8090　　D. 9507.9000

5. 人造石墨制的轴承，如图所示，应归入税目(　　)。

A. 38.01　　B. 68.15
C. 84.82　　D. 84.83

6. 汽车座椅套，如图所示，由不同的针织面料制成，100%聚酯纤维（合成化学纤维），针织物的内部大部分装有一层泡沫塑料，应归入税目（　　）。

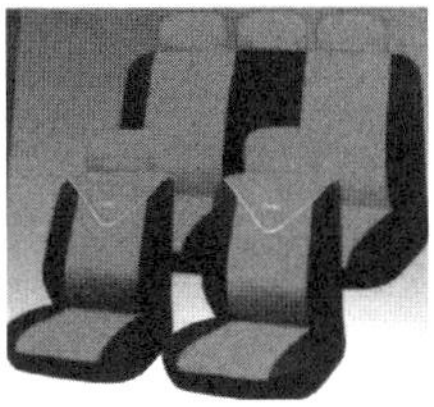

A. 63.04　　B. 63.07

C. 87.08　　D. 94.01

7. 手机稳定器，如图所示，采用三轴增稳技术，主要由 MEMS 陀螺仪传感器、电机、锂电池、手机夹持架、手柄、机臂等部分构成主体，能保持手机拍摄画面的平稳，用户可以通过蓝牙与手机连接，手柄上的复合功能按键开关机，触发 App 里面的拍照、录像等拍摄模式的起停，通过手柄上的摇杆控制手机的旋转，应归入税号（　　）。

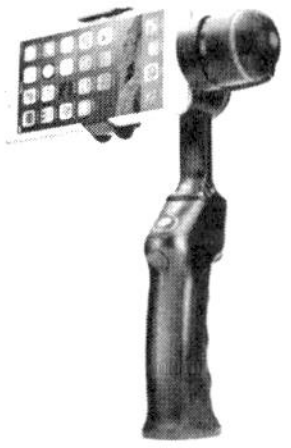

A. 8479.8999　　B. 8543.7099

C. 9006.9199　　D. 9620.0000

8. 铁氧体磁珠，如图所示，维持电路稳定，抑制电磁干扰，可用于第八十四章、第八十五章多种设备，应归入税目（　　）。

A. 85.04　　B. 85.05

C. 85.47　　D. 85.48

9. 塑料注模，如图所示，集成电路封装设备专用配件，应归入税号(　　)。

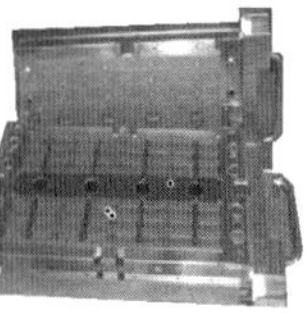

A. 8207.3000　　B. 8480.7190
C. 8480.7900　　D. 8486.9090

10. 冰激凌车，如图所示，应归入税号(　　)。

A. 8418.5000　　B. 8479.8999
C. 8704.9000　　D. 8705.9099

三、多选题(请在下列各题选项中，选出2个或2个以上正确答案；共10题，每题3分，共30分；全部选对得3分，少选得相应分，错选、不选不得分)

1. 下列选项中商品不归入税目84.80的有(　　)。
A. 金属铸造用模具　　B. 金属挤压用模具
C. 玻璃制型模　　D. 玻璃用型模

2. 下列商品（如图所示）归入税目87.05的有(　　)。

A. 自走式起重机　　B. 混凝土搅拌车
C. 雾炮车　　D. 勾臂式垃圾车

3. 下列商品应归入第八十五章的有(　　)。
A. 硬质橡胶制的绝缘子　　B. 已装配压电陶瓷片
C. 加热马桶盖　　D. 芯片焊线机

4. (　　)在《协调制度》中有统一的定义。
   A. 机器　　　　B. 工业用
   C. 再生皮革　　D. 通用零件

5. 下列商品可归入子目 8481.20 所称“油压或气压传动阀”的有(　　)。
   A. 减压阀　　B. 传动阀
   C. 安全阀　　D. 电磁换向阀

6. 下列属于第十五类所称“通用零件”的有(　　)。
   A. 不锈钢制法兰　　B. 道路标志牌
   C. 铝制拉环盖（饮料罐用）　　D. 铜制方头螺钉

7. 下列选项不归入税目 85.18 的有(　　)。
   A. 单独报验的无线麦克风系统接收装置
   B. 助听器
   C. 调音台
   D. 电气扩音机组

8. 税目 85.42 中单片集成电路可以是(　　)。
   A. 未切成小片的　　B. 切成小片，未经装配
   C. 已经装有线端或引线　　D. 有电阻器

9. 下列选项不归入税目 84.76 的有(　　)。
   A. 投币式自动擦鞋机　　B. 游戏机币贩卖机
   C. 投币寄存柜　　D. 投币望远镜

10. 下列电动机归入税目 85.01 的有(　　)。
    A. 装有变速装置的电动机　　B. 机床控制用伺服电动机
    C. 小轿车刮水器电动机　　D. 三相交流电动机

四、分析题（请根据题目的要求作答，共 10 题，每题 4 分，共 40 分）

1. 集成电路，由 3 块集成电路和 13 个电容、电阻等无源元件（以膜工艺制作）不可分割地封装在一起，需要与数据处理器制作到同一 PCB 板，供电后把计算机二进制数据封包为航空专用通信协议数据格式进行通信。
   （1）请写出 8 位数商品编码：

   （2）总规则的运用：

   （3）分析归类理由：

2. 切环折边机，由传送装置、切环装置、刀具和折边推杆等组成，主要功能是对塑料瓶盖加热软化、切出防盗环、向下翻折制成成品。
（1）请写出8位数商品编码：

（2）总规则的运用：

（3）分析归类理由：

3. 曲轴毛坯，为金属铸件，由块状生铁放入熔炉，再加入其他辅助材料一起熔化，进入混砂工序，后出铁水倒入模具经过三次孕育后浇注成型，再经过清砂、选别、打磨、二次抛丸的清理工作，最后以此状态报验。实际使用时，还需进行进一步精加工才能成为用于冰箱压缩机的曲轴。
（1）请写出8位数商品编码：

（2）总规则的运用：

（3）分析归类理由：

4. 电子超声内窥镜，用于通过影像监视器提供上消化道（包括但不仅限于食道、胃和十二指肠）的光学和超声图像并进入该部位进行治疗。该商品实现了高水平的电子内窥镜和实时超声图像两种性能的结合，提供无闪烁、高分辨率的超声图像，同时具有直视型光学系统，可兼做彩色多普勒，提供彩色血流量图。主要部件包括：超声波探头1个、内窥镜探头2个、超声波操作系统、超声波成像系统、超声监视器等。
（1）请写出8位数商品编码：

（2）总规则的运用：

（3）分析归类理由：

5. 车轮，由轮胎（橡胶）、轮圈（钢材质、SAPH440汽车结构钢材）组成，用途：货车用，2驱3人座，汽油发动机，功率100kW，排量2379mL，车辆总重量1538kg。
（1）请写出8位数商品编码：

（2）总规则的运用：

（3）分析归类理由：

6. 镜筒，摄像机用，为摄像机聚焦图像，减少分辨率，消除真实的汽车尺寸和模拟系统尺寸的差别，经光学加工，已装配，非物镜，只有一个平凸透镜。

（1）请写出 8 位数商品编码：

（2）总规则的运用：

（3）分析归类理由：

7. 直流稳压电源，为实验设备提供电能，用于发动机台架实验，输出功率 126W，电压 12V，精度低于万分之一。

（1）请写出 8 位数商品编码：

（2）总规则的运用：

（3）分析归类理由：

8. CF 卡，功能测试机定位装置用，TwinCAT 软件程序（PLC 程序），不含人类遗传资源信息资料，非广播、电影、电视节目，已录制，内存 16GB。

（1）请写出 8 位数商品编码：

（2）总规则的运用：

（3）分析归类理由：

9. 金属线绑定机，超声波焊接原理，将金线焊接到集成电路触点上，对半导体硅晶圆芯片与基板电路进行连接，形成了摄像头单片集成电路。

（1）请写出 8 位数商品编码：

（2）总规则的运用：

（3）分析归类理由：

10. 新3D热压机，针对平面玻璃材料加工制作，使之热压成型为能够使用在对应便携式电子显示触控产品上的曲面保护玻璃，针对平面玻璃材料，利用上下配置电子预热器、冷却水导流管及气缸推力的石墨模具来进行曲面热压固化成型，是具有独立功能的一体化全自动设备。

（1）请写出8位数商品编码：

（2）总规则的运用：

（3）分析归类理由：

第四套模拟题（非机电类）

任务难度：★★★★☆
任务时间：180min
任务分数：

一、判断题（请对下列各题做出正误判断，共 10 题，每题 1 分，共 10 分；答错、不答不得分也不扣分）

1. 煮熟的猪肝罐头按猪的罐头归入税号 1602.4910。（　　）
2. “美孚”牌 5W-40 车用机油，由全合成基础油加上特有的添加剂配制而成，用于汽车发动机的润滑，应归入税号 2710.1993。（　　）
3. 木制的衣箱不能按木制品归类，应按家具归入第九十四章。（　　）
4. 已制成零售包装的供摄影用的硝酸银应归入税目 28.43。（　　）
5. 玉米种子应归入税目 12.09。（　　）
6. 主要用于回收铂的废碎料（含铂约 0.3%）应归入第七十一章。（　　）
7. 用于制造珠宝首饰的黑玉应按第七十一章的宝石或半宝石归类。（　　）
8. 纯净的硫酸钾应归入第二十八章有关子目。（　　）
9. 需要在电视机、视频监视器或其他外部显示屏或面板上重放图像的视频游戏控制器应归入子目 8537.10。（　　）
10. 带有贵金属制配件的腰带可作为衣着附件归入税目 62.17。（　　）

二、单选题（请在下列各题选项中，选出 1 个正确答案；共 10 题，每题 2 分，共 20 分；错选、不选均不得分）

1. 冻干多春鱼，50g/罐，猫用，应归入税号(　　)。

A. 0305.5400　　　　B. 0305.5900
C. 0511.9190　　　　D. 2309.9090

2. 化学制剂中的乙醇（95%）、甲基异丁基酮（4%）和煤油（1%），应归入税目(　　)。

A. 22.07　　B. 29.05

C. 33.02　　D. 36.06

3. 剑道具，如图所示，木制，用于 cosplay 的，应归入税目(　　)。

A. 93.04　　B. 90.23

C. 93.07　　D. 95.06

4. 马口铁盒，如图所示，应归入子目(　　)。

A. 7310.21　　B. 7310.29

C. 7323.99　　D. 7326.90

5. 带呼吸阀口罩，如图所示，应归入税目(　　)。

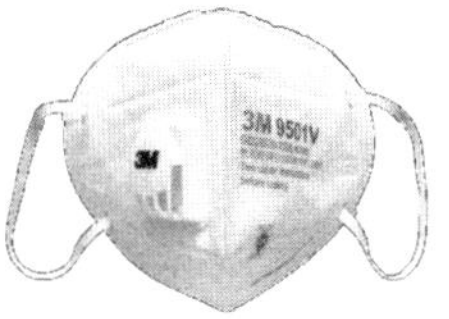

A. 63.07　　B. 84.81

C. 90.18　　D. 90.20

6. 医用隔离鞋套，塑料制，应归入税号(　　)。

A. 3926.2090　　B. 3926.9090

C. 4202.9200　　D. 6406.9099

7. 铁质卡钩式轮胎平衡块（克重钢轮），如图所示，应归入税目(　　)。

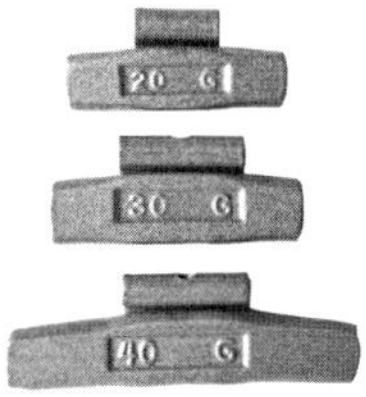

A. 73.25　　B. 73.26
C. 83.02　　D. 87.08

8. 乳胶床垫，如图所示，20%~40%的天然乳胶加入化学发泡剂制得，应归入税号(　　)。

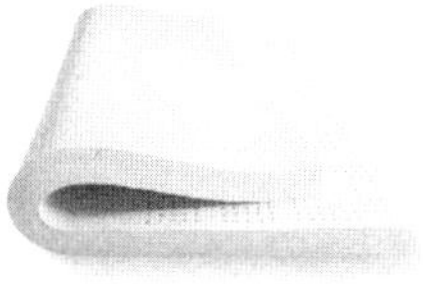

A. 9404.1000　　B. 9401.2100
C. 9404.2900　　D. 9404.9090

9. 彩色回形针，如图所示，钢芯基材，镀镍工艺，塑料护套，应归入税号(　　)。

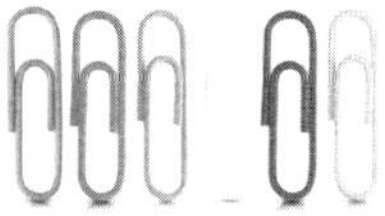

A. 3926.9090　　B. 7319.4090
C. 7326.9090　　D. 8305.9000

10. 玫瑰茄，配料为洛神花，干制，50g/罐，应归入税号(　　)。
A. 0902.1010　　B. 1211.9099
C. 1212.9999　　D. 2106.9090

三、多选题（请在下列各题选项中，选出2个或2个以上正确答案；共10题，每题3分，共30分；全部选对得3分，少选得相应分，错选、不选不得分）

1. 下列商品可归入税目39.26的有(　　)。
A. 聚氯乙烯制围裙　　B. 聚丙烯制刀叉手柄
C. 装有羧甲基纤维素的塑料容器　　D. 乳胶制婴儿奶瓶的奶嘴

2. 下列进口产品应按食用杂碎归入第二章的有(　　)。
   A. 冻鸡翅　　B. 冻牛百叶
   C. 冻猪舌　　D. 冻鹅肝

3. 下列选项符合税号 2106.9040 椰子汁描述的有(　　)。
   A. 可添加乳化剂　　B. 可添加稳定剂
   C. 可直接饮用　　D. 适用于制作咖喱

4. 下列邮票属于同一税目的有(　　)。
   A. 我国发行的未经使用的新邮票　　B. 外国发行的未经使用的新邮票
   C. 已经使用的邮票　　D. 超过 100 年的邮票

5. 下列商品不属于税目 94.05 的有(　　)。
   A. LED 灯管　　B. 彩色蜡烛
   C. 照相机用闪光灯　　D. 叉车用警示灯

6. 下列商品不属于税目 96.08 的有(　　)。
   A. 装有墨水的自来水笔笔芯　　B. 未装笔尖的自来水笔
   C. 数学绘图笔　　D. 刻写蜡纸用的蜡纸笔

7. 下列脚轮可归入税目 83.02 的有(　　)。
   A. 最大直径 60mm、轮胎宽 35mm 的脚轮
   B. 最大直径 100mm、轮胎宽 25mm 的脚轮
   C. 最大直径 120mm、轮胎宽 40mm 的脚轮
   D. 最大直径 200mm、轮胎宽 20mm 的脚轮

8. 纯度为(　　)的丙烯可归入税目 29.01。
   A. 85%　　B. 90%
   C. 95%　　D. 98%

9. 下列选项中商品可归入同一税目的有(　　)。
   A. 羊毛女大衣（毛呢料制作）
   B. 羊皮女大衣
   C. 水貂皮女大衣
   D. 由毛皮装饰领口、袖口、袋口的混纺麦尔登呢女式大衣，含羊毛、腈纶短纤（各占 50%）

10. 下列描述正确的选项有(　　)。
    A. 塑料制伞套应归入税目 66.03
    B. 纯金伞柄应归入第七十一章
    C. 伞式帐篷应归入税目 66.01

D. 不锈钢制伞尖应归入税目 66.03

四、分析题（请根据题目的要求作答，共 10 题，每题 4 分，共 40 分）

1. 本田商标标牌，黑色，上有本田 LOGO，有黏性，塑料制，用于粘在组装好的本田智能汽车钥匙上，起到标识作用。使用方法：使用时直接从背衬纸上取下，粘贴在车钥匙上。对其归类存在归入税目 39.19 和 85.43 两种意见。请对该商品的归类进行分析。

（1）归入税目（39.19、85.43 或其他）：

（2）总规则的运用：

（3）分析归类理由：

2. 碳酸钙，成分为碳酸钙（95%），碳酸盐（3%），磷酸盐（2%）。加工工艺：将含 $CaCO_3$ 在 90%以上的方解石用雷蒙磨或其他高压磨进行粗破碎，再用粉磨机粉碎得到细方解石粉，然后将生产出来的细粉制成悬浮液置于磨机内进一步粉碎，经脱水、干燥后制成超细碳酸钙，是一种橡胶填充剂，以增加橡胶强度。对其归类存在归入税目 28.36 和 38.24 两种意见。请对该商品的归类进行分析。

（1）归入税目（28.36、38.24 或其他）：

（2）总规则的运用：

（3）分析归类理由：

3. 皮带扣，外观呈 H 形状，规格为 6.5cm×4cm，材质主体为黄铜制、外镀银，用途：作为皮带前端的一个五金配件，用来装饰和固定整个皮带。对其归类存在归入税目 71.17 和 74.19 两种意见。请对该商品的归类进行分析。

（1）归入税目（71.17、74.19 或其他）：

（2）总规则的运用：

（3）分析归类理由：

4. 聚氨酯制管（硬质管），主要材质为聚氨酯，部分含有填充剂，其截面直径30mm，高度100mm。该商品进口后根据实际需要切割成圆形的液压设备用密封件。对其归类存在归入税目39.17和39.26两种意见。请对该商品的归类进行分析。

（1）归入税目（39.17、39.26和其他）：

（2）总规则的运用：

（3）分析归类理由：

5. 柚木锯材，规格：（100~500）mm×（100~500）mm×（2000~4500）mm。该商品锯切边不整齐，加工面粗糙，规格大，仅去皮、粗锯成方。对其归类存在归入税目44.03和44.07两种意见。请对该商品的归类进行分析。

（1）归入税目（44.03、44.07或其他）：

（2）总规则的运用：

（3）分析归类理由：

6. 金属桌子，如图所示，由金属桌子（新型材料氧化镁和铁件）和镶嵌燃气加热部品组成，主要用于庭院烧烤和户外烧烤，用于摆放食品、餐具和其他物品，可以在冬季低温情况下开启燃气取暖装置进行取暖。对其归类存在归入税目73.21和94.03两种意见。请对该商品的归类进行分析。

（1）归入税目（73.21、94.03或其他）：

（2）总规则的运用：

（3）分析归类理由：

7. 活塞，如图所示，硫化橡胶制，用于“诺和笔”（税目 90.18），起到堵塞瓶口防止药液流出的作用。该活塞在针头插入灌装胰岛素药液瓶帽并抽取瓶内药液时，仍起着密封的作用，并随着药液减少产生的负压带动向前移动，在药品使用中起到了助推和排净作用，保证密封的药液在任何状态下都不会有渗漏。对其归类存在归入税目 40.14 和 40.16 两种意见。请对该商品的归类进行分析。

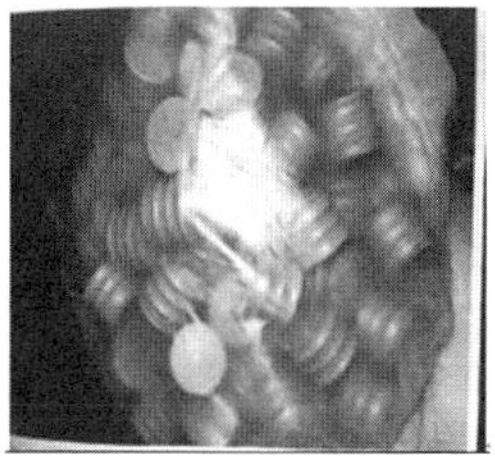
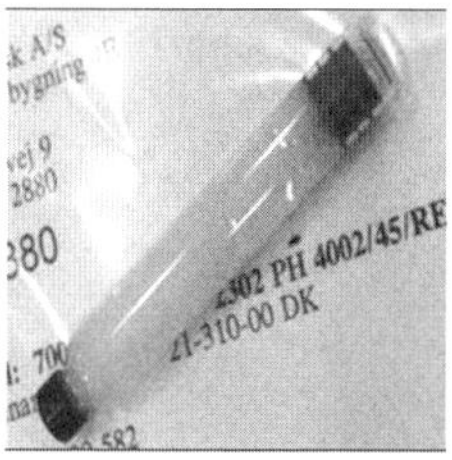

（1）归入税目（40.14、40.16 或其他）：

（2）总规则的运用：

（3）分析归类理由：

8. 除臭剂，外观为奶白色透明液体，成分含量为聚六亚甲基双胍盐酸盐（10%）、水（90%），加工布用保护织物抗菌除臭，非零售包装。对其归类存在归入税目 38.08 和 39.11 两种意见。请对该商品的归类进行分析。

（1）归入税目（38.08、39.11 或其他）：

（2）总规则的运用：

（3）分析归类理由：

9. 稀奶油，配料为稀奶油（牛奶）（99.78%）、乳蛋白（0.2%）、卡拉胶（0.02%），乳脂含量 35.1%，卡拉胶为乳品中增稠用途的少量化学品，乳蛋白起稳定作用。对其归类存在归入税目 04.01 和 04.04 两种意见。请对该商品的归类进行分析。

（1）归入税目（04.01、04.04 或其他）：

（2）总规则的运用：

（3）分析归类理由：

10. 带有铃铛的贱金属制狗颈圈。对其归类存在归入税目 42.01 和 83.06 两种意见。请对该商品的归类进行分析。

(1) 归入税目（42.01、83.06 或其他）：

(2) 总规则的运用：

(3) 分析归类理由：

第五套模拟题（非机电类）

任务难度：★★★★☆
任务时间：180min
任务分数：________

一、判断题（请对下列各题做出正误判断，共 10 题，每题 1 分，共 10 分；答错、不答不得分也不扣分）

1. 加入硼酸（稳定剂）的过氧化氢应归入税目 28. 47，其依据是归类总规则二（二）。（　　）
2. 小客车专用烟灰缸，镀锌钢铁材料制，应按机动车辆用的其他附件及架座归入税目 83. 02。（　　）
3. 甜玉米应作为可食用的蔬菜归入第七章。（　　）
4. 假牙合金材料（金 90%、铂 1. 8%、钯 1. 6%、银 1. 2%、铱 0. 6%，其余为贱金属）应按金的合金归类。（　　）
5. 用硬币、钞票、银行卡、代币或任何其他支付方式使其工作的视频游戏控制器及设备应归入子目 9504. 50。（　　）
6. 白色小颗粒状氯化橡胶应归入税目 39. 13。（　　）
7. 用于治疗哮喘用的香烟应归入第三十章。（　　）
8. 细度在 232. 56 分特以下时，用公支表示，即不超过 43 公支。（　　）
9. 以纺织材料作面的地毯及铺地制品，无论新旧均归入五十七章。（　　）
10. 人造黄油与由乳中提炼出来的黄油都经过复杂的加工，应都归入第十五章。（　　）

二、单选题（请在下列各题选项中，选出 1 个正确答案；共 10 题，每题 2 分，共 20 分；错选、不选均不得分）

1. 即煮鸡肉饭，包括未煮熟的原料（大米 250g，鸡肉 150g，西兰花 100g），应归入税目(　　)。

A. 07. 04　　B. 16. 02
C. 19. 04　　D. 21. 06

2. 白醋，由粮食发酵酒精与无菌饮用水混合，采用醋化器液态深层发酵，其中醋酸20%，水80%，215升/桶，应归入税号(　　)。

A. 2103.9090　　B. 2209.0000

C. 2915.2119　　D. 2915.2190

3. 万圣节巫婆拖把，扫把头为干草，柄为塑料制，应归入税目(　　)。

A. 14.04　　B. 95.03

C. 95.05　　D. 96.03

4. 礼盒装夹心黑巧克力，如图所示，270g，应归入子目(　　)。

A. 1806.20　　B. 1806.31

C. 1806.32　　D. 1806.90

5. 番茄汁浓缩液，无菌包装到密闭瓶中（210g），通过洗涤、粉碎、筛选、离心和浓缩，产生49%的可溶性番茄固体和51%的水，应归入税号(　　)。

A. 2002.9011　　B. 2009.5000

C. 2009.8920　　D. 2202.9900

6. 雪种，如图所示，R134a（1,1,1,2-四氟乙烷），纯度为99.96%，其余为蒸发残留物，又名冷媒，为汽车空调制冷剂，应归入税目(　　)。

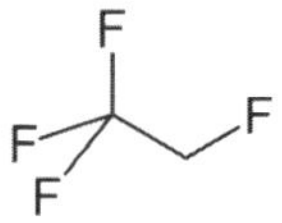

A. 29.03　　B. 29.04

C. 38.15　　D. 38.24

7. 空白海运提单，无碳复写纸制，6联单，应归入税号(　　)。

A. 4816.2000　　B. 4820.4000

C. 4901.9000　　D. 4911.1010

8. 牙刷柄（不含牙刷头），如图所示，聚丙烯（PP）和热塑性弹性体（TPE），应归入税号（　　）。

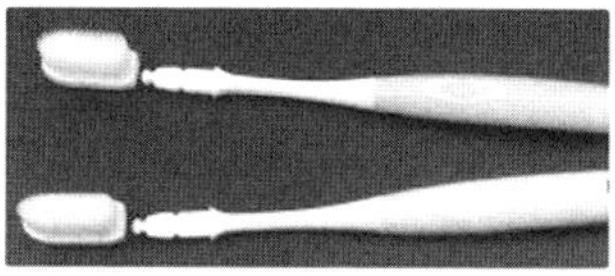

A. 3924.9000　　B. 3926.9010
C. 3926.9090　　D. 9603.9090

9. 针织束腰带，如图所示，应归入税目（　　）。

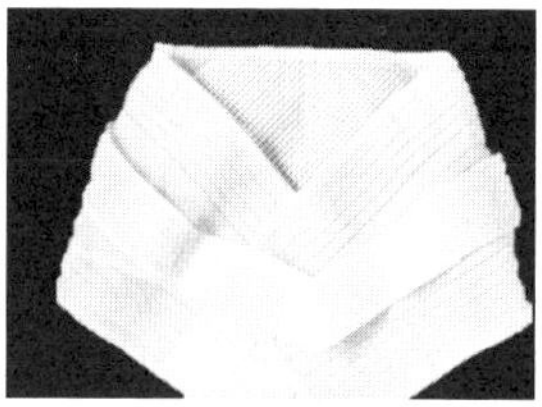

A. 61.08　　B. 61.14
C. 61.17　　D. 62.12

10. 婴儿防雨外套，100%聚酯（合成纤维）的平纹织物制成，涂有聚氨酯，用于身高不超过86cm的幼儿，应归入税目（　　）。
A. 39.26　　B. 61.11
C. 62.09　　D. 62.10

三、多选题（请在下列各题选项中，选出2个或2个以上正确答案；共10题，每题3分，共30分；全部选对得3分，少选得相应分，错选、不选不得分）

1. 下列商品可归入税目07.13的有（　　）。
A. 黄豆　　B. 绿豆
C. 扁豆　　D. 蚕豆

2. 下列商品可归入同一税目的有（　　）。
A. 笔记本电脑包，拎包，皮革作面
B. 女式手提包，面料为印有图案的皮革，里料由纺织材料构成
C. 拉链包，两片PVC压制而成
D. 手提包，以玉米皮为原材料手工编结而成

3. 下列商品可归入同一税目的有（　　）。
A. 供食用活的海参　　B. 供食用干海参

C. 红焖海参罐头　　D. 海参丸，中成药

4. 下列选项中的机织服，不能按套装归类的有(　　)。

A. 便服套装（上衣+长裤+裙子）

B. 篮球运动服（背心+短裤）

C. 同一面料尺寸的男式西服上衣、西裤及一件西服背心

D. 同一面料尺寸的女式西服上衣、西裤及西装裙

5. 下列由天然橡胶处理后得到的商品应归入第四十章的是（　　）。

A. 氧化橡胶　　B. 环化橡胶

C. 硫化橡胶　　D. 硬质橡胶

6. 下列商品可归入税目 33.07 的有(　　)。

A. 块状剃须肥皂　　B. 含有肥皂的剃须膏

C. 剃须后用的洗净剂　　D. 剃须后用的止血笔

7. 下列商品不归入税目 82.07 的是(　　)。

A. 化学纤维喷丝头　　B. 自启板牙切头

C. 机床用冲头　　D. 玻璃纤维拉丝用模

8. 下列商品可归入税目 62.13 的是(　　)。

A. 纯棉方巾，正方形，边长 62cm

B. 真丝苏绣手帕，正方形，边长 65cm

C. 婴儿用羊毛围巾，矩形，长 55cm、宽 40cm

D. 全棉方巾，正方形，边长 58cm

9. 下列关于服装及衣着附件的描述正确的有(　　)。

A. 第六十一章、第六十二章并不是包括所有的服装

B. 税目 62.10 的服装优先于本章其他税目的服装

C. 衬衫和罩衫均为上半身穿着的衣服，衬衫通常为前开襟且必须有袖，但罩衫领口处可不开襟，也可无袖

D. 税目 61.17 的衣着附件包括束腰带

10. 关于零售包装的成套工具的归类，下列选项描述正确的有(　　)。

A. 税目 82.05 与税目 82.06 均包括零售包装的成套工具

B. 由螺丝刀、锤子、钳子、活动扳手、电钻组成的零售包装的成套工具归入税目 82.06

C. 由成套包装的餐叉与餐刀组成的零售成套工具归入税目 82.15

D. 不同规格、尺寸可更换的成套螺丝刀头（含螺丝刀手柄）应按可互换性工具归入税目 82.05

四、分析题（请根据题目的要求作答，共 10 题，每题 4 分，共 40 分）

1. 商品“微晶石蜡”为白色颗粒，主要成分：固体石蜡（98%）、聚乙烯蜡（2%）。产品是由原油蒸馏提炼出重油，再从重油中提炼出液态微晶石蜡，加入聚乙烯蜡，经冷却装置冷却结晶形成，主要在轮胎生产中用作防老剂。对其归类存在归入税目 27.12 和 34.04 两种意见。请对该商品的归类进行分析。

（1）归入税目（27.12、34.04 或其他）：

（2）总规则的运用：

（3）分析归类理由：

2. 商品“调味滑子菇罐头”为玻璃瓶装的即食罐头，含有蘑菇、醋、水、盐、糖、香料等成分以及辣椒、大蒜等辅料。其加工工艺为将原料（滑子菇）预煮冷却、剔除杂质、漂水后装罐，注入配汤后封口、杀菌、冷却后制得。对其归类存在归入税目 20.01 和 20.03 两种意见。请对该商品的归类进行分析。

（1）归入税目（20.01、20.03 或其他）：

（2）总规则的运用：

（3）分析归类理由：

3. 饲料，配料为小麦粉（96%～98%）、棉粕（2%～4%），50kg/袋，混合粉碎，加工成饲料，销往下游饲料厂再精加工及养殖场。淀粉和灰分指标符合第十一章注释二（一）的要求。过筛率符合第十一章注释三（二）的要求。对其归类存在归入税目 11.01 和 23.09 两种意见。请对该商品的归类进行分析。

（1）归入税目（11.01、23.09 或其他）：

（2）总规则的运用：

（3）分析归类理由：

4. 百洁布，由不织布纤维（短纤维）制成原毯之后再添加环氧树脂、砂、色料即可加工成红厚百洁布；用途为清洗重污污渍；成分有尼龙纤维（25%）、特多龙纤维（25%）、环氧树脂（44%）、砂（5%）、色料（1%）。对其归类存在归入税目39.24和63.07两种意见。请对该商品的归类进行分析。

（1）归入税目（39.24、63.07或其他）：

（2）总规则的运用：

（3）分析归类理由：

5. 乙二醇锑，分子式为$C_6H_{12}O_6Sb_2$，白色晶体，无色无毒，用三氧化二锑与乙二醇经复分解反应生成乙二醇锑，用作聚酯工业的催化剂。对其归类存在归入税目29.05和29.42两种意见。请对该商品的归类进行分析。

（1）归入税目（29.05或29.42）：

（2）总规则的运用：

（3）分析归类理由：

6. 加入蜂王浆的天然蜂蜜。对其归类存在归入税目04.10和17.02两种意见。请对该商品的归类进行分析。

（1）归入税目（04.10、17.02或其他）：

（2）总规则的运用：

（3）分析归类理由：

7. 工业用硬脂酸，白色固体，主要含有软脂酸、硬脂酸和少量的不饱和脂肪酸。对其归类存在归入税目 29. 15 和 38. 23 两种意见。请对该商品的归类进行分析。

（1）归入税目（29. 15、38. 23 或其他）：

（2）总规则的运用：

（3）分析归类理由：

8. 男式大衣，面料为纯羊毛华达呢，衬里为兔毛皮。对其归类存在归入税目 43. 03 和 62. 01 两种意见。请对该商品的归类进行分析。

（1）归入税目（43. 03、62. 01 或其他）：

（2）总规则的运用：

（3）分析归类理由：

9. 蒸汽眼罩，表面为无纺布，内部发热体由铁粉、食盐水、阴阳离子聚合物混合，使用时与氧气反应，释放出温暖的蒸汽，用于眼睛保健。对其归类存在归入税目 38. 24 和 63. 07 两种意见。请对该商品的归类进行分析。

（1）归入税目（38. 24、63. 07 或其他）：

（2）总规则的运用：

（3）分析归类理由：

10. PET 净瓶片，100%聚对苯二甲酸乙二酯（PET），不规则碎片状，纯白色，食品级矿泉水瓶等经分选、去瓶盖、去标签、粉碎后，通过 90～95℃热水清洗而成，进口后不需要清洗，直接上机生产聚酯短纤。对其归类存在归入税目 39. 07 和 39. 15 两种意见。请对该商品的归类进行分析。

（1）归入税目（39. 07、39. 15 或其他）：

（2）总规则的运用：

（3）分析归类理由：

参考答案及解析

第一天打卡

一、判断题（请对下列各题做出正误判断，共5题，每题1分，共5分；答错、不答不得分也不扣分）

1. 【答案】错误

【解析】归类总规则二（二）只是确定了税目中所列材料或物质，应视为包括该种材料或物质与其他材料或物质混合或组合的物品。税目所列某种材料或物质构成的货品，应视为包括全部或部分由该种材料或物质构成的货品。具体物品或货品的税号需要通过其他规则确定，因此归类总规则二（二）不可以直接用来作为具体商品归类的依据。本题描述错误。

2. 【答案】错误

【解析】第十六类类注一除了不包括塑料制传送带和输送带，还不包括在其注释一（七）规定的“第十五类注释二所规定的贱金属制通用零件（第十五类）及塑料制的类似品（第三十九章）”，还有其注释一（三）规定的“各种材料（例如，第三十九章、第四十章、第四十四章、第四十八章及第十五类的材料）制的筒管、卷轴、纡子、锥形筒管、芯子、线轴及类似品”。本题描述错误。

3. 【答案】正确

【解析】流量是指单位时间内流经封闭管道或明渠有效截面的流体量，又称瞬时流量。税目90.26包括检测液体或气体流速及流量的装置。本题描述正确。

4. 【答案】正确

【解析】根据海关总署公告2020年第20号（关于发布《进出口税则商品及品目注释》修订内容的公告），子目9030.82还包括用于测试或检验集成电路的仪器及装置。本题描述正确。

5. 【答案】正确

【解析】第十六类总注释，对类注四进行了解释：当一台机器（包括机组）

由多个独立部件组成，组合后明显只为一种第八十四章，更常见的是第八十五章某个税目所列功能工作时，可运用该注释。整套设备应按有关功能归入其相应税目，不论各个部件是否为了方便或其他原因而彼此分开，或仅用管道（装有空气、压缩空气、油等）、传动装置、电缆或其他装置连接起来。本题描述正确。

二、单选题（请在下列各题选项中，选出1个正确答案；共5题，每题2分，共10分；错选、不选均不得分）

1. 【答案】D

【解析】该商品为缝合针和缝合线的组合物，分别在税目90.18和税目30.06选项中列名，且无法确定哪一部分构成了完整商品的基本特征，根据归类总规则三（三），应将其归入税目90.18。本题正确答案为选项D。

2. 【答案】A

【解析】板簧，英文为leaf spring，即《协调制度》中的片簧。税目73.20注释一：片簧（单片或叠片），主要用于车辆（例如，铁路机车及客货运输车辆、汽车、拖车）的悬挂系统，且簧片为板簧的叶片。本题正确答案为选项A。

3. 【答案】C

【解析】税目96.08注释排除条款（二），第八十四章注释六：税目84.82还包括最大直径及最小直径与标称直径相差均不超过1%或0.05mm（以相差数值较小的为准）的抛光钢珠，其他钢珠归入税目73.26。本题正确答案为选项C。

4. 【答案】B

【解析】税目85.01注释：本税目不包括装有电动机的滚筒或滚轴，适用于带式或辊式运输机（税目84.31）。本题正确答案为选项B。

5. 【答案】A

【解析】第八十三章注释二：税目83.02所称“脚轮”，是指直径（对于有胎的，连胎计算在内，下同）不超过75mm的或直径虽超过75mm，但所装轮或胎的宽度必须小于30mm的脚轮。小脚轮必须带有贱金属支架，但轮子可由任何材料（贵金属除外）制成。题目中小脚轮的连接杆为金属，其他均为塑料，因此不符合税目83.02的描述，应按塑料材质归入税目39.26。本题正确答案为选项A。

三、多选题（请在下列各题选项中，选出2个或2个以上正确答案；共5题，每题3分，共15分；全部选对得3分，少选得相应分，错选、不选不得分）

1.【答案】BC

【解析】税目84.83注释：本税目不包括（二）专用于或主要用于车辆或飞机的上述传动设备（变速器、传动轴、离合器、差动齿轮等）（第十七类）。但必须注意，此项规定不适用于车辆或飞机发动机的零件；这些零件仍应归入本税目。因此，曲柄轴及凸轮轴即使专用于汽车发动机，仍应归入本税目；但汽车的传动（推动）轴、变速器及差动齿轮则应归入税目87.08。还须注意，本税目所列的传动装置即使专用于船舶，仍应归入本税目。

选项AD属于排除条款，选项B为摩托车，凸轮轴属于发动机用，发动机归入第八十四章，选项C仍应归入税目84.83。本题正确答案为选项BC。

2.【答案】CD

【解析】选项A，后视镜应归入税目70.09；选项B已经经过光学加工，应归入第九十章；选项C正确；选项D为医用玻璃假眼，应归入税目90.21。本题正确答案为选项CD。

注意：装在服装人体模型、毛皮制品等物品上的假眼不归入本税目（一般归入税目39.26或70.18），可确定为作玩偶或玩具动物零件用的假眼应归入税目95.03，玻璃制的则应归入税目70.18。

3.【答案】ACD

【解析】本题考查对注释的运用。第八十五章注释三：税目85.09仅包括通常供家用的下列电动器具：（一）任何重量的地板打蜡机、食品研磨机及食品搅拌器、水果或蔬菜的榨汁器；（二）重量不超过20kg的其他机器。但该税目不适用于风机、风扇或装有风扇的通风罩及循环气罩（不论是否装有过滤器）（税目84.14）、离心干衣机（税目84.21）、洗碟机（税目84.22）、家用洗衣机（税目84.50）、滚筒式或其他形式的熨烫机器（税目84.20或84.51）、缝纫机（税目84.52）、电剪子（税目84.67）或电热器具（税目85.16）。

本题地板打蜡机和电动水果榨汁机无重量限制，电动牙刷符合税目85.09的规定，而空气增湿机每台21kg超过注释所述重量，因此不属于税目85.09。本题正确答案为选项ACD。

4.【答案】BCD

【解析】第十六类类注二：除第十六类注释三及本章注释九另有规定以外，

如果某种机器或器具既符合税目 84.01 至 84.24 中一个或几个税目的规定，或符合税目 84.86 的规定，又符合税目 84.25 至 84.80 中一个或几个税目的规定，则应酌情归入税目 84.01 至 84.24 中的相应税目或税目 84.86，而不归入税目 84.25 至 84.80 中的有关税目。

食品干燥机是利用热空气流来干燥食品，符合税目 84.19 的描述，而税目 84.38 为第八十四章其他税目未列名的食品、饮料工业用的生产或加工机器等。税目 84.38 注释不包括：烹煮、烘炒、汽蒸等的机器设备（税目 84.19）。本题正确答案为选项 BCD。

5.【答案】ABD

【解析】选项 A 较为明显，选项 B 也属于多功能机器。功能就是事物本身的属性，参见第十六类总注释的多功能机器（例如，利用可互换刀具加工金属的机床），可进行不同的机械加工（例如，铣削、镗削、磨削）。同理，选项 D 也应为多功能机器。选项 C 的加工对象不一样。本题正确答案为选项 ABD。

四、分析题（请根据题目的要求作答，共 5 题，每题 4 分，共 20 分）

1.【答案】

（1）归入税目（84.83、87.08 或其他）：87.08

（2）总规则的运用：归类总规则一

（3）分析归类理由：

【解析】钢铁制花键轴，用于传动，属于汽车传动轴总成的一部分（零件），参照第十七类类注二（五）的排他条款适用范围，该商品满足税目 87.08 及其子目条文的描述。根据归类总规则一，应将其按汽车用传动轴归入税目 87.08。

2.【答案】

（1）归入税目（85.04、85.36 或其他）：85.36

（2）总规则的运用：归类总规则一

（3）分析归类理由：

【解析】该商品用于灯具，在灯具中的主要作用是通过产生瞬时高压启动光源，光源启动时使得灯管或灯条进入工作状态，光源点亮后触发器停止工作，主要起到控制光源开关的作用。根据归类总规则一，该商品应归入税目 85.36。

3.【答案】

（1）归入税目（85.18、85.37 或其他）：85.18

（2）总规则的运用：归类总规则一

（3）分析归类理由：

【解析】该商品兼具有麦克风和手机有线遥控的功能，其中以麦克风为其主要功能。根据第十六类类注三的归类原则，该商品符合税目 85.18 及其子目条文的描述。根据归类总规则一，应将其归入税目 85.18。

4.【答案】

（1）归入税目（85.13、90.31 或其他）：85.13

（2）总规则的运用：归类总规则一

（3）分析归类理由：

【解析】该商品是由人用肉眼来最后判别所查物的真伪，所以不符合税目 90.31 检验装置的要求。该商品自身带有灯泡、纽扣电池，且使用时握在手中或随身携带。根据归类总规则一，应归入税目 85.13。

5.【答案】

（1）归入税目（73.26、83.08 或其他）：73.26

（2）总规则的运用：归类总规则一

（3）分析归类理由：

【解析】该钥匙圈不符合税目 83.08 的描述："钩、环及眼，用于衣着、鞋靴、天篷、帐篷、风帆"。根据归类总规则一，该商品应按钢铁制品归入税目 73.26。

第二天打卡

一、判断题（请对下列各题做出正误判断，共 5 题，每题 1 分，共 5 分；答错、不答不得分也不扣分）

1.【答案】错误

【解析】根据第十五类注释二，本《协调制度》所称"通用零件"，是指：（1）税目 73.07、73.12、73.15、73.17 或 73.18 的物品及其他贱金属制的类似品；（2）贱金属制的弹簧及弹簧片，但钟表发条（税目 91.14）除外；以及（3）税目 83.01、83.02、83.08、83.10 的物品及税目 83.06 的贱金属制的框架及镜子。

该商品在税目 82.07 条文已列名，因此其归类依据是税目 82.07 条文，不是类注释。本题描述错误。

2.【答案】正确

【解析】根据第十六类注释二（一）商品的零件归类描述，摄像头在税目85.25中列名。本题描述正确。

3.【答案】正确

【解析】根据税目85.36注释三（三）：接线盒，内装有接线柱或其他器件，以便与电线连接在一起。未装有电器连接器件或预留其安装位置的盒子，不归入本税目，而应根据其构成材料归类。本题接线盒未装有任何电器连接件，且塑料制，归入第三十九章。本题描述正确。

4.【答案】错误

【解析】根据第八十四章章注七：具有一种以上用途的机器在归类时，其主要用途可作为唯一的用途对待。除本章注释二、第十六类注释三另有规定的以外，凡任何税目都未列明其主要用途的机器，以及没有哪一种用途是主要用途的机器，均应归入税目84.79。本题描述错误。

5.【答案】错误

【解析】税目85.04注释：专门为放射性装置供电的高压发生器（或变压器）应归入税目90.22。本题描述错误。

二、单选题（请在下列各题选项中，选出1个正确答案；共5题，每题2分，共10分；错选、不选均不得分）

1.【答案】D

【解析】该商品符合税目90.19“按摩器具”的描述：以按摩、震颤方法按摩人体各部位（腹、脚、腿、背、臂、手、脸等）的器具，有手动式、机动式及在工作部分装有电动机的电动式（震颤按摩器）；其中特别是电动按摩器具，可配有如刷状头、海绵头、扁平头及齿状圆盘等的互换配件（通常是橡胶制的），用以进行多种方式的治疗。本题正确答案为选项D。

2.【答案】B

【解析】本题考查对钢铁链子目的比较，税目73.15包括铰接链［例如，滚子链、反齿链（无声传动链）及平环链］、无铰接链（包括日字链）（不论是否锻造、铸造、焊接而成或从钢铁薄片或钢铁带材冲压而成，也不论是否用钢铁丝制得），以及球形链。题目图示为焊接链，但不属于日字环节链，日字环节链英文为“stud-link”，呈日字形状。本题正确答案为选项B。

3.【答案】B

【解析】该商品为行李箱，符合税目42.02条文描述：衣箱、提箱、小手袋、公文箱、公文包、书包、眼镜盒、望远镜盒、照相机套、乐器盒、枪套及类似容器。尽管该行李箱具备蓝牙连接、称重、报警功能，但税目 42.02 的列名更为具体。本题正确答案为选项 B。

4.【答案】C

【解析】税目 73.18 属于紧固金属用的，税目 83.09 属于包装容器用的，税目 87.08 为机动车辆零件、附件。该放油螺塞安装在汽车发动机油底壳底部，用于排除沉渣和排放机油，为发动机的专用零件，应按其专用零件归入税目 84.09。本题正确答案为选项 C。

5.【答案】A

【解析】该商品驾驶时，单人站立在该踏板车上，可用于田地、雪地、旱地代步，符合子目 8703.10 高尔夫球车及类似车辆描述。本题正确答案为选项 A。

三、多选题（请在下列各题选项中，选出 2 个或 2 个以上正确答案；共 5 题，每题 3 分，共 15 分；全部选对得 3 分，少选得相应分，错选、不选不得分）

1.【答案】ABD

【解析】本题考查对计算机零件的归类。选项 A 为计算机主板（不带 CPU），应按其零件归入税目 84.73，如果带 CPU 则按部件归入税目 84.71。选项 B 及 D 都符合计算机零件特征，应归入税目 84.73。中央处理器（CPU，central processing unit）是一块超大规模的集成电路，是一台计算机的运算核心（core）和控制单元（control unit）。它的功能主要是解释计算机指令以及处理计算机软件中的数据，应按集成电路归入税目 85.42。本题正确答案为选项 ABD。

2.【答案】BC

【解析】本题题干为不能归入税目 87.08 的商品，税目 87.08 注释（五）：本税目包括装有差速器的驱动桥；非驱动桥（前桥或后桥）；差速器箱；行星齿轮机构；轮毂、短轴（轴颈）、短轴托架。汽车离合器，其外壳属于专用零件，因此可以归入税目 87.08。汽车发动机用凸轮轴应归入税目 84.83，汽车制动系统用液压缸应归入税目 84.12。本题正确答案为选项 BC。

3.【答案】ACD

【解析】税目 96.20 不包括：麦克风支架（税目 85.18）、安放乐器（例如，小鼓或萨克斯管）用的架座（税目 92.09），以及第九十三章的制品专用的独脚架、双脚架、三脚架及类似品。本题正确答案为选项 ACD。

4.【答案】ACD

【解析】根据第九十一章章注一及税目 91. 11 注释，钟表发条零件应归入第九十一章，选项 AC 应按材料归类，选项 D 一般归入税目 84. 82。本题正确答案为选项 ACD。

5.【答案】ABC

【解析】铜阳极（电解精炼用）应归入税号 7402. 0000；铜阳极（电镀铜用）应归入税号 7419. 9110；镍阳极（电镀用）应归入税号 7508. 9010；蓄电池用阳极电极应归入税号 8507. 9090。本题正确答案为选项 ABC。

四、分析题（请根据题目的要求作答，共 5 题，每题 4 分，共 20 分）

1.【答案】

（1）归入税目（39. 19、85. 43 或其他）：39. 19

（2）总规则的运用：归类总规则一

（3）分析归类理由：

【解析】该商品应属于印有图案的自粘塑料片，符合第七类类注二以及税目 39. 19 的条文描述。根据归类总规则一，本田商标标牌应归入税目 39. 19。

2.【答案】

（1）归入税目（39. 26、84. 21 或其他）：84. 21

（2）总规则的运用：归类总规则一

（3）分析归类理由：

【解析】根据税目 84. 21 描述：归入本税目的大部分过滤或净化设备均是完全静止设备，无任何运动部件……本税目包括各种类型（物理、机械、化学、磁性、电磁、静电等）的过滤及净化设备，不仅包括工业用的大型设备，也包括供内燃机用的过滤器以及小型家用器具。

该商品符合液体的过滤及净化机器描述。根据归类总规则一，该商品应归入税目 84. 21。

3.【答案】

（1）归入税目（83. 06、87. 14 或其他）：83. 06

（2）总规则的运用：归类总规则一

（3）分析归类理由：

【解析】商品“车铃”符合税目 83. 06 条文描述，属于税目 83. 06 注释所述商品范畴：……自行车、踏板车、小儿摇篮车或钓具用铃（没有附带外部夹具、夹子或其他安装器具的）。根据归类总规则一，该商品应归入税目

83.06。

注意：没有附带外部夹具、夹子或其他安装器具的仅指钓具用铃。

4.【答案】

（1）归入税目（85.43、84.71 或其他）：84.71

（2）总规则的运用：归类总规则一、三（二）

（3）分析归类理由：

【解析】该电子白板专用于计算机，是计算机数据输入部件和投影屏幕的组合件，其中以自动数据处理设备的输入部件为该商品的基本特征。根据归类总规则一、三（二），该商品应归入税目 84.71。

5.【答案】

（1）归入税目（69.14、85.33 或其他）：85.33

（2）总规则的运用：归类总规则一、二（一）

（3）分析归类理由：

【解析】该商品已具备阻值，且阻值会随着温度的变化而变化。该商品进口后只需烧制银浆电极和加装引线即为完整的可变电阻器，是可变电阻器的未制成品。根据归类总规则一、二（一），应将其按可变电阻器归入税目 85.33。

第三天打卡

一、判断题（请对下列各题做出正误判断，共 5 题，每题 1 分，共 5 分；答错、不答不得分也不扣分）

1.【答案】错误

【解析】本题归类依据是运用了第十七类类注二（五）。本题描述错误。

2.【答案】错误

【解析】该脚踏板安装在座位下面，应按座位零件归入税目 94.01。本题描述错误。

3.【答案】错误

【解析】税目 83.03 包括装甲或加强的贱金属制保险箱、保险柜及保险库的门和带锁保险储存橱、钱箱、契约箱及类似品。本题描述错误。

4.【答案】错误

【解析】液压缸应按具体列名归入税目 84.13。本题描述错误。

5.【答案】错误

【解析】激光器应按具体列名归入税目90.13。本题描述错误。

二、单选题（请在下列各题选项中，选出1个正确答案；共5题，每题2分，共10分；错选、不选均不得分）

1.【答案】C

【解析】根据第八十四章注释九（四）：除第十六类注释一及第八十四章注释一另有规定的以外，符合税目84.86规定的设备及装置，应归入该税目而不归入本协调制度的其他税目。本题正确答案为选项C。

2.【答案】B

【解析】税目73.26注释一包含梯子，因此应按钢铁制品归入税目73.26。本题正确答案为选项B。

3.【答案】C

【解析】该商品由合成橡胶或天然橡胶制成的刮水片、金属支架以及预组装的通用适配器组成，为刮水器总成。根据第十六类类注二（二），应归入税目85.12。本题正确答案为选项C。

4.【答案】B

【解析】测温范围为-30℃~650℃，明显为工业用设计，应归入税号9025.1910。本题正确答案为选项B。

5.【答案】C

【解析】该心脏瓣膜属于生物瓣膜，最终植入人体，属于人造的其他人体部分，根据归类总规则一及六归入税号9021.3900。本题正确答案为选项C。

三、多选题（请在下列各题选项中，选出2个或2个以上正确答案；共5题，每题3分，共15分；全部选对得3分，少选得相应分，错选、不选不得分）

1.【答案】AB

【解析】电热油汀取暖器又叫充油取暖器，是一种空间加热器，它主要由密封式电热元件、金属加热管、铁散热片、控温元件、电源开关、指示灯等组成。税目85.45注释：除碳制加热电阻器（税目85.45）以外，所有加热电阻器不论其应用于哪个税目的设备或装置上，均应归入本税目。电暖毯应归入税目63.01。睡袋，不论是否电热式，均应归入税目94.04。本题正确答案为选项AB。

2.【答案】ABCD

【解析】第八十五章章注九（一）的“二极管、晶体管及类似的半导体器件”，是指那些依靠外加电场引起电阻率的变化而进行工作的半导体器件。第八十四章章注九：税目 84.86 所称“半导体器件”，也包括光敏半导体器件及发光二极管（LED）。本题正确答案为选项 ABCD。

3.【答案】AB

【解析】第八十五章章注十：税目 85.48 所称“废原电池、废原电池组及废蓄电池”，是指因破损、拆解、耗尽或其他原因而不能再使用，也不能再充电的电池。税目 85.48 的注释，一般是生产过程中的废品，或者是因为破损、拆解、耗尽或其他原因已不能再使用或不能再充电的原电池、原电池组及蓄电池，以及这些产品的碎料。本题正确答案为选项 AB。

4.【答案】ABC

【解析】本题考查对子目注释的理解，第八十四章子目注释三：子目 8481.20 所称“油压或气压传动阀”，是指在液压或气压系统中专用于传递“流体动力”的阀门，系统以加压流体（液体或气体）的形式提供能源。这些阀门可以是各种形式的（例如，减压阀、止回阀）。子目 8481.20 优先于税目 84.81 的其他子目。因此，选项 D 错误。本题正确答案为选项 ABC。

5.【答案】BD

【解析】第八十五章子目注释：子目 8527.12 仅包括有内置放大器但无内置扬声器的盒式磁带放声机，它不需外接电源即能工作，且外形尺寸不超过 170mm×100mm×45mm。本题正确答案为选项 BD。

四、分析题（请根据题目的要求作答，共 5 题，每题 4 分，共 20 分）

1.【答案】

（1）归入税目（84.09、84.87 或其他）：84.09

（2）总规则的运用：归类总规则一

（3）分析归类理由：

【解析】该商品是汽车发动机专用零件，根据归类总规则一［第十六类类注二（二）］，应归入税目 84.09。

2.【答案】

（1）归入税目（73.14、96.04 或其他）：84.74

（2）总规则的运用：归类总规则一

（3）分析归类理由：

【解析】矿筛网为矿石筛选机配件，直接安装在振动筛机、矿石分离机上使用，用于筛选分离矿石。税目 73.14 不包括制成手用细筛及粗筛的钢铁丝布等（税目 96.04）。税目 96.04 不包括装在机器或用具上的粗筛及细筛（例如，用于磨粉业、农业、选石、选矿业等）。按照第十六类注释二的规定，这些筛子应作为机器等的零件，一般与专用或主要使用筛子的机器一同归类（例如，税目 84.37 或 84.74）。矿石筛选机应归入税目 84.74，符合税目 84.74 及其子目条文的描述。根据归类总规则一，该商品应归入税目 84.74。

3.【答案】

（1）归入税目（85.01、94.01 或其他）：85.01

（2）总规则的运用：归类总规则一

（3）分析归类理由：

【解析】根据税目 85.01 注释：配有皮带轮、齿轮或齿轮箱，或配有软轴以驱动手工工具的电动机，仍应归入本税目。该调高器的基本特征仍然属于 85.01 范围。根据归类总规则一，该商品应归入税目 85.01。

4.【答案】

（1）归入税目（73.25、85.03 或其他）：84.13

（2）总规则的运用：归类总规则二（一）

（3）分析归类理由：

【解析】水泵用端盖的毛坯件，铸造成型，尺寸结构已经成型，出口后需要进行表面车加工和钻螺栓眼位才能使用，已构成了制成品的基本特征。根据归类总规则二（一），应将其按水泵用零件归入税目 84.13。

5.【答案】

（1）归入税目（85.18、96.20 或其他）：96.20

（2）总规则的运用：归类总规则一

（3）分析归类理由：

【解析】该商品为三脚架，用于支撑音箱，非麦克风支架，符合税目 96.20 关于“三脚架”的相关解释。根据归类总规则一，该商品应归入税目 96.20。

第四天打卡

一、判断题（请对下列各题做出正误判断，共 5 题，每题 1 分，共 5 分；答错、不答不得分也不扣分）

1.【答案】正确

【解析】对车辆上的脚踏板归类时，要看它安装在什么部位，有些归入第八十七章，有些则不归入第八十七章，本题描述的是安装在车身上，应归入税目 87.08。本题描述正确。

2.【答案】正确

【解析】第十六类注释一（三）：各种材料（例如，第三十九章、第四十章、第四十四章、第四十八章及第十五类的材料）制的筒管、卷轴、纡子、锥形筒管、芯子、线轴及类似品。本题描述正确。

3.【答案】错误

【解析】税目 84.19 注释中不包括税目 84.36 所列的催芽设备、孵卵器及育雏器。本题描述错误。

4.【答案】错误

【解析】税目 85.16：本税目包括电热的快速热水器、储存式热水器、浸入式液体加热器；电气空间加热器及土壤加热器；电热的理发器具（例如，电吹风机、电卷发器、电热发钳）及干手器；电熨斗……这些不限制是否家用，其他的则限制为家用电热器具。本题描述错误。

5.【答案】正确

【解析】税目 85.36 注释二（三）：本税目包括接线盒，内装有接线柱或其他器件，以便与电线连接在一起。未装有电器连接器件或预留其安装位置的盒子，不归入本税目，而应根据其构成材料归类。本题应理解为未配备电气连接装置或相关配件的盒子，被排除在外。本题描述正确。

二、单选题（请在下列各题选项中，选出 1 个正确答案；共 5 题，每题 2 分，共 10 分；错选、不选均不得分）

1.【答案】B

【解析】税目 73.18 注释四：簧环，呈各种不同形状，从有一条缝的简单环状到复杂的形状（带有小眼或槽以便于用专用夹钳将其装上）。不论其形状如何，它们都用于安装在绕心轴开的槽沟上或圆筒孔眼内开的槽沟内，以防止有关零件移动。本题正确答案为选项 B。

2.【答案】D

【解析】该滑轮易错归为税目 83. 02 或 84. 83，该商品为汽车专用零件，不在第十七类总注释三（一）“第十七类注释二规定不包括的零件及附件”的规定范围内，因此不符合税目 83. 02“三、不属于第十七类所列零件或附件范围的机动车辆用附件及架座”的规定范围，根据归类总规则一及六，应归入税号 8708. 2990。本题正确答案为选项 D。

3.【答案】C

【解析】该滤芯棉具有纺织制品特征，符合专门技术用途的纺织制品描述，根据归类总规则一及六，应归入税号 5911. 9000。本题正确答案为选项 C。

4.【答案】A

【解析】税目 87. 12 包括非机动脚踏车，即装有一个或多个车轮的脚踏车［例如，自行车（包括儿童用自行车）、三轮脚踏车、四轮脚踏车］，但不包括儿童脚踏车（儿童自行车除外）（税目 95. 03）。税目 95. 03 不包括儿童两轮车（税目 87. 12）。图中所示自行车应属于两轮自行车，两端为平衡轮，不能算作车轮。本题正确答案为选项 A。

5.【答案】C

【解析】税目 96. 03 注释还包括用橡胶或塑料整件模制而成的帚及刷，属于子目 9603. 2“牙刷、剃须刷、发刷、指甲刷、睫毛刷及其他人体化妆用刷”，英文为“Tooth brushes，shaving brushes，hair brushes，nail brushes，eyelash brushes and other toilet brushes for use on the person，including such brushes constituting parts of appliances”，其中 toilet brushes 表示盥洗用刷，舌苔清洁刷符合其描述，根据归类总规则一及六，该舌苔清洁刷头应归入税号 9603. 2900。本题正确答案为选项 C。

三、多选题（请在下列各题选项中，选出 2 个或 2 个以上正确答案；共 5 题，每题 3 分，共 15 分；全部选对得 3 分，少选得相应分，错选、不选不得分）

1.【答案】ABC

【解析】第七十一章章注七：本协调制度所称“包贵金属”；第十五类类注二：本协调制度所称“通用零件”；第十一类类注十三：本协调制度所称“弹性纱线”；税目 85. 09：本税目所称“家用器具”，是指通常在家庭中使用的器具。也就是说“家用器具”在协调制度中有多处，并非统一定义。本题正确答案为选项 ABC。

2.【答案】BC

【解析】根据第十六类类注一、第八十四章及第八十五章章注一，本题正确答案为选项 BC。

3.【答案】BC

【解析】税目 84.21 注释不包括根据离心分离原理工作的其他类型的某些机器分离铀同位素用的称作“气体离心机”的特种离心机（税目 84.01）。将光刻胶旋转涂布在绝缘基片或圆片上（税目 84.86），具体详见税目 84.21 注释。本题正确答案为选项 BC。

4.【答案】AC

【解析】用于测试材料性能的归入税目 90.24。用于测试并练习握力的归入税目 95.06。用于测量液压机机械力的、用于载荷试验（飞行器）的符合税目 90.31 描述。本题正确答案为选项 AC。

5.【答案】ABD

【解析】电磁继电器归入税目 85.36，其余均归入税目 85.05。本题正确答案为选项 ABD。

四、分析题（请根据题目的要求作答，共 5 题，每题 4 分，共 20 分）

1.【答案】

（1）归入税目（85.43、94.05 或其他）：85.43

（2）总规则的运用：归类总规则一

（3）分析归类理由：

【解析】该设备仅具有紫外辐射的功能，没有检测部件，属于一般工业用的紫外线辐照设备，符合税目 85.43 注释描述。根据归类总规则一，该商品应归入税目 85.43。

2.【答案】

（1）归入税目（85.16、85.43、96.14 或其他）：85.43

（2）总规则的运用：归类总规则一

（3）分析归类理由：

【解析】该商品通过电加热使烟弹雾化，为使用者提供抽烟的替代品，属于电气装置，该电子烟在第八十五章未具体列名。根据归类总规则一，应根据其功能和设计用途将其归入税目 85.43。

3.【答案】

（1）归入税目（85.12、85.18、85.31或其他）：85.31

（2）总规则的运用：归类总规则三（三）

（3）分析归类理由：

【解析】该商品是警示作用的电器音响装置，可以用于能提供24V电压的工程机械或机动车辆上，具有通用性，可归入税目85.12、85.31。但因无法区分主要用途，根据归类总规则三（三），该商品应归入税目85.31。

4.【答案】

（1）归入税目（84.35、85.09或其他）：85.09

（2）总规则的运用：归类总规则一

（3）分析归类理由：

【解析】税目85.09仅包括通常供家用的下列电动器具：①任何重量的地板打蜡机、食品研磨机及食品搅拌器、水果或蔬菜的榨汁器；②重量不超过20kg的其他机器。榨汁器如果是家用的，则无重量限制。根据归类总规则一，该榨汁器应归入税目85.09。

5.【答案】

（1）归入税目（68.13、87.08或其他）：68.13

（2）总规则的运用：归类总规则一

（3）分析归类理由：

【解析】税目68.13包括以石棉、其他矿物质或纤维素为基本成分的未装配摩擦材料及其制品，未装配的汽车刹车片（以石棉、矿物质为基本成分）符合税目68.13的描述。根据归类总规则一，该商品应归入税目68.13。

第五天打卡

一、判断题（请对下列各题做出正误判断，共5题，每题1分，共5分；答错、不答不得分也不扣分）

1.【答案】错误

【解析】第十六类注释二有3部分，必须依次排除，并不是所有专用于某种机器的零件均按专用零件归类，比如专用于电脑的散热风扇（84.14），专用于电脑的网卡（85.17）等。本题描述错误。

2.【答案】错误

【解析】根据 8413.11 和 8413.19 子目注释，“不论其测控装置是否与泵同时报验”。本题描述错误。

3.【答案】正确

【解析】根据税目 85.28 注释，“可直接连接且设计用于税目 84.71 的自动数据处理系统的监视器十个特征，其中通常配有数据处理系统所特有的连接器［例如，RS-232C 接口以及 DIN、SUB-D、VGA、DVI、HDMI 或 DP（显示端口）连接器］”。本题描述正确。

4.【答案】错误

【解析】税目 90.16 包括感量为 50mg 或更精密的天平，包括电子天平。与天平一起报验的砝码应归入本税目。但单独报验的砝码即使是贵金属制的，也不包括在内（税目 84.23）。本题描述错误。

5.【答案】错误

【解析】根据第十五类注释二，该铜制螺钉符合“通用零件”定义，应按其材质归入第七十四章。本题描述错误。

二、单选题（请在下列各题选项中，选出 1 个正确答案；共 5 题，每题 2 分，共 10 分；错选、不选均不得分）

1.【答案】B

【解析】本题考查对子目的确定。吊秤属于衡器，符合 84.23 税目条文“衡器（感量为 50mg 或更精密的天平除外），包括计数或检验用的衡器”的规定，排除子目 8423.30“恒定秤、物料定量装袋或装容器用的秤，包括库秤”，其最大称重为 300kg，符合子目 8423.82“最大称量超过 30kg，但不超过 5000kg”的描述，根据归类总规则一及六，应将其归入税号 8423.8290。本题正确答案为选项 B。

2.【答案】B

【解析】税目 84.28 注释中包括病人升降机。这种设备配有支承架和座位，用以将坐着的人抬起或放下，例如，将他们放进浴室或放上床，可移动座位是用绳索或链固定在支承架上，应归入税号 8428.9090。本题正确答案为选项 B。

3.【答案】C

【解析】搭火线（booster cable）用于车辆应急启动，由红黑两个导体组成，两端分别有夹子，每根导体由多根铜丝缠绕在一起，输出电压为 12V，非车辆本身用，不符合税号 8544.3090 的描述，不符合本国子目注释对电缆的定义，根据归类总规则一及六，应归入税号 8544.4219。本题正确答案为选项 C。

4.【答案】C

【解析】子目 8415.90 注释包括单独报验的子目 8415.10 分体式空调器的室内机和室外机。根据 1kcal/h（大卡/时）= 1.163W，1W = 0.8598kcal/h 换算，其制冷量小于 4000kcal/h，应归入税号 8415.9010。本题正确答案为选项 C。

5.【答案】C

【解析】滑动轴承即使在报验时不带轴承座，仍应归入税目 84.83。它们是由减摩金属或其他材料（例如，烧结金属或塑料）制成环圈，可以是整体式的或者是由几个部件互相夹紧组成的光滑轴承，轴可在其中旋转。该商品属于滑动轴承，应归入税号 8483.3000。本题正确答案为选项 C。

三、多选题（请在下列各题选项中，选出 2 个或 2 个以上正确答案；共 5 题，每题 3 分，共 15 分；全部选对得 3 分，少选得相应分，错选、不选不得分）

1.【答案】BC

【解析】该商品为组合机器，主要功能为气体的压缩，根据第十六类注释三，应按其主要功能归入税目 84.14。本题正确答案为选项 BC。

2.【答案】AB

【解析】根据第十六类类注四，同时报验时符合功能机组描述，应按电视机一并归入子目 8528.72。子目 8528.52 为可直接连接且设计用于税目 84.71 的自动数据处理系统的。本题正确答案为选项 AB。

3.【答案】ABC

【解析】无线麦克风和信号接收器一并报验时，完成的功能仍是麦克风的功能，归入子目 8518.10，符合功能机组描述。本题正确答案为选项 ABC。

4.【答案】ABD

【解析】税目 85.01 注释描述，除内燃机用的启动电机（税目 85.11）以外，本税目包括各种类型的电动机，从供仪表、时钟、定时开关、缝纫机、玩具等用的小型电动机到供轧钢机等用的大型电动机。配有皮带轮、齿轮或齿轮箱，或配有软轴以驱动手工工具的电动机，仍应归入本税目。本题正确答案为选项 ABD。

5.【答案】AC

【解析】电动机是一种把电能转换成机械能的机器；可分为旋转电动机与

直线电动机两大类，以旋转运动的方式产生机械能叫旋转电动机，以直线运动的方式产生机械能叫直线电动机。很多电动机装有风扇或其他装置，供电动机运转时散热之用，比较风机而言，本商品的散热风扇只是利用电动机自身部分机械能。本题正确答案为选项 AC。

四、分析题（请根据题目的要求作答，共5题，每题4分，共20分）

1. 【答案】

（1）归入税目（84.21、84.74 或其他）：84.21

（2）总规则的运用：归类总规则一

（3）分析归类理由：

【解析】该商品既可按原理归入税目 84.21，也可按用途归入税目 84.74，依据第八十四章注释二，税目 84.21 优先于税目 84.74。根据归类总规则一，该商品应归入税目 84.21。

2. 【答案】

（1）归入税目（84.22、90.31 或其他）：84.22

（2）总规则的运用：归类总规则一

（3）分析归类理由：

【解析】该商品通过检测、分拣和编带包装三道工序对半导体芯片进行包装，其主要功能是包装，符合税目 84.22 的子目条文的描述。根据归类总规则一，应将其按包装设备归入税日 84.22。

3. 【答案】

（1）归入税日（84.28、84.79 或其他）：84.79

（2）总规则的运用：归类总规则一

（3）分析归类理由：

【解析】税目 84.79 仅包括简单更换不同工具即可执行各种功能的工业机器人，该机械手臂符合税目 84.79 描述。根据归类总规则一，应归入税目 84.79。

4. 【答案】

（1）归入税目（84.66、84.83 或其他）：84.83

（2）总规则的运用：归类总规则一

（3）分析归类理由：

【解析】铣头通过内部齿轮结构将直线方向动力转角输出，符合齿轮传动装置的范畴。根据归类总规则一，应按齿轮传动装置归入税目 84.83。

5.【答案】

（1）归入税目（87.08、90.29或其他）：87.08

（2）总规则的运用：归类总规则一

（3）分析归类理由：

【解析】汽车仪表盘用表盘，聚酯碳酸制，不带任何电子元件，为车身专用零件。根据归类总规则一，应按车身零件归入税目87.08。

第六天打卡

一、判断题（请对下列各题做出正误判断，共5题，每题1分，共5分；答错、不答不得分也不扣分）

1.【答案】错误

【解析】光学镜头应按已装配光学元件归入税目90.02。本题描述错误。

2.【答案】正确

【解析】压缩机有多种类型，例如，往复活塞式、离心式、轴向式及旋转式。废气涡轮增压器是一种特殊的压缩机，用于增大活塞内燃发动机的输出功率。压缩机广泛应用于：将气体压入气筒；化学处理；冷藏设备等；以及把空气或其他气体压入贮气槽内，以备向诸如压缩空气发动机、风动镐、卷扬机、制动器、气动输送管、潜艇压载舱等供气。本题描述正确。

3.【答案】错误

【解析】该商品为扩展内存卡，属于存储器件，不属于智能卡，应归入子目8523.51。本题描述错误。

4.【答案】正确

【解析】本题符合税目90.22、90.30的条文描述。本题描述正确。

5.【答案】错误

【解析】该商品属于税目84.22的封口机器，并且超出了排除条款（一）机械用具的范围，根据归类总规则一及六，应归入税号8422.3090。本题描述错误。

二、单选题（请在下列各题选项中，选出1个正确答案；共5题，每题2分，共10分；错选、不选均不得分）

1.【答案】A

【解析】税号8544.3020中机动车辆用点火布线组及其他布线组，是指第八十七章所列机动车辆用的点火布线组及其他布线组。
布线组是由电线或电缆等制成的成组电线或电缆，用于电气布线。例如，连接机动车火花塞与分电器的成组电缆。分电器通过成组电缆把点火电流轮流分送给各火花塞，从而点燃气缸中的可燃混合气体。该商品属于由三根电线制成的布线组，用于汽车燃油泵，属于列名的“机动车辆用”，应将其按机动车辆用其他布线组，归入税号 8544. 3020。本题正确答案为选项 A。

2.【答案】C
【解析】子目 8506. 50 归类应根据其阳极的构成材料确定。在原电池中，阳极是负极，电子由负极流向正极。锂电池与锂离子电池不同，前者是一次电池，后者可反复充电。该商品应归入税号 8506. 5000。本题正确答案为选项 C。

3.【答案】C
【解析】税目 85. 16 除列名的电热器具，其他限定为家用，尽管本商品也可以家用，但税号的确定应以设计用途为准，该商品应归入税目 85. 14。本题正确答案为选项 C。

4.【答案】D
【解析】本题考查对子目的确认。羽毛球（badminton）不属于子目 9506. 69 的球（ball），羽毛球拍属于其他运动及户外运动用具，羽毛球应归入税号 9506. 9900。本题正确答案为选项 D。

5.【答案】C
【解析】机油尺是一种结构简单的液位计，可直接显示滑油箱内滑油的液面高度，该机油尺与油管配合，用于测量油位，符合税目 90. 26 描述，油尺管应按测量液位仪器归入税号 9026. 1000。本题正确答案为选项 C。

三、多选题（请在下列各题选项中，选出 2 个或 2 个以上正确答案；共 5 题，每题 3 分，共 15 分；全部选对得 3 分，少选得相应分，错选、不选不得分）

1.【答案】ACD
【解析】第十六类总注释：任何材料制成的卷轴、纡子、筒管、线轴等应按其构成材料归类。但经轴不应视为筒管、卷轴或类似品，而应归入税目 84. 48。本题正确答案为选项 ACD。

2.【答案】ABCD
【解析】税目 39. 26 注释七：环状、裁成一定长度并首尾相接或用紧固件连接的传动带、输送带或升降机带；税目40.10：硫化橡胶制的传动带或输送带及带料；税目59.10：纺织材料制的传动带或输送带及带料，不论是否用塑料浸渍、涂布、包覆或层压，也不论是否用金属或其他材料加强；税目42.05注释一：机器任何部位的传动带或输送带（包括编结带），不论是成品带或是一定长度的带子。本题正确答案为选项ABCD。

3.【答案】ABD

【解析】配有电源、放大器等的雷达设备（税目85.26）；由红外线灯、光电池及警铃等组成的防盗报警器（税目85.31）；配有玻璃的热处理设备、泵及灯泡检测装置的组装电灯泡用的机器（84.75）；闭路电视监视系统应分别归类，见第十六类总注释。本题正确答案为选项ABD。

4.【答案】ABCD

【解析】见相应子目注释。本题正确答案为选项ABCD。

5.【答案】ABD

【解析】税目85.44还包括光缆。光缆由单根被覆光纤组成，不论是否装有电导体或接头。纤维的包层常具有不同颜色，以便于对电缆两头的纤维加以辨别。光缆主要用于通信，因为光缆传输数据的容量大于电导体。本题正确答案为选项ABD。

四、分析题（请根据题目的要求作答，共5题，每题4分，共20分）

1.【答案】

（1）归入税目（87.04、87.06或其他）：87.04

（2）总规则的运用：归类总规则一

（3）分析归类理由：

【解析】根据第八十七章注释三，装有驾驶室的车辆底盘不能归入税目87.06，而应归入税目87.02至87.04，此混凝土搅拌车底盘无混凝土搅拌系统，所以不能按特种车辆归入税目87.05。该底盘具有货车的特征。根据归类总规则一，该商品应归入税目87.04。

2.【答案】

（1）归入税目（90.06、90.27或其他）：90.27

（2）总规则的运用：归类总规则一

（3）分析归类理由：

【解析】税目90.27条文列名：测量或检验热量、声量或光量的仪器及装置（包括曝光表）。根据归类总规则一，该商品应归入税目90.27。

3.【答案】

（1）归入税目（84.86、90.31 或其他）：84.79

（2）总规则的运用：归类总规则一

（3）分析归类理由：

【解析】该商品带有分选装置，是一个分选机器，分选对象是硅片，用于非集成电路生产加工过程中，超出了第八十四章章注九（三）的描述。根据归类总规则一，该商品应归入税目 84.79。

4.【答案】

（1）归入税目（84.12、84.13 或其他）：84.12

（2）总规则的运用：归类总规则一

（3）分析归类理由：

【解析】该商品将外接的液压油传向活塞的一侧，推进活塞运动，将液体的能量转化成直线运动的动能，符合税目 84.12 及其子目条文的描述。根据归类总规则一，应将其按直线作用的液压动力装置归入税目 84.12。

5.【答案】

（1）归入子目（9021.10、9021.29 或其他）：9021.10

（2）总规则的运用：归类总规则一及六

（3）分析归类理由：

【解析】矫正畸形牙齿的牙科用具（牙箍、圈环等）属于矫形器具。根据归类总规则一及六，牙箍应归入子目 9021.10。

第七天打卡

一、判断题（请对下列各题做出正误判断，共 5 题，每题 1 分，共 5 分；答错、不答不得分也不扣分）

1.【答案】错误

【解析】气过滤及净化装置应归入税目 84.21，本题描述错误。

2.【答案】正确

【解析】税目 85.26 为雷达设备、无线电导航设备及无线电遥控设备，税目 85.43 相关描述包括电视机、视频录像机或其他电器设备的遥控器用无绳红外线器件。本题描述正确。

3.【答案】正确

【解析】税目 84.83 注释不包括：专用于或主要用于车辆或飞机的上述传

动设备（变速器、传动轴、离合器、差动齿轮等）（第十七类）。该从动齿轮用于差速器，应按其零件归入税目87.08。本题描述正确。

4.【答案】正确

【解析】如果单根光纤被覆，则应归入税目85.44。本题描述正确。

5.【答案】错误

【解析】根据税目85.05注释排除条款，眼科医生专用的电磁铁应归入税目90.18。本题描述错误。

二、单选题（请在下列各题选项中，选出1个正确答案；共5题，每题2分，共10分；错选、不选均不得分）

1.【答案】D

【解析】本题考查对子目的确定。《中华人民共和国进出口税则》对电缆按如下规则判定：

（1）定义：电缆是相互绝缘的导电线芯置于密封护套中构成的绝缘导线，可加有保护覆盖层。

（2）特点：①由导电线芯、绝缘层、密封护套和保护覆盖层四部分组成；②尺寸较大；③结构复杂；④多根绝缘内芯。

对符合电缆定义的，并且符合上述任意特点的均可按电缆归类。

题中商品是将电缆置于波纹管中，不符合电缆定义，非车辆用，根据额定电压12V，归入税号8544.4219。本题正确答案为选项D。

2.【答案】C

【解析】税目95.03里“跳绳”是具有玩具性质的，如儿童玩具跳绳。该商品属于体育活动及健身用的跳绳，在税目95.06注释中明确属于一般的体育活动、体操或竞技用品及设备。本题商品应归入子目9506.91。本题正确答案为选项C。

3.【答案】A

【解析】该商品是以通用计算机操作系统为基础，虽突出了音频、视频的播放功能，但仍是可以随意编辑程序的自动数据处理设备，带有触摸式输入键盘且重量小于10kg，符合税目84.71及其子目条文（或子目注释）的描述，根据归类总规则一及六，应按重量不超过10kg的便携式自动数据处理设备归入税号8471.3010。本题正确答案为选项A。

4.【答案】C

【解析】网卡简称网络接口卡，是通过主机箱内插入一块网络接口板，按具体列名归入税目85.17。本题正确答案为选项C。

5.【答案】C

【解析】税目84.67注释仅包括手提式工具。所称“手提式工具”，是指用手提着进行操作的工具；也包括较重的手提式工具（例如，夯土机）；还包括修剪草坪或用于拐角、墙边、走道两旁及灌木丛下等修剪草丛的手提式剪草机器。这些机器有一个装于轻型金属架内的动力机及通常由一根细尼龙线组成的切割元件。该商品为肩挂式，通过手扶来控制割草方向和位置。符合“手提式工具”描述，应归入税目84.67。本题正确答案为选项C。

三、多选题（请在下列各题选项中，选出2个或2个以上正确答案；共5题，每题3分，共15分；全部选对得3分，少选得相应分，错选、不选不得分）

1.【答案】ACD

【解析】税目85.45注释碳刷座（不论是否装有碳刷）应按机器零件归类（例如，税目85.03）。本题正确答案为选项ACD。

2.【答案】BCD

【解析】抛光钢珠（不论是否用于本税目所列的轴承），其最大直径及最小直径与标称直径相差均不超过1%或0.05mm（以相差数值较小的为准）。不符合上述要求的滚珠应归入税目73.26。圆珠笔的笔尖钢珠应归入税目73.26或84.82。选项BC未说明误差值。本题正确答案为选项BCD。

3.【答案】ABD

【解析】根据税目87.06相关注释，选项C应归入税目87.02至87.04。本题正确答案为选项ABD。

4.【答案】BC

【解析】挖掘机不属于机动车辆，其专用警示喇叭应归入税目85.31，选项D应归入税目85.18。本题正确答案为选项BC。

5.【答案】ABCD

【解析】选项ABCD均归入税目84.80。税目84.80包括金属铸造用型箱；型模底板；阳模；金属用型模（锭模除外）、硬质合金、玻璃、矿物材料、橡胶或塑料用型模。金属冲压用、金属锻造用、金属挤压用模具归入税目82.07。本题正确答案为选项ABCD。

四、分析题（请根据题目的要求作答，共5题，每题4分，共20分）

1.【答案】

（1）归入税目（84.22、84.79或其他）：84.79

（2）总规则的运用：归类总规则一

（3）分析归类理由：

【解析】该商品用于在水果表面贴标签，而非在包装容器上贴标签，符合税目84.79及其子目条文的描述。根据归类总规则一，应将其按其他税目未列名的具有独立功能的机器归入税目84.79。

2.【答案】

（1）归入税目（39.26、84.50或其他）：85.38

（2）总规则的运用：归类总规则一

（3）分析归类理由：

【解析】该商品为洗衣机控制面板表面的塑料贴膜，已印制、裁切，具有专用零件特征。根据归类总规则一，应按控制面板的零件归入税目85.38。

3.【答案】

（1）归入税目（84.71、85.37或其他）：85.37

（2）总规则的运用：归类总规则一

（3）分析归类理由：

【解析】该商品PLC中央处理单元具有运算存储功能，包含运算处理器、存储单元等电路，实为可编程序控制器，符合税目85.37及其子目条文的描述。根据归类总规则一，应将其按可编程序控制器归入税目85.37。

4.【答案】

（1）归入税目（84.51、84.79或其他）：84.79

（2）总规则的运用：归类总规则一

（3）分析归类理由：

【解析】该商品的加工对象是已制成的汽车安全气囊，并非织物，对其进行折叠的机器并不满足税目84.51的商品范围，上述商品功能独立，且在第八十四章其他税目中未列名，符合税目84.79及其子目条文的描述。根据归类总规则一，应将其按第八十四章其他税目未列名的具有独立功能的机器归入税目84.79。

5.【答案】

（1）归入税目（85.33、85.38或其他）：85.33

（2）总规则的运用：归类总规则一

（3）分析归类理由：

【解析】该商品用于安装避雷器，构成避雷器专用零件，应根据第十六类类注二确定其税目，该商品属于税目 85.33 列名商品，符合税目 85.33 条文描述。根据归类总规则一，应将其按电阻器归入税目 85.33。

第八天打卡

一、判断题（请对下列各题做出正误判断，共 5 题，每题 1 分，共 5 分；答错、不答不得分也不扣分）

1.【答案】错误

【解析】根据第十七类总注释，自行车或机动车辆用的电气照明及信号装置、电动风挡刮水器、除霜器及去雾器应归入税目 85.12。本题描述错误。

2.【答案】错误

【解析】热量计用于测量一个系统装置（例如，热水供热系统）的热量消耗，主要由一个液量测量仪表、分别安装于管道出入口的两支温度计及计数和累计机械装置构成，应归入税目 90.26。本题描述错误。

3.【答案】正确

【解析】原电池的主要特点是难以有效地再充电，可再充电的电池应归入税目 85.07。本题描述正确。

4.【答案】错误

【解析】根据税目 85.44 注释描述，漆包线，一般很细，主要用于线圈绕组，只有用于绕组线的漆包线才可以按绕组线归类。本题描述错误。

5.【答案】错误

【解析】根据税目 85.47 注释描述，应归入税目 85.47。本题描述错误。

二、单选题（请在下列各题选项中，选出 1 个正确答案；共 5 题，每题 2 分，共 10 分；错选、不选均不得分）

1.【答案】C

【解析】该商品由单根导线与接头构成，不是布线组，没有传感器，应归入税号 8544.4219。本题正确答案为选项 C。

2.【答案】C

【解析】根据税目 96.03 的注释排他条款“刷架或刷柄应按构成材料归类”，该支架以金属部分为主要特征，已为独立制品，应按非工业用归入税号7326.9090。本题正确答案为选项C。

3.【答案】D

【解析】税目73.18为紧固金属用的，税目83.09为包装容器用的，税目87.08为机动车辆零件、附件，该商品用于变速箱，应按变速箱专用零件归入税目87.08。本题正确答案为选项D。

4.【答案】A

【解析】PPTC，全称为Polyer Positive Temperature Coefficient，即高分子聚合物正系数温度电阻，具有正温度系数的非线性热敏电阻，应按具体列名归入税目85.33。本题正确答案为选项A。

5.【答案】B

【解析】该商品符合税目85.41注释二（二）3描述：光电耦及光电继电器，由电发光二极管与光电二极管、光电晶体管或光敏闸流晶体管组成。本题正确答案为选项B。

三、多选题（请在下列各题选项中，选出2个或2个以上正确答案；共5题，每题3分，共15分；全部选对得3分，少选得相应分，错选、不选不得分）

1.【答案】AD

【解析】灯具及照明装置可以用任何材料制成（不包括第七十一章注释一所述的材料），小脚轮的轮子归入税目83.02，小脚轮必须带有贱金属支架，但轮子可由任何材料（贵金属除外）制成。本题正确答案为选项AD。

2.【答案】ABD

【解析】装有钟表机构或同步电动机的定时开关归入税目91.07。本题正确答案为选项ABD。

3.【答案】AD

【解析】铝制散热器，专用于挖掘机发动机冷却液降温，应归入税目84.31，铝制散热器，专用于摩托车发动机冷却液降温，应归入税目87.14。本题正确答案为选项AD。

4.【答案】CD

【解析】根据税目84.66注释描述，测微刀架制动器、光学分度头归入税目84.66，钻孔用麻花钻头归入税目82.07，数控车床用变速箱归入税目84.83。本题正确答案为选项CD。

5.【答案】AC

【解析】税目 85.39 注释不包括带碳灯丝的电阻灯及带铁灯丝的各种氢气灯（税目 85.33）；照相机闪光灯用灯泡归入税目 90.06。本题正确答案为选项 AC。

四、分析题（请根据题目的要求作答，共 5 题，每题 4 分，共 20 分）

1.【答案】

（1）归入税目（39.26、73.26 或其他）：84.87

（2）总规则的运用：归类总规则一

（3）分析归类理由：

【解析】该手轮可用于多种机器，属于多种机器的零件，但无法确认专用于哪个机器的零件。根据归类总规则一［第十六类类注二（三）］，该手轮应归入税目 84.87。

2.【答案】

（1）归入税目（73.18、83.02 或其他）：73.18

（2）总规则的运用：归类总规则一

（3）分析归类理由：

【解析】该商品中间中空，一端有螺纹，连接元件和轴，符合税目 73.18 螺纹制品描述，属于第十五类类注二的通用零件。根据归类总规则一，该商品应归入税目 73.18。

3.【答案】

（1）归入税目（76.16、87.16 或其他）：87.16

（2）总规则的运用：归类总规则一

（3）分析归类理由：

【解析】该商品符合税目 87.16 手或脚驱动的车辆描述。据归类总规则一，该商品应归入税目 87.16。

4.【答案】

（1）归入税目（85.26、84.71 或其他）：85.26

（2）总规则的运用：归类总规则一

（3）分析归类理由：

【解析】该商品由激光笔和接收器构成，明显具有税目 85.26 所列的“无线遥控”功能，根据第十六类注释四，符合功能机组定义。根据归类总规则一，应按主要功能归入税目 85.26。

5.【答案】

（1）归入税目（84.24、84.36 或其他）：84.24

（2）总规则的运用：归类总规则一

（3）分析归类理由：

【解析】该商品既可按喷射装置归入税目 84.24，也可按农业、园艺用的机器归入税目 84.36。依据第八十四章注释二，税目 84.24 优先于税目 84.36。根据归类总规则一，该商品应归入税目 84.24。

第九天打卡

一、判断题（请对下列各题做出正误判断，共 5 题，每题 1 分，共 5 分；答错、不答不得分也不扣分）

1.【答案】错误

【解析】税目 85.12 包括专供自行车或机动车辆使用的电气照明或信号装置及器具，但不包括干电池（税目 85.06）、蓄电池（税目 85.07），也不包括税目 85.11 的直流发电机及永磁直流发电机。本税目还包括机动车辆用的电动风挡刮水器、除霜器及去雾器。本题灯泡应归入税目 85.12。本题描述错误。

2.【答案】正确

【解析】该商品一般专用于无线通信领域的射频器件测试，符合税目 90.30 的商品描述。本题描述正确。

3.【答案】正确

【解析】子目 8506.10、8506.30 及 8506.40 的归类应根据其阴极（去极化电极）的构成材料确定。但是，以二氧化锰作阴极，以锂作阳极的原电池应作为锂原电池归入子目 8506.50。本题描述正确。

4.【答案】正确

【解析】税目 85.36 注释（三）：继电器，一种利用相同或其他电路的变化自动控制电路的电气装置。继电器可用于通信设备、道路或铁道信号设备，以及用于机床的控制及保护等。接触器也视作继电器。本题描述正确。

5.【答案】错误

【解析】根据税目 85.44 注释，非金属的导体归入税目 85.44，本题描述错误。

二、单选题（请在下列各题选项中，选出 1 个正确答案；共 5 题，每题 2 分，共 10 分；错选、不选均不得分）

1.【答案】D

【解析】该商品为打印机的打印头连接线，导电线芯平铺后覆盖绝缘层，其结构不符合电缆的定义，应按其他电导体归类，其报验状态为无接头，额定电压 60V，应归入税号 8544.4919。本题正确答案为选项 D。

2.【答案】C

【解析】该商品由金属上盖、石英晶体、陶瓷基座和 IC 芯片以不可分离的状态组合在一起，符合集成电路定义，应归入税目 85.42。本题正确答案为选项 C。

3.【答案】A

【解析】该商品为汽车悬挂系统用板簧的单片弹簧，应按“片簧”归入子目 7320.10。本题正确答案为选项 A。

4.【答案】A

【解析】该商品品名为接近传感器，也叫接近开关，控制电路通断，应归入税目 85.36。本题正确答案为选项 A。

5.【答案】D

【解析】该商品是测量加速度的装置，应按照未列名测量装置归类，应归入税目 90.31。本题正确答案为选项 D。

三、多选题（请在下列各题选项中，选出 2 个或 2 个以上正确答案；共 5 题，每题 3 分，共 15 分；全部选对得 3 分，少选得相应分，错选、不选不得分）

1.【答案】BC

【解析】税目 92.09 不包括不能确定为做乐器弦用的金属丝、肠线及合成纺织纤维单丝（不论是否切成一定长度）（应归入它们各自的相应税目），各选项中已经确认为乐器专用。应注意，镀锡铜线表面镀的锡不计入，符合精炼铜定义。本题正确答案为选项 BC。

2.【答案】AB

【解析】装有旋转、倾斜或升降装置的理发用椅归入税目 94.02，装有税目 90.18 所列牙科器械的牙科用椅归入税目 90.18。本题正确答案为选项 AB。

3.【答案】ABCD

【解析】飞机、船舶及各种车辆用的电气、液压或气动式风挡刮水器归入税目84.79。单独报验的砝码即使是贵金属制的，也不包括在内（税目84.23）。本题正确答案为选项ABCD。

4.【答案】ACD

【解析】内燃机用连杆归入税目84.09，内燃机用增压器归入税目84.14，内燃机用曲轴归入税目84.83，内燃机用滤油器归入税目84.21。本题正确答案为选项ACD。

5.【答案】CD

【解析】蜡像馆名人蜡像原件是以蜡为原料的雕塑品，应归入税目97.03，裁缝用的人体模型应归入税目96.18，教习头、教学专用数控铣削中心应归入税目90.23。本题正确答案为选项CD。

四、分析题（请根据题目的要求作答，共5题，每题4分，共20分）

1.【答案】

（1）归入税目（39.26、84.09或其他）84.09。

（2）总规则的运用：归类总规则一

（3）分析归类理由：

【解析】该商品为发动机专用隔音件，安装于发动机之内、燃油高压泵之外，参照第十六类类注二关于零件的归类原则，该商品符合税目84.09及其子目条文的描述。根据归类总规则一，应将其按其他汽油发动机的零件归入税目84.09。

2.【答案】

（1）归入税目（84.18、84.19或其他）：84.18

（2）总规则的运用：归类总规则一

（3）分析归类理由：

【解析】该商品特性符合税目84.18关于“在封闭空间内利用液态气体的蒸发制冷的设备”及其子目条文的相关描述。根据归类总规则一，应将其按其他制冷设备归入税目84.18。

3.【答案】

（1）归入税目（84.13、84.24或其他）：84.13

（2）总规则的运用：归类总规则一

（3）分析归类理由：

【解析】该商品组合在一起，构成组合机器。根据归类总规则一，应按柱塞式液压泵一并归入税目84.13。

4.【答案】

（1）归入税目（73.26、84.79 或其他）：84.14

（2）总规则的运用：归类总规则一

（3）分析归类理由：

【解析】该商品属于真空泵，符合税目 84.14 的描述。根据归类总规则一，该商品应归入税目 84.14。

5.【答案】

（1）归入税目（84.38、85.16 或其他）：84.19

（2）总规则的运用：归类总规则一

（3）分析归类理由：

【解析】根据税目 84.38 对"食品加工"范围的描述，上述商品属于食品的加热设备，符合税目 84.19 及其子目条文的描述。根据归类总规则一，应将其按加热食品用机器归入税目 84.19。

第十天打卡

一、判断题（请对下列各题做出正误判断，共 5 题，每题 1 分，共 5 分；答错、不答不得分也不扣分）

1.【答案】错误

【解析】蓝牙立体声耳机的主要功能是与配对的手机和具有蓝牙功能的音乐播放设备之间收发无线电信号。所述功能由芯片组作为收发器执行，可实现免提电话和有蓝牙功能的音乐设备的通信。子目 8517.62 包括了发送和接收设备，包括在有线或无线网络中进行通信的设备。蓝牙耳机应归入子目 8517.62。本题描述错误。

2.【答案】正确

【解析】该商品为机油冷却器，应按其零件归入税目 87.08。本题描述正确。

3.【答案】错误

【解析】税目 85.10 注释说明，用一个独立的电动机通过软轴驱动的毛发推剪应归入税目 82.14。本题描述错误。

4.【答案】错误

【解析】除碳制加热电阻器归入税目 85.45 以外，所有加热电阻器均应归入税目 85.16。本题描述错误。

5.【答案】错误

【解析】本商品应归入税目 85.37。本题描述错误。

二、单选题（请在下列各题选项中，选出 1 个正确答案；共 5 题，每题 2 分，共 10 分；错选、不选均不得分）

1.【答案】A

【解析】该商品为安全帽，根据归类总规则一及六，应归入税号 6506.1000。本题正确答案为选项 A。

2.【答案】A

【解析】该商品并非用于检测压力具体值，而是检测压力是否达到标准，当压力不足时导通电路，属于压力开关，应归入税目 85.36，本题正确答案为选项 A。

3.【答案】A

【解析】该商品为安全别针。本题正确答案为选项 A。

4.【答案】C

【解析】税目 83.02 注释二：税目 83.02 所称“脚轮”，是指直径（对于有胎的，连胎计算在内，下同）不超过 75mm 的或直径虽超过 75mm，但所装轮或胎的宽度必须小于 30mm 的脚轮。小脚轮必须带有贱金属支架，但轮子可由任何材料（贵金属除外）制成。本题正确答案为选项 C。

5.【答案】A

【解析】显卡又称视频卡，是主机与显示器连接的“桥梁”，作用是控制电脑图形输出，应按电脑部件归入税目 84.71。本题正确答案为选项 A。

三、多选题（请在下列各题选项中，选出 2 个或 2 个以上正确答案；共 5 题，每题 3 分，共 15 分；全部选对得 3 分，少选得相应分，错选、不选不得分）

1.【答案】ACD

【解析】体温表（管内充有水银）应归入税目 90.25，其余均应归入税目 90.18。本题正确答案为选项 ACD。

2.【答案】AC

【解析】心脏监视仪是一种病员监护仪，属于医疗器械，应归入税目 90.18，比较该税目下的各级子目，然后按具体列名归入税号 9018.1930。X 射线胸透机属医疗用的 X 射线检查设备，应归入税目 90.22，比较该税目下的各级子目，归入税号 9022.1400。选项 AC 均归入税目 90.21。本题正确答案为选项 AC。

3. 【答案】ABCD

【解析】税目 85.06 注释："本税目不包括：……（五）热电偶（例如，税目 85.03、85.48、90.33）"；税目 90.32 注释第二款："它们主要由以下装置构成：（一）测量装置（传感装置、转换器、电阻测温器探头、热电偶等）……如果不符合上述规定，这些装置应按以下规定进行归类：1. 电气测量装置一般归入税目 90.25、90.26 或 90.30。"本题正确答案为选项 ABCD。

4. 【答案】AD

【解析】第八十五章章注九（二）4："多元件集成电路（MCOs）：由一个或多个单片、混合或多芯片集成电路以及下列至少一个元件组成：硅基传感器、执行器、振荡器、谐振器或其组件所构成的组合体，或者具有税目 85.32、85.33、85.41 所列商品功能的元件，或税目 85.04 的电感器"；选项 B 为税目 85.04 所列，但不是电感器，选项 C 为税目 85.05 所列，两者均不符合章注释关于多元件集成电路的规定。本题正确答案为选项 AD。

5. 【答案】BC

【解析】根据税目 90.24 注释描述，纱线扭力计/纱线拉力应变计应归入税目 90.31。本题正确答案为选项 BC。

四、分析题（请根据题目的要求作答，共 5 题，每题 4 分，共 20 分）

1. 【答案】

（1）归入税目（48.12、84.21 或其他）：84.21

（2）总规则的运用：归类总规则一

（3）分析归类理由：

【解析】该商品由成圆柱形的纸制过滤部分及两边的塑料连接件部分组成，已构成汽油过滤装置的零件特征。根据归类总规则一，该商品应按液体过滤装置的零件归入税目 84.21。

2. 【答案】

（1）归入税目（84.28、84.79 或其他）：84.28

（2）总规则的运用：归类总规则一

（3）分析归类理由：

【解析】该商品本身功能为抓取、移动、投放，实现模内贴标、自动镶插件等自动化生产，或抓取后移动至火焰发生器旁。该商品具有单一搬运功能。根据归类总规则一，该商品应归入税日 84.28。

3.【答案】

（1）归入税目（73.08、84.31或其他）：84.31

（2）总规则的运用：归类总规则一

（3）分析归类理由：

【解析】该商品专用于升降电梯。根据归类总规则一［第十六类类注二（二）］，应按电梯的专用零件归入税目84.31。

4.【答案】

（1）归入税目（84.58、84.59或其他）：84.59

（2）总规则的运用：归类总规则一

（3）分析归类理由：

【解析】该商品加工钥匙时，刀具旋转，工件（钥匙）做直线进给运动，从而判断这种加工方式为铣削。依据原钥匙（母钥匙）作为靠模进行铣削加工，是一种典型的小型仿形铣床。根据归类总规则一，应将其归入税目84.59。

5.【答案】

（1）归入税目（73.07、84.19或其他）：84.19

（2）总规则的运用：归类总规则一

（3）分析归类理由：

【解析】该商品不属于第七十三章"管"的规定，从该商品的结构和尺寸上判断，它具有专用性，应按燃气热水器的专用零件归类。依据归类总规则一［第十六类注释二（二）］，该商品归入税目84.19。

第十一天打卡

一、判断题（请对下列各题做出正误判断，共5题，每题1分，共5分；答错、不答不得分也不扣分）

1.【答案】错误

【解析】保险杠属于车身零件，应归入税号8707.1000。本题描述错误。

2.【答案】错误

【解析】小轿车变速箱齿轮应按变速箱零件归入税目87.08。本题描述错误。

3.【答案】错误

【解析】税目90.08用于投射设备，则用于投影静止的影像，比如影像投影仪，彩色投影机应归入税目 85.28。本题描述错误。

4.【答案】正确

【解析】第十六类注释一（一）：除硬质橡胶以外的硫化橡胶制的机器、机械器具、电气器具或其他专门技术用途的物品归入税目 40.16。本题描述正确。

5.【答案】错误

【解析】扫地机器人为智能家用电器的一种，主要完成清扫、吸尘、擦地三种功能，根据归类总规则一、三（二）及六（第十六类注释三），应归入税号 8509.8090。本题描述错误。

二、单选题（请在下列各题选项中，选出 1 个正确答案；共 5 题，每题 2 分，共 10 分；错选、不选均不得分）

1.【答案】C

【解析】该商品虽名为咖喱，但实际已经超出第九章产品特征，应按混合调味料归入税号 2103.9090。本题正确答案为选项 C。

2.【答案】D

【解析】光纤跳线为单根光纤，应归入税号 9001.1000。本题正确答案为选项 D。

3.【答案】A

【解析】税目 85.16 除列名的电热器具，其他限定为家用，尽管本题商品也可以家用，但归类应以设计用途为准，因此应归入税目 84.19。本题正确答案为选项 A。

4.【答案】B

【解析】该商品由金属钥匙、无线信号发送装置组成，应按无线电遥控装置归入税目 85.26。本题正确答案为选项 B。

5.【答案】C

【解析】本题考查对税号的确定。该商品为无线路由器，税号 8517.6236 的三级子目为其他有线数字通信设备，不符合，因此应归入税号 8517.6299。本题正确答案为选项 C。

三、多选题（请在下列各题选项中，选出 2 个或 2 个以上正确答案；共 5 题，每题 3 分，共 15 分；全部选对得 3 分，少选得相应分，错选、不选不得分）

1.【答案】ABD

【解析】比重天平（或静水天平）归入税目 90.16，投币式体重秤、弹簧秤、智能称重狗碗归入税目 84.23。本题正确答案为选项 ABD。

2. 【答案】AB

【解析】纸盒、皮套为商品包装的归类（归类总规则五）。本题正确答案为选项 AB。

3. 【答案】BD

【解析】手持洗衣机（小型电动机拍打去污）归入税目 85.09，手持洗衣机（喇叭超音速震动去污）归入税目 84.79，LED 芯片分选机（未完成封装）归入税目 84.86，LED 成品分选机（已封装完成）归入税目 84.79。本题正确答案为选项 BD。

4. 【答案】ABC

【解析】税目 84.62 加工时主要是改变金属的形状，无切屑产生。本题正确答案为选项 ABC。

5. 【答案】ABD

【解析】根据第十五类注释二关于“通用零件”的描述内容：“本协调制度所称‘通用零件’，是指：（一）税目 73.07、73.12、73.15、73.17 或 73.18 的物品及其他贱金属制的类似品；（二）贱金属制的弹簧及弹簧片，但钟表发条（税目 91.14）除外；以及（三）税目 83.01、83.02、83.08、83.10 的物品及税目 83.06 的贱金属制的框架及镜子。”铝制拉环盖（饮料罐用）归入税目 83.09，不符合“通用零件”定义，其他三项商品均在通用零件的描述范围之内。本题正确答案为选项 ABD。

四、分析题（请根据题目的要求作答，共 5 题，每题 4 分，共 20 分）

1. 【答案】

（1）归入税目（84.79、85.09 或其他）：85.09

（2）总规则的运用：归类总规则一

（3）分析归类理由：

【解析】该除湿机由电动压缩机、热交换器、风扇、盛水器、机壳及控制器组成，其工作原理是由风扇将潮湿空气抽入机内，通过热交换器将空气中的水分冷凝成水珠，变成干燥的空气排出机外，如此循环使室内湿度降低。由于其用途是家用，且是电动的机械器具，属于家用的电动器具，符合第八十五章注释三（二）所要求的重量。根据归类总规则一，应按家用的电动器具归入税目 85.09。

2.【答案】

（1）归入税目（84.21、85.08 或其他）：84.21

（2）总规则的运用：归类总规则一

（3）分析归类理由：

【解析】该商品主要起工业集尘、过滤空气的作用，符合税目 84.21“气体过滤及净化机器”的描述。根据归类总规则一，该商品应归入税目 84.21。

3.【答案】

（1）归入税目（84.65、84.79 或其他）：84.65

（2）总规则的运用：归类总规则一

（3）分析归类理由：

【解析】该商品符合税目 84.65 的商品描述，用黏结剂、胶水或胶纸将两个及多个零件装配起来的机器。本类包括薄板粘接机、木板上胶机、镶板拼合机、框架夹钳、构件夹钳、胶合板及层叠木板压机、薄板压机，这些机器可装有将胶水涂布在木材表面的装置。根据归类总规则一，该商品应归入税目 84.65。

4.【答案】

（1）归入税目（84.64、84.74 或其他）：84.64

（2）总规则的运用：归类总规则一

（3）分析归类理由：

【解析】该商品符合税目 84.64 的商品描述，石料、陶瓷、混凝土、石棉水泥或类似矿物材料的加工机床、玻璃冷加工机床。根据归类总规则一，该商品应归入税日 84.64。

5.【答案】

（1）归入税目（84.67、84.74 或其他）：84.74

（2）总规则的运用：归类总规则一

（3）分析归类理由：

【解析】该商品符合税目 84.74 注释“描述使用压模进行工作的各种压力机。将预先配制好的材料加以黏聚，并将其压成所需形状”。根据归类总规则一，该商品应归入税目 84.74。

第十二天打卡

一、判断题（请对下列各题做出正误判断，共5题，每题1分，共5分；答错、不答不得分也不扣分）

1.【答案】错误

【解析】无线电雷达应归入税目85.26，超声波雷达应归入税目85.12。本题描述错误。

2.【答案】错误

【解析】根据税目70.07注释描述，安全玻璃装于其他物品之上，构成了机器、用具或车辆零件的，应与有关机器、用具或车辆一并归类，该隔板已经构成冰箱专用零件特征，应按其零件归入8414.9999。本题描述错误。

3.【答案】错误

【解析】归类总规则二（一）只能判断是否按曲轴制成品归类，而曲轴制成品的税目确定依据的是归类总规则一。本题描述错误。

4.【答案】正确

【解析】第八十四章注释一（二）描述，“陶瓷材料制的机器或器具（例如，泵）及供任何材料制的机器或器具用的陶瓷零件（第六十九章）”。本题描述正确。

5.【答案】错误

【解析】第十六类注释一（三）描述的货品指的是卷绕原材料，这些原材料需要进一步加工。而用于镇流器缠绕漆包铜线的胶芯，已经具备镇流器专用零件特征，应按零件归入子目8504.90。本题描述错误。

二、单选题（请在下列各题选项中，选出1个正确答案；共5题，每题2分，共10分；错选、不选均不得分）

1.【答案】B

【解析】该商品由墨水、外壳、保护盖组成，以墨水为基本特征，该商品应按照墨水归入税号3215.9020。本题正确答案为选项B。

2.【答案】D

【解析】税目85.43注释包括电视机、视频录像机或其他电器设备的遥控器用无绳红外线器件。本题正确答案为选项D。

3.【答案】A

【解析】单轮电动平衡车又称智能电动独轮体感车、风火轮等，主要包括车体、车轮、电动机、蓄电池、驱动电路、控制电路、传感器（陀螺仪、加速度计）等。电动平衡车的工作原理是系统以姿态传感器（陀螺仪、加速度计）来监测车身所处的俯仰状态、左右倾斜状态和状态变化率，通过高速微控制器计算出适当数据和指令后传给驱动电路，然后驱动电动机产生前进或后退的加速度来达到车体前后平衡的效果。单轮电动平衡车可在人的意识控制下保持自平衡，并根据人的意图进行运动。根据归类总规则一及六，单轮电动平衡车应归入税号 8711.6000。本题正确答案为选项 A。

4.【答案】B

【解析】第八十四章子目注释三：子目 8481.20 所称"油压或气压传动阀"，是指在液压或气压系统中专用于传递"流体动力"的阀门，系统以加压流体（液体或气体）的形式提供能源。这些阀门可以是各种形式的（例如，减压阀、止回阀）。子目 8481.20 优先于税目 84.81 的其他子目。也就是说，8481.20 是优先于 8481.10 的减压阀的，该减压阀用于油缸进口压力控制，油缸属于液压传动系统，符合第八十四章子目注释三的规定，该商品归入税号 8481.2010。本题正确答案为选项 B。

5.【答案】B

【解析】根据税目 85.45 注释：碳刷可装有接头，碳刷架无论是否装有碳刷，均应按机器零件归类。本商品按电机零件归入税目 85.03，再根据其功率 1200W，归入税号 8503.0090。本题正确答案为选项 B。

三、多选题（请在下列各题选项中，选出 2 个或 2 个以上正确答案；共 5 题，每题 3 分，共 15 分；全部选对得 3 分，少选得相应分，错选、不选不得分）

1.【答案】ACD

【解析】装有羧甲基纤维素的冰袋应归入税目 39.26，其他的应归入税目 38.24。本题正确答案为选项 ACD。

2.【答案】ACD

【解析】税目 85.05 包括电磁铁、本税目具体列名的利用电磁原理工作的器具、永磁铁及永磁铁工件夹具。本题正确答案为选项 ACD。

3.【答案】CD

【解析】选项 A 白利糖度值未超过 30，符合税目 20.09 描述，选项 CD 均已经超出原来允许添加物质范围，应按饮料归入税目 22.02。本题正确答案为选项 CD。

4. 【答案】BC

【解析】税目85.08为真空吸尘器，大多数为电动的，但也有非电动的（如草坪吸尘器，由汽油发动机提供动力），税目85.11为利用电气功能特性工作的机械装置。本题正确答案为选项BC。

5. 【答案】ACD

【解析】税目70.18注释描述：用于玩偶、机器人、填制的玩具动物上的假眼，但装有闭眼装置的玩偶假眼不归入本税目（税目95.03），供玩偶或第九十五章其他物品用的无机械装置的玻璃假眼除外。本题B不包括无机械装置或未装配的。本题正确答案为选项ACD。

四、分析题（请根据题目的要求作答，共5题，每题4分，共20分）

1. 【答案】

（1）归入税目（84.27、87.16或其他）：84.27

（2）总规则的运用：归类总规则一

（3）分析归类理由：

【解析】该商品属于装有升降设备的车，符合税目84.27描述：包括各种装有提升或搬运设备的车。根据归类总规则一，将其归入税目84.27。

2. 【答案】

（1）归入税目（85.14、85.16或其他）：84.19

（2）总规则的运用：归类总规则一

（3）分析归类理由：

【解析】该商品设计为商用，不符合税目85.16其他家用电热器具描述；其不具有封闭性，产生温度也非相当高温。符合税目84.19利用温度变化处理材料的机器、装置。根据归类总规则一，将其归入税目84.19。

3. 【答案】

（1）归入税目（87.04、87.05或其他）：87.04

（2）总规则的运用：归类总规则一

（3）分析归类理由：

【解析】税目87.04注释描述包括垃圾收集车，不论是否配有装载、压紧、倾倒等装置。根据归类总规则一，将其按货车车辆归入税目87.04。

4. 【答案】

（1）归入税目（85.31、85.36或其他）：85.36

（2）总规则的运用：归类总规则一、三（二）

（3）分析归类理由：

【解析】该商品通过电路导通实现LED灯亮和蜂鸣器发声，基本特征为开关。根据归类总规则一、三（二），将其按电路的开关装置归入税目85.36。

5.【答案】

（1）归入税目（73.26、85.05或其他）：85.05

（2）总规则的运用：归类总规则一、三（三）

（3）分析归类理由：

【解析】该商品马口铁与磁铁均具有重要作用，其主要特征不明。根据归类总规则一、三（三），应将其归入税目85.05。

第十三天打卡

一、判断题（请对下列各题做出正误判断，共5题，每题1分，共5分；答错、不答不得分也不扣分）

1.【答案】错误

【解析】根据税目90.01注释描述，未作固定装配的非玻璃制光学元件，不论是否经过光学加工，而玻璃制光学元件必须经过光学加工。本题描述错误。

2.【答案】错误

【解析】税目条文已列名的，无须引用类注释。本题描述错误。

3.【答案】错误

【解析】第七十六章是铝及其制品，是按铝框架归类，属于归类总规则三（二），按基本特征的部件归类。本题描述错误。

4.【答案】正确

【解析】第八十四章注释九（一）：第八十五章注释九（一）及（二）同样适用于本条注释及税目84.86中所称的"半导体器件"及"集成电路"。但本条注释及税目84.86所称"半导体器件"，也包括光敏半导体器件及发光二极管（LED）。本题描述正确。

5.【答案】错误

【解析】由于其带有周围饰板，已经构成汽车车身零件特征，应归入税目87.08。本题描述错误。

二、单选题（请在下列各题选项中，选出 1 个正确答案；共 5 题，每题 2 分，共 10 分；错选、不选均不得分）

1.【答案】B

【解析】该产品已制成特定形状，明显具有用于除尘器特征的纺织制品，属于过滤装置用的滤袋，而非过滤装置。根据归类总规则一及六，该商品应按专门技术用途的纺织制品归入税号 5911.9000。本题正确答案为选项 B。

2.【答案】D

【解析】税目 85.36 注释：利用开门或关门来操纵的开关及用于启动荧光灯的自动热电开关（启辉器）也归入本税目。本题正确答案为选项 D。

3.【答案】A

【解析】电感式镇流器（inductance ballast）是一个铁芯电感线圈，电感的性质是当线圈中的电流发生变化时，则在线圈中引起磁通的变化，从而产生感应电动势，其方向与电流的变化方向相反，因而阻碍着电流变化。电子镇流器是使用半导体电子元件，将直流或低频交流电压转换成高频交流电压，驱动低压气体放电灯（杀菌灯）、卤钨灯等光源工作的电子控制装置。电感式镇流器应归入税号 8504.1090。本题正确答案为选项 A。

4.【答案】C

【解析】通过控制风扇速度以达到设定温度值，其检测对象为室内温度，控制对象为风扇速度，不符合税目 90.32 描述，应归入税目 85.37。本题正确答案为选项 C。

5.【答案】A

【解析】该商品由一个电池管理单元（BMU）和四个本地电池监控单元（LMU）组成，用于电动汽车在运行或电池充放电过程中对电池系统进行监控管理与保护。该商品是电动汽车电池系统的专用零件，根据归类总规则一，应归入税目 85.07。本题正确答案为选项 A。

三、多选题（请在下列各题选项中，选出 2 个或 2 个以上正确答案；共 5 题，每题 3 分，共 15 分；全部选对得 3 分，少选得相应分，错选、不选不得分）

1.【答案】AC

【解析】根据子目注释，子目 8413.11 及 8413.19 仅包括各种类型的装有或可装液体排出量容积测控装置的泵，不论其测控装置是否与泵同时报验。

所称的计量装置指的是测控装置。本题正确答案为选项 AC。

2. 【答案】ABCD

【解析】税目 84.15 至 84.19 均属于热能转换机器税目。本题正确答案为选项 ABCD。

3. 【答案】AD

【解析】本题电容器铝壳已经构成其专用零件特征，根据归类总规则一［第十六类类注二（二）］及六，应归入税号 8532.9000。本题正确答案为选项 AD。

4. 【答案】BCD

【解析】专用于水下样品采集的单用途工业机器人，所列功能未具体列名，应归入税号 8479.5090，集成电路工厂专用自动搬运机器人，应归入税目 84.86，摩擦焊接机器人，应归入税目 84.68，激光焊接机器人，应归入税目 85.15。本题正确答案为选项 BCD。

5. 【答案】ABC

【解析】加工对象为食品，应视为食品的生产加工机器，应按实际情况归入税目 84.38 相关税号。如可以加工多种材质，则参照第八十四章章注七关于"多用途机器"的归类原则，按主要用途归入相应税号，无法确定主要用途的，均应归入税号 8479.8999。本题正确答案为选项 ABC。

四、分析题（请根据题目的要求作答，共 5 题，每题 4 分，共 20 分）

1. 【答案】

（1）归入税目（84.84、85.05 或其他）：85.05

（2）总规则的运用：归类总规则一

（3）分析归类理由：

【解析】该商品由丁腈橡胶和铁件（柳钉）压制而成，超出垫片范围，属于电磁离合器的专用零件。根据归类总规则一，该商品应归入税目 85.05。

2. 【答案】

（1）归入税目（84.38、85.14 或其他）：85.14

（2）总规则的运用：归类总规则一、三（三）

（3）分析归类理由：

【解析】该商品具有两种功能且无法确定主要功能。根据归类总规则一、三（三），该商品应归入税目 85.14。

3.【答案】

（1）归入税目（84.24、96.16或其他）：96.16

（2）总规则的运用：归类总规则一、三（三）

（3）分析归类理由：

【解析】该商品可归入税目84.24（喷雾的机械器具，不论是否手工操作）和税目96.16（化妆用喷头）。因不能区分其基本特征，根据归类总规则一、三（三），应按从后归类归入税目96.16。

4.【答案】

（1）归入税目（84.87、85.05或其他）：90.17

（2）总规则的运用：归类总规则一

（3）分析归类理由：

【解析】该商品符合税目90.17注释二描述，划线用具，V型块、X型块，用于支承圆柱体工件。根据归类总规则一，该商品应归入税目90.17。

5.【答案】

（1）归入税目（87.16、90.21或其他）：90.21

（2）总规则的运用：归类总规则一

（3）分析归类理由：

【解析】税目90.21包括助行器，其也被称为“助行车”，为推行助行器的使用者提供支撑。它们一般由装有三个或四个轮子（部分或全部可旋转）的金属管框架、扶手及手刹构成。“助行车”的高度可以调节，在扶手之间可装有座椅和用于装载个人物品的金属篮筐。必要时，使用者可坐在座椅上短暂休息。根据归类总规则一，将其归入税目90.21。

第十四天打卡

一、判断题（请对下列各题做出正误判断，共5题，每题1分，共5分；答错、不答不得分也不扣分）

1.【答案】正确

【解析】该商品符合税目90.01注释描述，玻璃的光学加工通常分两步进行，即首先将表面加工成所需要的形状（如一定的曲面、适当的斜面等），然后进行表面抛光。本题描述正确。

2.【答案】错误

【解析】税目84.80列名的材料有金属、硬质合金、玻璃、矿物材料、橡胶或塑料，而纸不属于税目 84.80 所列材料，该模具应按压花机器的零件归类。本题描述错误。

3.【答案】正确

【解析】该商品属于电气零件，符合第十六类注释二（三）描述。本题描述正确。

4.【答案】错误

【解析】第十六类类注五：上述各注释所称“机器”，是指第八十四章或第八十五章各税目所列的各种机器、设备、装置及器具。第九十章的产品也可以适用，而手表则是第九十一章的产品，即使能确认主要功能，也不符合类注三。综上，带电子计算器的手表不适用于类注三，而应根据归类总规则三（三），从后归类。本题描述错误。

5.【答案】正确

【解析】第八十五章章注八：税目 85.37 不包括电视接收机或其他电气设备用的无绳红外遥控器（税目 85.43）。本题描述正确。

二、单选题（请在下列各题选项中，选出 1 个正确答案；共 5 题，每题 2 分，共 10 分；错选、不选均不得分）

1.【答案】C

【解析】碳粉是由色调剂+载体混合而成，属于税目 37.07 的显影剂（例如，氢醌、儿茶酚、焦酚、碘阿芬东、对-N-甲氨基羟基苯磺酸盐及其衍生物），能使潜在的影像显现出来。本税目还包括静电复制文件用的显影剂。本题正确答案为选项 C。

2.【答案】B

【解析】该商品由 LED 灯和塑料压舌板组成，已零售成套货品，按 LED 灯基本特征归入税目 85.13。本题正确答案为选项 B。

3.【答案】A

【解析】税目 85.33 不包括：（一）加热电阻器（税目 85.16 或 85.45）；（二）光敏电阻器（税目 85.41）。税目 85.16 对“加热电阻器”注释：除碳制加热电阻器（税目 85.45）以外，所有加热电阻器不论其应用于哪个税目的设备或装置上，均应归入本税目。

加热电阻器为通电时可发出高热的条、棒、板等或线段（一般绕成线圈），用特殊材料制成，所用的材料多种多样（特种合金、以碳化硅为主的合成材料等）。加热电阻器可以是印制的单个元件。本题正确答案为选项 A。

4. 【答案】D

【解析】汽车用油箱（由贱金属焊接而成，容积为50L）既可按汽车的零附件归入第八十七章又可按贱金属的容器归入第七十三章的税目73.10，税目73.10为小于300L盛装物料用的钢铁柜、桶、罐等，但是只包括一些通用的钢铁容器，而不包括专用的钢铁容器。汽车油箱属于专用油箱，只能归入第八十七章，并按机动车辆的零附件归入税目87.08。本题正确答案为选项D。

5. 【答案】A

【解析】该商品为硫化橡胶制密封圈，用于汽车发动机机油泵，本国子目4016.9310条文注释中“机器及仪器用”垫片、垫圈及其他密封垫是指除硬质橡胶以外的非海绵硫化橡胶制的，可用于第八十四章、八十五章及九十章税目所列的商品的垫片、垫圈及其他密封垫。汽车油泵归入税目84.13，符合本国子目注释定义。本题正确答案为选项A。

三、多选题（请在下列各题选项中，选出2个或2个以上正确答案；共5题，每题3分，共15分；全部选对得3分，少选得相应分，错选、不选不得分）

1. 【答案】AC

【解析】选项B火花塞归入税目85.11，转数计、生产计数器、速度计、转速计、车费计、里程计及通过计数法测量短暂时间间隔的仪器及器具归入税目90.29，冷却系统散热器、天窗车顶板应归入税目87.08。本题正确为选项AC。

2. 【答案】ABC

【解析】同轴电缆属于税号8544.2000；电脑用布线组，有接头，额定电压12V，属于税号8544.4219；汽车用布线组，有接头，额定电压12V，属于税号8544.3020；加热电缆，用于消防管道防冻、低温地板保温、设备保温等，属于税号8516.8000。本题正确答案为选项ABC。

3. 【答案】AB

【解析】第十六类相关商品，功能为设备本身所具有的属性，用途指的是设计应用方面。在区分时应结合第十六类类注三（多功能或组合机器）和第八十四章章注七。选项CD为多功能机器，选项AB属于多用途机器。本题正确答案为选项AB。

4. 【答案】ACD

【解析】根据税目85.42注释描述，单片集成电路在报验时可以是：

（1）已经装有线端或引线，不论是否装在陶瓷、金属或塑料外壳内。其外壳可呈圆筒形、平行六面形等。

（2）未经装配，即仅切成小片，一般呈长方形，边长通常只有几毫米。

（3）未切成形的圆片（即未切成小片的）。

本题中 A 未切片、未封装，并未说明是否蚀刻，如果是已蚀刻，那么符合单片集成电路描述；选项 B 未蚀刻，也就是未经过实质加工处理，不符合税目 85.42 描述，选项 CD 符合报验状态的描述。本题正确答案为选项 ACD。

5.【答案】ABC

【解析】第八十五章注释四不包括电剪子（税目 84.67），睫毛刷（缺少马达）已经具备电动睫毛刷的基本特征，仍然归入税目 85.09。本题正确答案为选项 ABC。

四、分析题（请根据题目的要求作答，共 5 题，每题 4 分，共 20 分）

1.【答案】

（1）归入税目（84.66、84.83 或其他）：84.82

（2）总规则的运用：归类总规则一

（3）分析归类理由：

【解析】该商品属于滚子轴承的，是一种线性轴承。根据归类总规则一，该商品应归入税目 84.82。

2.【答案】

（1）归入税目（83.10、85.31 或其他）：39.26

（2）总规则的运用：归类总规则一

（3）分析归类理由：

【解析】该警示牌是由塑料反光材料做成的被动反光体，以提醒其他车辆注意避让，属于静止的发光标志，根据税目 85.31 注释描述，静态的标志，即使是电气照明的（例如，灯、提灯、发光板等），也不作为信号设备归类。根据归类总规则一，该商品应归入税目 39.26。

3.【答案】

（1）归入税目（74.13、85.44 或其他）：74.13

（2）总规则的运用：归类总规则一

（3）分析归类理由：

【解析】该商品为非绝缘导线，不符合税目 85.44 条文描述，根据第十五类类注二：本协调制度所称“通用零件”，是指：（一）税目 73.07、

73.12、73.15、73.17或73.18的物品及其他贱金属制的类似品……该商品符合税目74.13“非绝缘的铜丝绞股线、缆、编带及类似品”的描述。根据归类总规则一，该商品应归入税目74.13。

4.【答案】

（1）归入税目（85.36、85.44或其他）：85.44

（2）总规则的运用：归类总规则一

（3）分析归类理由：

【解析】根据税目85.44注释描述，电线、电缆等即使已切成一定长度，或在一端或两端装有接头（例如，插头、插座、接线片、插孔、套管或接线柱），仍归入本税目。根据归类总规则一，该带线插头应归入税目85.44。

5.【答案】

（1）归入税目（82.14、84.72或其他）：82.14

（2）总规则的运用：归类总规则一

（3）分析归类理由：

【解析】根据税目84.72注释描述，本税目不包括非机械式卷笔刀。卷笔刀应归入税目82.14。根据归类总规则一，该商品应归入税目82.14。

第十五天打卡

一、判断题（请对下列各题做出正误判断，共5题，每题1分，共5分；答错、不答不得分也不扣分）

1.【答案】错误

【解析】轿车用的后视镜尽管属于汽车零件（税目87.08），但是其已经在税目70.09列名，根据归类总规则三（一）“具体列名优先”的原则，税目70.09“玻璃镜（包括后视镜），不论是否镶框”的列名优先于税目87.08“机动车辆的零件、附件”，故该商品应归入税目70.09。本题描述错误。

2.【答案】错误

【解析】税目84.49条文列名，帽模可用木或金属（通常用铅）制成，并与税目84.49某些机器一起使用。试戴用的拉撑帽模也归入本税目。试戴时用以描绘头形的机器不归入本税目（税目90.31）。本题描述错误。

3.【答案】错误

【解析】第十六类类注三只适用于第十六类商品的组合，而时钟与电加热分属于不同类，本题归类依据为归类总规则三（二），按其基本特征归类。本题描述错误。

4.【答案】正确

【解析】根据税目 87.06 注释描述，本税目包括装有发动机、传动机构、转向机构及驱动桥（不论是否装有车轮）、税目 87.01 至 87.05 所列机动车辆用的底盘车架或底盘车身整体式车架（单片式汽车车身或无骨架式车身）。换言之，归入本税目的货品为不带车身的机动车辆。本题描述正确。

5.【答案】错误

【解析】电热装置一般在税目 85.14 至 85.16，税目 84.19 也有利用温度变化处理材料的机器、装置等，具体需要根据实际情况分析，比如税目 84.19 不包括家用。本题描述错误。

二、单选题（请在下列各题选项中，选出 1 个正确答案；共 5 题，每题 2 分，共 10 分；错选、不选均不得分）

1.【答案】D

【解析】本题考查对归类总规则三（二）的运用，其中面条体现了货品的基本特征，因此应按面条的税目归类。归类总规则三（二）所称“零售的成套货品”，是指同时符合以下三个条件的货品：

（1）由至少两种看起来可归入不同税目的不同物品构成的。例如，六把乳酪叉不能视为本款规则所称的成套货品；（2）为了迎合某项需求或开展某项专门活动而将几件产品或物品包装在一起的；以及（3）其包装形式适于直接销售给用户而无须重新包装的（例如，装于盒、箱内或固定于板上）。

据此，该规则包括由不同食品搭配而成，配在一起调制后可成为即食菜或即食饭的成套食品。成套货品应按其构成整套货品基本特征的部件进行归类，本题桶装方便面符合“零售的成套货品”，按面饼基本特征归类，运用了归类总规则三（二）。本题正确答案为选项 D。

2.【答案】B

【解析】转页扇也叫鸿运扇，是具有旋转导风轮的风扇。税号 8414.5130 包含旋转导风轮的风扇，是指一种在风扇前装有旋转导风装置的风扇，例如，鸿运扇。本题正确答案为选项 B。

3.【答案】D

【解析】该商品用于房间供暖，属于电气加热器，应归入税目 85.16。本题正确答案为选项 D。

4.【答案】A

【解析】框架状产品（尺寸约为 5cm×5cm×0.4cm）以圆形凹槽为中心并且具有四个安装孔，用于扬声器的支撑和密封。根据第十六类注释一，不包括第十五类注释二所规定的贱金属制通用零件（第十五类）及塑料制的类似品（第三十九章），应按材质归入税目 39.26，再根据机器及仪器用归入税号 3926.9010。本题正确答案为选项 A。

5.【答案】C

【解析】税目 84.67 仅包括手提式工具，所称“手提式工具”，是指用手提着进行操作的工具。本题正确答案为选项 C。

三、多选题（请在下列各题选项中，选出 2 个或 2 个以上正确答案；共 5 题，每题 3 分，共 15 分；全部选对得 3 分，少选得相应分，错选、不选不得分）

1.【答案】ACD

【解析】根据税目 87.05 注释描述，旅宿汽车应归入税目 87.03，其他应归入税目 87.05。本题正确答案为选项 ACD。

2.【答案】AC

【解析】选项 B 带黏合剂的粉状或粒状磁铁氧体应归入税目 38.24，眼科或外科医生专用的电磁铁应归入税目 90.18，根据税目 85.05 注释描述，选项 AC 均应归入 85.05。本题正确答案为选项 AC。

3.【答案】ACD

【解析】机动船只用的喷水推进器应归入税目 84.12。根据归类决定，搅拌器或混合器用搅拌附件应归入税号 8487.9000（编号 D-1-0000-2015-0280），单独报验的搅拌叶片（翅、耙或有交叉分枝的架等），不论是否装有轴。同等适用于第十六类不同税目的设备。本题正确答案为选项 ACD。

4.【答案】ABD

【解析】根据税目 84.79 注释描述，下列机械装置应视为具有“独立功能”：

（1）可独立于其他机器设备之外执行其功能的机械装置（不论是否配有发动机或其他动力装置）。

（2）必须安装在另一台机器或器具上，或安装在一套较复杂的设备中才能执行其功能的机械装置，但其功能必须是：

①不同于所装机器设备的功能；以及

②在上述机器设备操作中并不起必不可少的和不可分割的作用。
归类时机械装置如果不能独立运行，必须同时符合（2）中①和②的条件。本题正确答案为选项ABD。

5.【答案】BD
【解析】根据税目84.86注释描述，选项A属于制造单晶柱或圆片用的机器及装置，选项C属于组装半导体器件或集成电路的设备，选项BD符合题意。本题正确答案为选项BD。

四、分析题（请根据题目的要求作答，共5题，每题4分，共20分）

1.【答案】
（1）归入税目（82.14、84.72或其他）：84.72
（2）总规则的运用：归类总规则一、三（二）
（3）分析归类理由：
【解析】该商品为办公设备，既不在税目84.69至84.71中，也不在《协调制度》其他税目具体列名。根据归类总规则一、三（二），该商品应归入税目84.72。

2.【答案】
（1）归入税目（85.04、90.32或其他）：85.04
（2）总规则的运用：归类总规则一
（3）分析归类理由：
【解析】该商品用于变换电能，以便于进一步利用，符合静止式变流器描述。根据归类总规则一，该商品应归入税目85.04。

3.【答案】
（1）归入税目（84.83、87.08或其他）：87.08
（2）总规则的运用：归类总规则一
（3）分析归类理由：
【解析】税目84.83注释：本税目不包括专用于或主要用于车辆或飞机的上述传动设备（变速器、传动轴、离合器、差动齿轮等），该商品专用于汽车变速器。根据归类总规则一，应按其零件归入税目87.08。

4.【答案】
（1）归入税目（84.21、90.20或其他）：90.20
（2）总规则的运用：归类总规则一、三（一）
（3）分析归类理由：
【解析】税目84.21属于过滤装置，税目90.20属于呼吸器。根据归类总规则一、三（一），应按具体列名归入税目 90.20。

5.【答案】

（1）归入税目（40.16、73.15 或其他）：84.31

（2）总规则的运用：归类总规则一

（3）分析归类理由：

【解析】该商品由不同材质构成，制成特定形状，无须加工可以直接组装，为挖掘机专用零件。根据第十六类类注二（二），应按其零件归类。根据归类总规则一，该商品应归入税目 84.31。

第十六天打卡

一、判断题（请对下列各题做出正误判断，共 5 题，每题 1 分，共 5 分；答错、不答不得分也不扣分）

1.【答案】错误

【解析】本题应按归类总规则三（二）归类，第六类类注三是指混合后构成第六类或第七类的货品，应按混合后产品归入相应的税目，本题不适用。本题描述错误。

2.【答案】正确

【解析】本题符合税目 84.45 注释一描述：对天然纺织纤维或化学短纤维进行纺前预处理的机器；以及将纤维加工成填塞料或制成毡或絮胎的类似机器。（八）配有羊毛喂给装置及热水泵入装置的洗毛机；以及配有搅动装置的原毛洗涤机（例如，大型洗毛机），有时还装有干燥装置。本题描述正确。

3.【答案】错误

【解析】通用的电气零件应归入税目 85.48，通用的非电气零件则归入税目 84.87。本题描述错误。

4.【答案】正确

【解析】根据税目 85.28 注释描述：二、非可直接连接且设计用于税目 84.71 的自动数据处理系统的监视器……它们未配有自动数据处理系统所特有的连接器，也未装有倾斜、旋转及高低度调节机构，无眩光表面，无闪烁显示屏及其他人体工程学设计特征，以便延长对监视器近距离观看的时间。该监视器带有 HDMI，因此应归入子目 8528.52。本题描述正确。

5.【答案】正确

【解析】税目 85.12 注释十二描述，倒车时就车辆附近的车辆或车后其他物体通过声音信号向驾驶员发出警告的电气装置。这种装置通常包括超音速传感器、电子控制装置、蜂鸣器或呼叫器及其配线。本题描述正确。

二、单选题（请在下列各题选项中，选出 1 个正确答案；共 5 题，每题 2 分，共 10 分；错选、不选均不得分）

1. 【答案】B

   【解析】该框架不属于电脑零件，应按材质归入税目 73.26。本题正确答案为选项 B。

2. 【答案】C

   【解析】税目 90.26 包括液体或气体的流量、液位、压力、动能或其他过程变量的检测仪器及装置。该商品检测内容为气体压力，符合税目 90.26 描述。本题正确答案为选项 C。

3. 【答案】A

   【解析】该商品为聚酰胺制，在运输过程中起保护作用，不属于阀门零件，符合税目 39.23 塑料制的塞子、盖子及类似品，该商品应归入税目 39.23。本题正确答案为选项 A。

4. 【答案】B

   【解析】税目 73.07 包括主要用于连通两条管子、将管子连接于其他设备或将管口封闭的钢铁附件，该商品不是阀门或阀门的一部分，是通过其性质作为另一个管件，应归入税目 73.07。本题正确答案为选项 B。

5. 【答案】C

   【解析】该商品在第十六类类注以及第八十五章未排除，无具体列名，属于手机专用零件，应归入税目 85.17。本题正确答案为选项 C。

三、多选题（请在下列各题选项中，选出 2 个或 2 个以上正确答案；共 5 题，每题 3 分，共 15 分；全部选对得 3 分，少选得相应分，错选、不选不得分）

1. 【答案】BC

   【解析】税目 85.06 为原电池，不可充电，选项 BC 符合；笔记本电脑锂电池属于可充电的蓄电池，应归入税目 85.07，税目 85.41 包括不论是否装在组件内或组装成块的光电池。本题正确答案为选项 BC。

2. 【答案】ABC

   【解析】根据税目 87.03 注释描述，选项 D 为车内无须作结构上的变动兼可载运客货的车辆。本题正确答案为选项 ABC。

3.【答案】BC

【解析】根据税目 88.01、88.02 注释描述，本税目也不包括各种模型，不论是否完全按比例制成，例如，装饰用模型（税目 44.20 或 83.06 等）、专供示范用的模型（税目 90.23）或娱乐用的玩具或模型（税目 95.03）。选项 D 需要根据材质确定。本题正确答案为选项 BC。

4.【答案】ABCD

【解析】根据税目 71.15 排除条款和税目 90.16、91.11 注释描述，本题正确答案为选项 ABCD。

5.【答案】BCD

【解析】根据税目 90.16 注释描述，选项 BCD 为同一税目，磁力天平属于地球物理仪器，应归入税目 90.15。本题正确答案为选项 BCD。

四、分析题（请根据题目的要求作答，共 5 题，每题 4 分，共 20 分）

1.【答案】

（1）归入税目（84.72、95.03 或其他）：95.03

（2）总规则的运用：归类总规则一、三（三）

（3）分析归类理由：

【解析】该商品为具有玩具特征的卷笔刀，在税目 84.72 和 95.03 均有具体描述，无法区分主要特征。根据归类总规则一、三（三），该商品应归入税目 95.03。

2.【答案】

（1）归入税目（85.05、96.20 或其他）：85.05

（2）总规则的运用：归类总规则一

（3）分析归类理由：

【解析】磁性决定了该商品的特征，根据税目 85.05 注释描述，永磁铁不论作何种用途，包括玩具等用的小磁铁在内，均应归入本税目。根据归类总规则一，该磁性支架应归入税目 85.05。

3.【答案】

（1）归入税目（85.43、90.31 或其他）：85.43

（2）总规则的运用：归类总规则一

（3）分析归类理由：

【解析】该商品本身仅是脉冲电信号的发生装置，不具有完整的测量功能，尚不构成税目 90.31 的测量或检验仪器的特征，具有电气器具的特征，符合《中华人民共和国进出口税则》及其注释对“独立功能”的描述。且在《中华人民共和国进出口税则》上没有列名。根据归类总规则一，应按其他未列名电气设备归入税目85.43。

4.【答案】
（1）归入税目（84.31、84.83或其他）：84.83
（2）总规则的运用：归类总规则一
（3）分析归类理由：
【解析】该商品为用以构成不同曳引绳传动比的反绳轮。根据归类总规则一［第十六类注释二（一）］，该商品应归入税目84.83。
注意：反绳轮是设置在轿厢顶部和对重顶部位置的动滑轮以及设置在机房里的定滑轮。其作用是根据需要，将曳引钢丝绳绕过反绳轮，用以构成不同的曳引绳传动比。根据传动比的不同，反绳轮的数量可以是一个、两个或更多个。

5.【答案】
（1）归入税目（84.86、85.15或其他）：84.86
（2）总规则的运用：归类总规则一
（3）分析归类理由：
【解析】根据第八十四章章注九（四）描述，除第十六类注释一及第八十四章注释一另有规定的以外，符合税目84.86规定的设备及装置，应归入该税目而不归入本协调制度的其他税目。本题为超声波焊线机，符合税目84.86中专用于或主要用于组装半导体器件或集成电路的焊接机器及装置的描述。根据归类总规则一，该商品应归入税目84.86。

第十七天打卡

一、判断题（请对下列各题做出正误判断，共5题，每题1分，共5分；答错、不答不得分也不扣分）

1.【答案】错误
【解析】根据税目90.11注释描述，显微照相及显微电影摄影用显微镜，除用于对标本作目视观察外，还可将放大了的影像拍摄下来，应归入子目9011.80。本题描述错误。

2.【答案】错误
【解析】税目90.31注释包括铅垂线。本题描述错误。

3.【答案】正确

【解析】税目 87.16 注释二包括手或脚驱动的车辆，包括黄包车。本题描述正确。

4.【答案】错误

【解析】公路用交通灯应归入税目 85.30。根据税目 85.30 注释二描述，本税目包括道路、内河航道或停车场用的设备，包括交通灯。本题描述错误。

5.【答案】正确

【解析】该设备符合税目 84.22 注释七描述，打包机及捆扎机，包括手工操作的便携式器械。这些机器装有支承板或类似装置，使用时可放置在待捆扎的包裹、箱或其他包装物上。该商品应按其他包装或打包机器归入子目 8422.40。本题描述正确。

二、单选题（请在下列各题选项中，选出 1 个正确答案；共 5 题，每题 2 分，共 10 分；错选、不选均不得分）

1.【答案】A

【解析】该商品符合税目 39.26 注释描述的家具、车厢或类似品的附件，应归入子目 3926.30。本题正确答案为选项 A。

2.【答案】D

【解析】根据税目 90.17 注释四描述，手用长度测量器具，本组不包括没有调节装置，仅用于量测零件或检验角度、形状等的量规（例如，柱形测孔规、环规）（税目 90.31）。本题正确答案为选项 D。

3.【答案】A

【解析】该商品属于第五十九章注释七所规定的作专门技术用途的纺织产品及制品，应归入税目 59.11。本题正确答案为选项 A。

4.【答案】B

【解析】用作机动车辆的液压和电动液压转向系统中的阀塔的封闭盖，根据第十七类总注释（三），应按铝制品归入税目 76.16。本题正确答案为选项 B。

5.【答案】A

【解析】该旋钮既可用于第十六类，也可用于第十八类，不能引用两种依据，应按塑料制品归入税目 39.26。本题正确答案为选项 A。

三、多选题（请在下列各题选项中，选出2个或2个以上正确答案；共5题，每题3分，共15分；全部选对得3分，少选得相应分，错选、不选不得分）

1.【答案】AB

【解析】根据税目87.03注释描述，某些机动车辆的归类取决于其某些特征表明这些机动车辆主要用于载运乘客，而非用于载运货物（税目87.04）。选项CD为税目87.04“多用途车辆”的特征。本题正确答案为选项AB。

2.【答案】CD

【解析】选项A测量低速气流的电离风速计应归入税目90.22，选项B测定大气风速的风杯风速计应归入税目90.15，选项CD符合税目96.26注释描述，专用于记录矿井、坑道、烟囱、炉窑及导管中的风速，主要由风叶和分度盘构成。有些这类装置可以将示值转换成电信号。本题正确答案为选项CD。

3.【答案】ABD

【解析】选项A治疗静脉曲张的长袜归入税目61.15；选项B为残疾人特制的普通手杖归入税目66.02，选项C为定制的，符合税目90.21注释描述；选项D为税目90.21排除条款，应归入第六十四章。本题正确答案为选项ABD。

4.【答案】ACD

【解析】根据税目85.12注释描述，风挡刮水器，由电动机驱动的，包括双刮水器。液压或气动式风挡刮水器应归入税目84.79，包括飞机、船舶及各种车辆用的电气、液压或气动式风挡刮水器。选项B为机械风挡刮水器，选项ACD可归入税目85.12。本题正确答案为选项ACD。

5.【答案】ACD

【解析】选项B，回流焊炉利用电阻加热器加热腔内空气，将电子线路板上的焊点熔化，从而使元件和线路板更好地结合。其并没有直接对元件进行焊接，只是提供一个加热环境，对已经焊接好的焊点进行热处理，不能归入税目85.15，应归入税目85.14；选项ACD符合税目85.15注释描述，选项A需要符合电热条件，如果是热塑塑料气焊装置则归入税目84.68。本题正确答案为选项ACD。

四、分析题（请根据题目的要求作答，共5题，每题4分，共20分）

1.【答案】

（1）归入税目（84.12、84.31或其他）：84.31

（2）总规则的运用：归类总规则一

（3）分析归类理由：

【解析】该商品并不是一种动力装置，因此不能归入税目84.12，根据归类总规则一［第十六类类注二（二）］，应按电梯专用零件归入税目84.31。

2.【答案】

（1）归入税目（39.26、85.12或其他）：87.14

（2）总规则的运用：归类总规则一

（3）分析归类理由：

【解析】该商品为非电气装置，根据税目87.14注释描述，归入税目87.14必须同时符合两个条件，即专用于所述车辆，未列入第十七类注释规定不包括的货品范围。根据归类总规则一，该商品应归入税目87.14。

3.【答案】

（1）归入税目（90.20、95.06或其他）：95.06

（2）总规则的运用：归类总规则一

（3）分析归类理由：

【解析】根据税目90.20注释描述，本税目不包括不连氧气瓶或压缩空气瓶的潜水呼吸面具，以及游泳和潜泳用的水下呼吸管（通常所称的“通气管”）（税目95.06）。根据归类总规则一，该商品应归入税目95.06。

4.【答案】

（1）归入税目（84.81、85.05或其他）：85.05

（2）总规则的运用：归类总规则一

（3）分析归类理由：

【解析】该商品线圈通电产生磁场推力，断电后磁力消失，应按照电磁铁归类。根据归类总规则一［第十六类类注二（一）］，该商品应归入税目85.05。

5.【答案】

（1）归入税目（84.22、85.16或其他）：85.16

（2）总规则的运用：归类总规则一

（3）分析归类理由：

【解析】该商品用于餐具预热、食品保温，属于家用电热器具，并非干燥机器，符合税目 85. 16 描述。根据归类总规则一，该商品应归入税目 85. 16。

第十八天打卡

一、判断题（请对下列各题做出正误判断，共 5 题，每题 1 分，共 5 分；答错、不答不得分也不扣分）

1.【答案】错误

【解析】搅拌鲜奶的机器属于挤奶机及乳品加工机器，应归入税目 84. 34。本题描述错误。

2.【答案】错误。

【解析】第八十章总注释，装袋后的缝袋机应归入税目 84. 52。本题描述错误。

3.【答案】正确

【解析】根据税目 17. 04 注释十描述，本税目包括以天然蜂蜜为基料制成的糖食（例如，“哈尔瓦甜食”）。税目 17. 04 不含可可的糖食（包括白巧克力），符合税目条文描述。本题描述正确。

4.【答案】正确

【解析】税目 97. 06 注释描述，本税目包括所有超过一百年的古物，但税目 97. 01 至 97. 05 的物品除外。它们的价值在于本身的年代久远，因而十分珍稀，包括珠宝首饰。本题描述正确。

5.【答案】错误

【解析】税目 84. 81 描述：专用于特定机器或装置，或专用于车辆或飞机的龙头、旋塞、阀门等仍应归入本税目。但装有完整的阀门的某些机器零件，或虽未构成完整的阀门，但在机器内起控制流量作用的机器零件，应按有关机器的零件归类。例如，内燃机的进气阀或排气阀（税目 84. 09）。本题描述错误。

二、单选题（请在下列各题选项中，选出 1 个正确答案；共 5 题，每题 2 分，共 10 分；错选、不选均不得分）

1.【答案】D

【解析】该商品符合税目 82. 05 “其他手工工具” 描述。本题正确答案为选项 D。

2.【答案】C

【解析】这是一种小型电动机，一般为直流串绕型电动机。起动电机配有小齿轮，能在螺纹轴上来回移动；或配有某些其他机械装置，使之与内燃发动机暂时耦合，从而使内燃发动机起动，应归入税目85.11点燃式或压燃式内燃发动机用的电点火及电起动装置。本题正确答案为选项C。

3.【答案】D

【解析】电动推杆又名直线驱动器，主要是由电机推杆和控制装置等机构组成的一种新型直线执行机构，其工作原理是将电能转换为机械能，并且没有连接外部功能部件，符合税目85.01描述。本题正确答案为选项D。

4.【答案】A

【解析】税目84.14注释：这些机器不论自身是否装有原动机，用以在气压较低的状态下送出大量空气或其他气体；或者仅使周围空气流动。该装置由电机、风机构成，符合带有原动机的风机，应归入税目84.14。本题正确答案为选项A。

5.【答案】A

【解析】税目84.13包括用以提升或连续排出液体（包括熔融金属或未硬化混凝土）的大部分机器及设备，不论其是手动的或利用各种动力装置驱动的，也不论其是否为一体化设备。本题正确答案为选项A。

三、多选题（请在下列各题选项中，选出2个或2个以上正确答案；共5题，每题3分，共15分；全部选对得3分，少选得相应分，错选、不选不得分）

1.【答案】AD

【解析】根据税目87.06注释描述，归入本税目的货品为不带车身的机动车辆。装有发动机及驾驶室的机动车底盘，不论其驾驶室是否完整（例如，未装有座位的），应归入税目87.02至87.04。本题正确答案为选项AD。

2.【答案】AB

【解析】根据税目84.22注释描述，选项C排除，本税目不包括其主要功能并非包装或捆扎等，而是把原料或半成品制造成为制成品的机器（例如，卷烟包装联合机）。选项D排除，草料或饲料打包机归入税目84.33。子目注释8422.11，本子目包括家用型洗碟机，不论其是否电动的，也不论其具体用途如何。本子目对外部尺寸有要求，需注意区分，对本题的选项判断不受影响，本题选项AB均归入税目84.22。本题正确答案为选项AB。

3.【答案】ABCD

【解析】归类总规则三（二）描述，（二）混合物、不同材料构成或不同部件组成的组合物以及零售的成套货品，如果不能按照规则三（一）归类时，在本款可适用的条件下，应按构成货品基本特征的材料或部件归类。本题正确答案为选项 ABCD。

4. 【答案】ACD

【解析】汽车空调应归入税目 84.15，变速箱应归入税目 87.08，汽车电磁离合器应归入税目 85.05，汽车发动机应归入税目 84.07 或 84.08。本题正确答案为选项 ACD。

5. 【答案】BC

【解析】不锈钢病历夹应归入税目 83.05，铝合金制散热片应按相应设备零件归类。本题正确答案为选项 BC。

四、分析题（请根据题目的要求作答，共 5 题，每题 4 分，共 20 分）

1. 【答案】

（1）归入税目（84.31、85.37 或其他）：85.37

（2）总规则的运用：归类总规则一

（3）分析归类理由：

【解析】该电梯轿厢操纵盘由多个开关组成，用来输入指令，符合税目 85.37 的商品描述。根据归类总规则一［第十六类类注二（一）］，应将其归入税目 85.37。

2. 【答案】

（1）归入税目（73.12、87.14 或其他）：87.14

（2）总规则的运用：归类总规则一

（3）分析归类理由：

【解析】根据税目 87.14 注释描述，离合索缆、制动索缆、油门索缆及类似索缆，由一条软套管套着一条活动的索缆构成。它们报验时已切成一定长度，端部还装有配件。根据归类总规则一（第十七类注释三），该商品应归入税目 87.14。

3. 【答案】

（1）归入税目（85.43、90.21 或其他）：90.21

（2）总规则的运用：归类总规则一

（3）分析归类理由：

【解析】根据第九十章章注六注释描述，税目 90.21 所称“矫形器具”，包括预防或矫正躯体畸变的器具。根据归类总规则一（第九十章章注六），该矫正器应归入税目 90.21。

4.【答案】

（1）归入税目（82.03、85.13 或其他）：82.03

（2）总规则的运用：归类总规则一、三（二）

（3）分析归类理由：

【解析】该商品由眉夹和 LED 灯构成，其主要特征为眉夹。根据归类总规则一、三（二），该商品应归入税目 82.03。

5.【答案】

（1）归入税号（8419.8100、8419.8990 或其他）：8419.8990

（2）总规则的运用：归类总规则一、六

（3）分析归类理由：

【解析】该商品为商用电热饮水机，不符合税目 85.16 家用电热饮水机的描述，应归入税目 84.19，税号 8419.8100 为加热饮料，而加热水不符合其描述。根据归类总规则一及六，应将其归入税号 8419.8990。

第十九天打卡

一、判断题（请对下列各题做出正误判断，共 5 题，每题 1 分，共 5 分；答错、不答不得分也不扣分）

1.【答案】正确

【解析】税目 87.05 包括经特制或改装，配有各种装置，使其具有某些非运输性功能的机动车辆，也即本税目所列车辆主要不是用于载人或运货。野外厨房车（field kitchens）符合特殊用途车辆描述。本题描述正确。

2.【答案】正确

【解析】根据第七十一章附录，本题描述正确。

3.【答案】错误

【解析】第七十四章子目注释三包含铜镍锌合金（德银），铜、镍、锌的合金，不论是否含有其他元素，按重量计含镍量在 5%及以上。本题描述错误。

4.【答案】正确

【解析】根据第八十五章章注六描述，本章所称“印刷电路”，不包括装有非印制元件的电路，也不包括单个的分立式电阻器、电容器及电感器。但印刷电路可配有非经印刷的连接元件。本题描述正确。

5.【答案】错误

【解析】根据第八十四章注释一（三）描述，本章不包括实验室用玻璃器（税目 70.17）；玻璃制的机器、器具或其他专门技术用途的物品及其零件（税目 70.19 或 70.20）。太阳能集热管应按材质归入税目 70.20。本题描述错误。

二、单选题（请在下列各题选项中，选出 1 个正确答案；共 5 题，每题 2 分，共 10 分；错选、不选均不得分）

1.【答案】B

【解析】该行星齿轮减速机具有固定的传动比，根据税目 84.83 的“五、齿轮箱和其他变速装置”的排他条款“本税目不包括与动力机装配在一起的齿轮箱或其他变速装置；这些装置应与动力机一同归类”的规定，该商品不归入税目 84.83。该商品已超出税目 84.83 和 84.12 所含商品的范围，根据归类总规则一，应按挖掘机的专用零件归入税目 84.31。本题正确答案为选项 B。

2.【答案】C

【解析】税目 85.01 包括电动阀动器。这种装置由装有减速齿轮及传动轴的电动机所组成；有时还装有各种装置（电启动器、变压器、手动轮等），用于操纵阀塞。本题正确答案为选项 C。

3.【答案】C

【解析】该商品为齿轮传动装置，一般的齿轮是带齿的轮子、圆筒、圆锥、齿条或蜗杆等。在由多个齿轮组成的齿轮传动装置中，各齿轮的齿互相啮合，用以将旋转运动从一个齿轮依次传送到另一个齿轮，因此本商品应归入税目 84.83。本题正确答案为选项 C。

4.【答案】A

【解析】该商品属于遥控器（税目 85.43）用零件，根据第十六类类注一（一），其属于硫化橡胶制品，应归入税目 40.16，根据归类总规则一及六，应按机器及仪器用零件归入税号 4016.9910。本题正确答案为选项 A。

5.【答案】C

【解析】税目 76.08 注释排除条款不包括已明显制成物品的管子，例如，结构件（税目 76.10）、机器或车辆的零件（第十六类及第十七类）等，该铝制进气歧管已经制成特定形状，用于发动机进气歧管，应按发动机零件归入税目 84.09。本题正确答案为选项 C。

三、多选题（请在下列各题选项中，选出 2 个或 2 个以上正确答案；共 5 题，每题 3 分，共 15 分；全部选对得 3 分，少选得相应分，错选、不选不得分）

1.【答案】ABD

【解析】选项 C 高位制动灯应归入税目 85.12，选项 D 用于支撑汽车空调的压缩机并将其固定在车体上，应归入税目 87.08，结合税目 87.08 注释描述，选项 AB 也归入税目 87.08。本题正确答案为选项 ABD。

2.【答案】ABCD

【解析】根据税目 85.25 注释二描述，本税目包括的设备可捕获图像并将其转换为电信号的设备，选项 D 为本国子目注释对特种用途的定义。本题正确答案为选项 ABCD。

3.【答案】ABCD

【解析】根据税目 84.86 注释描述，本税目不包括计量、检验、检查、化学分析等用的机器及装置（第九十章），选项 ABC 均为注释包括设备，选项 D 是针对半导体加工过程中的测试分选，测试目的为了分选，仍应归入税目 84.86。本题正确答案为选项 ABCD。

4.【答案】BC

【解析】内存条应归入税目 84.73，扫描仪、读卡器均应归入税目 84.71，集线器应归入税目 85.17。本题正确答案为选项 BC。

5.【答案】BC

【解析】粮食磨粉工业用机器应归入税目 84.37，面包烘箱应归入税目 84.17 或 85.14，选项 AD 均归入税目 84.38。本题正确答案为选项 BC。

四、分析题（请根据题目的要求作答，共 5 题，每题 4 分，共 20 分）

1.【答案】

（1）归入税目（85.04、85.41 或其他）：85.41

（2）总规则的运用：归类总规则一

（3）分析归类理由：

【解析】根据第八十五章章注九描述，本协调制度其他税目涉及上述物品，尤其是物品的功能，仍应优先考虑归入税目 85.41 及 85.42，但涉及税目 85.23 的情况除外。税目 85.41 注释描述，IGBT 芯片可与二极管封装在一起（IGBT 模块），以保护 IGBT 器件，并使其具有晶体管的功能。根据归类总规则一，该商品应归入税目 85.41。

2. 【答案】

(1) 归入税目 (39.26、87.14 或其他): 87.14

(2) 总规则的运用: 归类总规则一、二 (一)

(3) 分析归类理由:

【解析】根据税目 87.14 注释描述, 本税目包括挡风玻璃, 该商品为 PC 制, 已经制成特殊形状。根据归类总规则一 (第十七类类注三)、二 (一), 该商品应归入税目 87.14。

注意: 早期的挡风玻璃是用普通的车窗玻璃制成的, 但是如果发生碰撞, 可能会导致严重的人身伤害, 摩托车挡风玻璃通常由高抗冲聚碳酸酯或丙烯酸塑料制成。如今的挡风玻璃就像安全带和安全气囊一样, 是一种安全装置。

3. 【答案】

(1) 归入税号 (8518.2100、8518.2200 或其他): 8518.2100

(2) 总规则的运用: 归类总规则一及六

(3) 分析归类理由:

【解析】该商品带有两个箱体, 每个箱体中各有 1 个扬声器, 具有音频放大和扬声功能, 主要功能为扬声器。根据归类总规则一 (第十六类类注三) 及六, 该商品应归入税号 8518.2100。

4. 【答案】

(1) 归入税目 (84.14、84.22 或其他): 84.22

(2) 总规则的运用: 归类总规则一

(3) 分析归类理由:

【解析】该商品用于对气垫膜充气并封口, 符合税目 84.22 条文描述的袋装填、封口的机器。根据归类总规则一, 该商品应归入税目 84.22。

5. 【答案】

(1) 归入税目 (73.26、83.02 或其他): 73.26

(2) 总规则的运用: 归类总规则一

(3) 分析归类理由:

【解析】该商品不符合税目 83.02 马具用的附件及类似物品, 由于是安装在鞋子上踢马刺激马快跑。根据归类总规则一, 该商品应归入税目 73.26。

第二十天打卡

一、判断题（请对下列各题做出正误判断，共5题，每题1分，共5分；答错、不答不得分也不扣分）

1.【答案】正确

【解析】根据税目84.15注释描述，本税目主要包括可逆式热泵。这种泵装有一个冷热循环换向阀的单体装置，具有对房屋加热及冷却双重功能。本题描述正确。

2.【答案】正确

【解析】根据税目84.24注释描述，本题描述正确。

3.【答案】错误

【解析】尽管税目84.42注释排除条款中说明，丝网印刷用的丝网，不论是否涂布（税目59.11），丝网印刷中常用的丝网有绢网、尼龙丝网、涤纶丝网、不锈钢丝网。只有纺织材料的丝网才能考虑归入第五十九章。本题描述错误。

4.【答案】正确

【解析】税目85.31除自行车或机动车辆所用信号装置（税目85.12）及道路、铁道等的交通管理信号设备（税目85.30）以外，包括所有其他电气信号装置。静态的标志，即使是电气照明的（例如，灯、提灯、发光板等），也不作为信号设备归类。因此，这种标志不归入税目85.31，而应归入其相应税目（税目83.10、94.05等）。本题描述正确。

5.【答案】正确

【解析】根据税目84.79注释描述，本税目仅包括简单更换不同工具即可执行各种功能的工业机器人。但本税目不包括具有某种特定功能的工业机器人；这些工业机器人应按其功能归类（例如，归入税目84.24、84.28、84.86或85.15）。本题描述正确。

二、单选题（请在下列各题选项中，选出1个正确答案；共5题，每题2分，共10分；错选、不选均不得分）

1.【答案】D

【解析】该观光车主要用于载人，它通常在普通路面上行驶，因此不能按高尔夫球车的类似车辆归类。根据8座内燃机（汽油）型，排气量为

797mL，该车应归入子目 8703.21；不符合本国子目注释“9 座及以下小客车”描述，因此应归入税号 8703.2190。本题正确答案为选项 D。

2.【答案】D

【解析】车顶行李箱应按车辆附件归入子目 8708.99。本题正确答案为选项 D。

3.【答案】A

【解析】税目 85.12 包括机动车辆用喇叭、汽笛及其他电气音响信号装置。本题正确答案为选项 A。

4.【答案】B

【解析】该商品属于一种手动的液体泵，故应归入税目 84.13“液体泵，不论是否装有计量装置；液体提升机”。然后按“手泵”的列名归入税号 8413.2000。本题正确答案为选项 B。

5.【答案】C

【解析】该商品通过风扇为笔记本散热，应按其他类型的风扇归入税号 8414.5990。归入子目 8414.51 有两个条件，必须同时符合特定类型的风扇和装有一个功率不超过 125W 的电动机。本题正确答案为选项 C。

三、多选题（请在下列各题选项中，选出 2 个或 2 个以上正确答案；共 5 题，每题 3 分，共 15 分；全部选对得 3 分，少选得相应分，错选、不选不得分）

1.【答案】ACD

【解析】该商品剔除器与自动选别一体机连接在一起报验，为组合式机器。通过开启电磁阀，气泵调节压力，将不良品剔除，符合税目 84.79 及其子目的规定。依据归类总规则一及六，应归入税号 8479.8999。选项 ACD 描述错误。本题正确答案为选项 ACD。

2.【答案】ABC

【解析】电梯配重块（铸铁制）应归入税目 73.25，滑门（不随电梯上下）应归入税目 73.08，电梯轿厢操纵盘应归入税目 85.37。本题正确答案为选项 ABC。

3.【答案】AB

【解析】手机闪光灯（组件）应归入税目 90.06，手机摄像头应归入税目 85.25，带有按键孔的平板玻璃（具有手机专用零件特征）和手机射频模块应归入税目 85.17。本题正确答案为选项 AB。

4. 【答案】AD

【解析】根据第八十七章注释二，“牵引车、拖拉机”是指主要为牵引或推动其他车辆、器具或重物的车辆……用于安装在税目 87.01 的牵引车或拖拉机上，作为可替换设备的机器或作业工具，即使与牵引车或拖拉机一同报验，不论其是否已安装在车（机）上，仍应归入其各自相应的税目。税目 87.05 为“配有内装式设备的犁雪车及吹雪车”，而该犁雪装置为外置式，可互换；无论是否装配在一起，均应分别归类。本题正确答案为选项 AD。

5. 【答案】ABCD

【解析】打印机喷墨壳应按材质归类，带芯片的墨盒应归入税目 84.43。本题正确答案为选项 ABCD。

四、分析题（请根据题目的要求作答，共 5 题，每题 4 分，共 20 分）

1. 【答案】

（1）归入税目（73.25、84.31 或其他）：73.25

（2）总规则的运用：归类总规则一

（3）分析归类理由：

【解析】该商品为平衡配重块，符合税目 73.25 注释“平衡块”的描述。根据归类总规则一，该商品应归入税目 73.25。

2. 【答案】

（1）归入子目（8422.30、8422.40 或其他）：8422.30

（2）总规则的运用：归类总规则一及六

（3）分析归类理由：

【解析】该商品具有抽真空、封口功能，符合第十六类类注三描述，其主要功能为对袋子进行封口。根据归类总规则一及六，该商品应归入子目 8422.30。

3. 【答案】

（1）归入税目（84.83、85.01 或其他）：84.83

（2）总规则的运用：归类总规则一

（3）分析归类理由：

【解析】该装置上的马达是给泵提供动力，供其自身运行、润滑、换热，齿轮箱的动力需要另外的马达提供，不符合税目 84.83 注释排除条款描述的“不包括与动力机装配在一起的齿轮箱或其他变速装置；这类装置应与动力机一同归类”。根据归类总归规则一［第十六类类注二（一）］，该齿轮箱应归入税目 84.83。

4.【答案】

（1）归入税目（84.24、85.08 或其他）：85.08

（2）总规则的运用：归类总规则一、三（三）

（3）分析归类理由：

【解析】该商品具有吸尘和吹风两种功能，但不能区分哪一种功能为主要功能。根据归类总规则一、三（三），将其归入税目 85.08。

5.【答案】

（1）归入税目（84.20、84.38 或其他）：82.10

（2）总规则的运用：归类总规则一

（3）分析归类理由：

【解析】根据税目 84.38 注释描述，应该注意的是，实际上许多具有这类用途的机器不归入本税目。例如：（一）税目 82.10 或 85.09 所列的家用器具（例如，绞肉机及切面包机）。该商品净重为 2.7kg，符合税目 82.10 描述的用于加工或调制食品或饮料的手动机械器具，重量不超过 10kg。根据归类总规则一，该商品应归入税目 82.10。

第二十一天打卡

一、判断题（请对下列各题做出正误判断，共 5 题，每题 1 分，共 5 分；答错、不答不得分也不扣分）

1.【答案】错误

【解析】陶瓷泵主要是指过流部件，包括泵套、挡板、叶轮、密封环、出口管等过流部位复合了一层耐磨陶瓷的新型浆体输送设备。其他部件可以为非陶瓷制。本题描述错误。

2.【答案】错误

【解析】混合动力汽车是装有内燃发动机和驱动电动机的车辆，在归类时除了需要区分是点燃式还是压燃式，还需要区分是否可以通过接插外部电源进行充电，本题如果是可接插外部电源进行充电，则要归入子目 8703.60。本题描述错误。

3.【答案】错误

【解析】根据税目 88.05 注释描述，但本税目不包括主要用于记录飞行员在恶劣飞行条件下（例如，高速、缺氧等）所作反应的装置；这种装置

（例如，装在旋转臂上模拟超音速飞行的座舱）实际上是一种反射能力测试装置，因此应归入税目 90.19。非供飞行员飞行训练专用，仅适用于对机组人员进行一般教学的设备（例如，大型回转仪模型）也不归入本税目（税目 90.23）。本题描述错误。

4.【答案】错误

【解析】根据税目 90.18 注释描述，既可作为兽医手术器械，也可用作铁工工具的物品应归入第八十二章。本题描述错误。

5.【答案】正确

【解析】税目 32.15 注释描述，印刷油墨、书写或绘图墨水及其他墨类，不论是否固体或浓缩，该墨盒是按墨水特征归类，属于归类总规则三（二）基本特征原则。本题描述正确。

二、单选题（请在下列各题选项中，选出 1 个正确答案；共 5 题，每题 2 分，共 10 分；错选、不选均不得分）

1.【答案】A

【解析】该观光车在园林、景区等场合作休闲娱乐用，符合税目 87.03 条文的描述，以及其注释中“高尔夫球车及类似车辆”的描述，应归入税号 8703.1019。本题正确答案为选项 A。

2.【答案】B

【解析】该安全带一端安装在车身上，属于车身零件，应归入税号 8708.2100。本题正确答案为选项 B。

3.【答案】A

【解析】税目 90.04 只包括戴置于眼前的眼镜等物品，因此，遮护大部分脸部的物品不归入本税目。因此，该防护面罩应按材质归入税目 39.26。本题正确答案为选项 A。

4.【答案】A

【解析】根据税目 39.24 注释三描述：其他家庭用具，例如，烟灰缸、热水瓶、火柴盒架、垃圾箱、桶、喷壶、食品储藏容器、窗帘、幕帘、台布及家具防尘罩套。尽管该商品通过电动方式打开盖子，仍应按材质归类。本题正确答案为选项 A。

5.【答案】B

【解析】该商品应按照其他发送或接收声音、图像或其他数据用的设备归类，根据归类总规则一及六，该商品应归入税号 8517.6299。本题正确答案为选项 B。

三、多选题（请在下列各题选项中，选出 2 个或 2 个以上正确答案；共 5 题，每题 3 分，共 15 分；全部选对得 3 分，少选得相应分，错选、不选不得分）

1. 【答案】ABD

【解析】根据税目 90.17、90.31 注释描述，铅垂线应归入税目 90.31，选项 C 描述错误。本题正确答案为选项 ABD。

2. 【答案】BC

【解析】根据第十六类总注释描述，组合机器是由两台或多台不同类型的机器或器具组成的整套设备，各台机器可同时或序贯执行各自的功能，这些功能一般是互补的，不同的功能列在第十六类的不同税目中。各种不同的机器如果是一台机器装在另一台机器的内部或上面，或者两者装在同一个底座、支架之上或同一个机壳之内，应作为一个整体对待。

选项 B 是固定在地板上，选项 C 属于多功能机器。本题正确答案为选项 BC。

3. 【答案】ABCD

【解析】选项 ABCD 均归入税目 85.39。本题正确答案为选项 ABCD。

4. 【答案】ABD

【解析】选项 C 为电热的，应归入税目 85.16。选项 ABD 为非电热的，应归入税目 84.19。本题正确答案为选项 ABD。

5. 【答案】AD

【解析】选项 BC，需要符合公差不超过 1%或 0.05mm（以相差数值较小的为准），如果不符合的，则应归入税目 73.26。本题正确答案为选项 AD。

四、分析题（请根据题目的要求作答，共 5 题，每题 4 分，共 20 分）

1. 【答案】

（1）归入税目（73.08、84.31 或其他）：73.08

（2）总规则的运用：归类总规则一

（3）分析归类理由：

【解析】该商品为电梯层门，钢铁制，安装在每层墙壁内，不随电梯舱在大楼各层上下运行，符合税目 73.08 条文描述。根据归类总规则一，该商品应归入税目 73.08。

注意：电梯轿门是随电梯运行，应按电梯零件归入税目 84.31。

2.【答案】

（1）归入税目（39.26、87.16或其他）：39.26

（2）总规则的运用：归类总规则一

（3）分析归类理由：

【解析】根据税目87.16注释描述，商场用小型带轮购物容器（例如，带轮购物篮），由编织材料、金属等制成，不带底盘（应按其构成材料归类）。该购物篮带轮，但不带底盘。根据归类总规则一，应按其材料归入税目39.26。

3.【答案】

（1）归入税目（93.06、95.03或其他）：93.06

（2）总规则的运用：归类总规则一

（3）分析归类理由：

【解析】该商品用于以弹簧为动力的仿真枪发射弹丸。根据归类总规则一，该商品应归入税目93.06。

4.【答案】

（1）归入税目（85.17、85.43或其他）：85.43

（2）总规则的运用：归类总规则一

（3）分析归类理由：

【解析】该商品主要功能为信号转换、放大，其功能在税则税目上未列名。根据归类总规则一，应将其归入税目85.43。

5.【答案】

（1）归入税目（95.06、96.18或其他）：90.23

（2）总规则的运用：归类总规则一

（3）分析归类理由：

【解析】该商品尺寸已经超常人使用，仅用于展示，税目90.23包括各种专供示范（例如，学校、教室及展览会中所用）而无其他用途的仪器、装置及模型。根据归类总规则一，该商品应归入税目90.23。

第二十二天打卡

一、判断题（请对下列各题做出正误判断，共5题，每题1分，共5分；答错、不答不得分也不扣分）

1.【答案】错误

【解析】根据税目 87.07 注释描述，本税目不仅包括预备装在机动车底盘上的车身，也包括无底盘车辆的车身（这种车的发动机及驱动桥由车身本身支承）。本税目还包括组合式车身，其底盘的某些部件也装在车身内。其中“预备装在机动车底盘上的车身”表示设计用于安装在底盘上的车身。本题描述错误。

2. 【答案】错误

【解析】由于该窗只能通风，不能透光，因此其基本特征为风扇，最终归入税目 84.14 是运用了归类总规则一、三（二）。本题描述错误。

3. 【答案】错误

【解析】根据第八十五章章注四描述，税目 85.09 仅包括通常供家用的下列电动器具：（1）任何重量的地板打蜡机、食品研磨机及食品搅拌器、水果或蔬菜的榨汁器；（2）重量不超过 20kg 的其他机器。如果是（1）中所列器具则无重量限制。本题描述错误。

4. 【答案】错误

【解析】根据税目 85.25 条文及注释描述，电视摄像机并非电视台专用。本题描述错误。

5. 【答案】正确

【解析】长途客运车辆（50 座，柴油发动机），应归入子目 8708.30，应归入税号 8708.3029。本题描述正确。

二、单选题（请在下列各题选项中，选出 1 个正确答案；共 5 题，每题 2 分，共 10 分；错选、不选均不得分）

1. 【答案】A

【解析】该电动观光车为 11 座，符合客运机动车辆，10 座及以上（包括驾驶座）描述，应归入税号 8702.4030。本题正确答案为选项 A。

2. 【答案】D

【解析】根据税目 90.04 注释描述，可加装在其他眼镜（一般为矫正视力的眼镜）上，用作防护滤光镜或在某些情况下作附加视力矫正镜的活络眼镜（例如，太阳镜）。本题正确答案为选项 D。

3. 【答案】B

【解析】该智能音箱为组合机器，根据第十六类注释三，应按其主要功能音箱归入税号 8518.2200。本题正确答案为选项 B。

4. 【答案】D

【解析】该商品无机械钥匙结构，是一种多功能机器，具有税目 85.43 的应激被动发射无线电信号进行身份识别的功能和税目 85.26 的无线遥控功能，其无法确定主要功能，根据第十六类类注三关于多功能机器归类的原则，应按从后归类归入税号 8543.7099。本题正确答案为选项 D。

5.【答案】C

【解析】转子轴是机械传动中比较重要的零部件之一，在电机中起到支撑转子并随转子转动对外输出扭矩力（驱动力）的作用，根据归类总规则一及六，该商品应归入税号 8483.1090。本题正确答案为选项 C。

三、多选题（请在下列各题选项中，选出 2 个或 2 个以上正确答案；共 5 题，每题 3 分，共 15 分；全部选对得 3 分，少选得相应分，错选、不选不得分）

1.【答案】AD

【解析】根据税目 84.15 注释描述，本税目仅包括同时符合下列三个条件的机器：（1）装有电动的风扇或鼓风机；（2）既可调节空气的温度（装有加热或冷却装置或两者兼有），又可调节空气的湿度（装有增湿或干燥装置或两者兼有）；（3）上述一及二项所列装置一同报验。

选项 C 缺少调节湿度的装置。本题正确答案为选项 AD。

2.【答案】AB

【解析】选项 CD 均应归入税目 84.83，根据税目 84.66 注释描述，选项 AB 符合要求。本题正确答案为选项 AB。

3.【答案】CD

【解析】这三种商品不符合“零售成套包装”定义，应分别归类，对于包装，根据归类总规则五（二），无须单独归类。本题正确答案为选项 CD。

4.【答案】ABCD

【解析】根据税目 90.26 注释描述，流量计，用于指示流速（单位时间内的体积流量或质量流量）、测量明渠（河流、水道等）及管道（输送管等）中的流量。仅用于指示一定时间内输送液量的装置，应作为计量仪表归入税目 90.28。税目 90.28 注释描述，测量流体流速的流量计不归入本税目（税目 90.26）。测量气体及液体总量属于税目 90.28，属于多功能机器，无法判断主要功能，应按液量计归类。本题正确答案为选项 ABCD。

5.【答案】ABC

【解析】选项 ABC 均为子目 8523.52 中的“智能卡”，选项 D 为刻蚀在两层铝膜之间的 LC 振荡电路，作为防盗装置的零部件，按照第十六类类注二关于零件的归类原则，应归入税号8534.0090。本题正确答案为选项ABC。

四、分析题（请根据题目的要求作答，共5题，每题4分，共20分）

1.【答案】

（1）归入税目（73.08、84.31或其他）：84.31

（2）总规则的运用：归类总规则一

（3）分析归类理由：

【解析】该电梯导轨为电梯上下行驶的安全路轨，明显具备电梯的专用零件特征，符合税目73.08排除条款（三）描述，明显作为机器零件的结构件（第十六类）。根据归类总规则一［第十六类类注二（二）］，该商品应归入税目84.31。

2.【答案】

（1）归入税目（90.27、90.31或其他）：90.27

（2）总规则的运用：归类总规则一

（3）分析归类理由：

【解析】该商品通过固液之间的摩擦效应实现对介质的理化分析，测得介质黏稠度并得出浓度，符合税目90.27定义。根据归类总规则一，应将其按其他理化分析仪器归入税目90.27。

3.【答案】

（1）归入税目（76.16、84.19或其他）：84.31

（2）总规则的运用：归类总规则一

（3）分析归类理由：

【解析】该商品已经构成特定形状，专用于挖掘机。根据归类总规则一［第十六类注释二（二）］，该商品应归入税目84.31。

4.【答案】

（1）归入税目（82.01、84.33或其他）：84.67

（2）总规则的运用：归类总规则一

（3）分析归类理由：

【解析】该商品为手持式，气动，符合税目84.67注释描述，本税目包括装有电动机、气动机（或气动活塞）、内燃机或其他发动机（例如，小型液力涡轮机）的工具。根据归类总规则一，该商品应归入税目84.67。

5.【答案】

（1）归入税目（85.17、85.36或其他）：85.36

（2）总规则的运用：归类总规则一

（3）分析归类理由：

【解析】该商品不具有放大、再生、改变信号的功能，为电路的连接装置。根据归类总规则一，该商品应归入税目 85.36。

第二十三天打卡

一、判断题（请对下列各题做出正误判断，共 5 题，每题 1 分，共 5 分；答错、不答不得分也不扣分）

1.【答案】错误

【解析】该商品是利用真空油炸技术制作的蔬菜、水果产品，以水果为主要成分，根据归类总规则一、三（二），应归入税目 20.08。本题描述错误。

2.【答案】错误

【解析】木盒属于项链的包装容器，按照归类总规则五（一），应一并按项链归类。本题描述错误。

3.【答案】正确

【解析】如果带原动机，则按发电机组归入税目 85.02，“发电机组”是指由发电机与除电动机以外的任何原动机（例如，水轮机、汽轮机、风力机、往复式蒸汽机、内燃机）所组成的机器。本题描述正确。

4.【答案】正确

【解析】根据税目 82.07 注释描述，本税目包括机床可互换工具，拉丝模、车刀等即使制成具有放射性，也应归入本税目。本题描述正确。

5.【答案】正确

【解析】第十七类总注释三（三）11 描述包括速度计、转数计等用的软轴（税目 84.83）。软轴（flexible shafts）是用于在两个物体之间彼此不固定地传递的旋转运动装置，属于传动装置。本题描述正确。

二、单选题（请在下列各题选项中，选出 1 个正确答案；共 5 题，每题 2 分，共 10 分；错选、不选均不得分）

1.【答案】A

【解析】载货重量的计算公式如下：

载客重量=驾驶员重量+其他乘员重量（参照 GB/T 12428—2005，驾驶员

按 75kg 计，其余乘员按人均 65kg 计）

载货重量（kg）= 车辆总质量（kg）-整备质量（kg）-载客重量，或

载货重量=最大载重重量-载客重量

根据题目中提供的信息：

最大允许总质量：3198kg，整备质量：2682kg，座位数：5，那么：

载客重量=75+65×4=335kg

载货重量=车辆总质量-整备质量-载客重量=3198-2682-335=181kg

载货重量低于载客重量，应按载客车辆归入税目 87.03。

最后根据汽油型，排量为 3497mL，应归入税号 8703.2419。本题正确答案为选项 A。

2.【答案】C

【解析】相机镜头盖，属于镜头用的配件，应按镜头用配件归入税号 9002.1990。本题正确答案为选项 C。

3.【答案】D

【解析】根据税目 96.20 注释描述，本税目包括独脚架、双脚架、三脚架及类似品，用于支撑照相机、摄像机、精密仪器等，以减轻晃动。本题正确答案为选项 D。

4.【答案】C

【解析】根据税目 85.09 注释描述，本税目所称"家用器具"，是指通常在家庭中使用的器具。这些器具可根据其类型及一个或多个特征（例如，总体尺寸、设计、容量、体积）加以确定。确定这些特征的标准是有关器具的工作范围不得超出家庭需要。该商品符合第八十五章章注四（二）描述，应归入税目 85.09。本题正确答案为选项 C。

5.【答案】A

【解析】根据税目 84.70 注释描述，本税目包括利用信用卡或借记卡进行电子支付用的终端机。这些终端机利用电信网络连接到金融机构，以获得授权并完成交易，记录并制发标有借贷金额的收据。本题正确答案为选项 A。

三、多选题（请在下列各题选项中，选出 2 个或 2 个以上正确答案；共 5 题，每题 3 分，共 15 分；全部选对得 3 分，少选得相应分，错选、不选不得分）

1.【答案】BD

【解析】税目 84.08 注释中包括压燃式活塞内燃发动机（柴油或半柴油发

动机)，本税目包括压燃式活塞内燃机（第九十五章所列的内燃机除外），机动车辆用的也包括在内。另外，税目95.03注释这些零件及附件包括：小型活塞式内燃发动机及其他发动机（税目85.01的电动机除外），例如，用于飞机、船舶模型，其主要特征是气缸容量小、马力小、重量轻、体积小。

选项A属于点燃式活塞内燃发动机，应归入税目84.07，选项C应归入税目95.03。本题正确答案为选项BD。

2.【答案】BD

【解析】选项A为餐厅用炭烤炉，属于工业用，应归入税目84.17；选项B为非电热家用烤炉，正确；选项C为工业用电炉，应归入税目85.14；选项D正确。本题正确答案为选项BD。

3.【答案】ACD

【解析】税目84.20注释"加工金属或玻璃用的除外"，故选项A正确，选项B错误，选项CD为多用途，根据第八十四章章注七"除本章注释二、第十六类注释三另有规定的以外"，故本章注释二优先于本章注释七，所以选项CD正确。本题正确答案为选项ACD。

4.【答案】AC

【解析】气流管式输送机应归入税号8428.2000，翻斗提升机为非连续运送的机械，其他都符合税目84.28注释的"连续运送货物或材料的升降机及输送机"。本题正确答案为选项AC。

5.【答案】ABD

【解析】本题考点是区分税目84.07与84.08两种内燃发动机的结构组成及工作原理，它们的主要部件大致相同，包括气缸、活塞、连杆、曲轴、飞轮、进气阀和排气阀等，不同之处在于点燃式活塞内燃机含有火花塞装进气缸盖内；而压燃式活塞内燃机则没有火花塞，这种内燃机先将空气（有时是空气与可燃气的混合气体）送进气缸，迅速压缩，然后将雾化液体燃料喷入燃烧室内。本题正确答案为选项ABD。

四、分析题（请根据题目的要求作答，共5题，每题4分，共20分）

1.【答案】

（1）归入税目（84.25、84.28或其他）：84.28

（2）总规则的运用：归类总规则一

（3）分析归类理由：

【解析】该商品通过摩擦力驱动电梯运行，其结构已经超出税目85.01描述，不同于税目 84.25 卷扬机（用卷筒缠绕钢丝绳或链条提升或牵引重物的轻小型起重设备），该商品符合税目 84.28“其他升降、搬运、装卸机械”描述。根据归类总规则一［第十六类类注二（一）］，该商品应归入税目 84.28。

2.【答案】

（1）归入税目（90.06、90.22 或其他）：90.06

（2）总规则的运用：归类总规则一

（3）分析归类理由：

【解析】该商品安装于 X 射线内部，具有显示与拍照功能，属于体内器官检查用的特种相机。根据归类总规则一（第九十章注释三），应将其归入税目 90.06。

3.【答案】

（1）归入税目（73.07、87.08 或其他）：87.08

（2）总规则的运用：归类总规则一

（3）分析归类理由：

【解析】该商品属于制动管，不属于管子附件，不在第十七类注释二排除条款内，且专用于第八十七章车辆，未在《协调制度》中有更为具体列名，符合税目 87.08“机动车辆的零件、附件，税目 87.01 至 87.05 所列车辆用”的描述。根据归类总规则一，应将其归入税目 87.08。

4.【答案】

（1）归入税目（84.41、84.72 或其他）：84.79

（2）总规则的运用：归类总规则一

（3）分析归类理由：

【解析】该商品为大型碎纸机，不符合税目 84.72“办公室用机器”的描述，不符合税目 84.41 的“切纸机”的描述，其功能独立，在其他税目未列名。根据归类总规则一，该商品应归入税目 84.79。

5.【答案】

（1）归入税目（76.16、84.21 或其他）：84.21

（2）总规则的运用：归类总规则一

（3）分析归类理由：

【解析】该商品已经制成特定形状尺寸，专用于空气净化器。根据归类总规则一［第十六类类注二（二）］，该商品应归入税目 84.21。

第二十四天打卡

一、判断题（请对下列各题做出正误判断，共5题，每题1分，共5分；答错、不答不得分也不扣分）

1.【答案】错误

【解析】税目44.02条文为木炭，该商品为零售包装，有铁丝网、炉体、机制炭，符合归类总规则三（二）所称“零售的成套货品”，是指同时符合以下三个条件的货品：

（1）由至少两种看起来可归入不同税目的不同物品构成的。例如，六把乳酪叉不能被视为本款规则所称的成套货品；

（2）为了迎合某项需求或开展某项专门活动而将几件产品或物品包装在一起的；以及

（3）其包装形式适于直接销售给用户而无须重新包装的（例如，装于盒、箱内或固定于板上）。

本题是按机制炭的编码归类的，运用了归类总规则一、三（二）。本题描述错误。

2.【答案】错误

【解析】对比税目27.10、34.03，如果以石油提取的油类的含量（按重量计）不低于70%，则归入税目27.10，反之则归入税目34.03。本题描述错误。

3.【答案】正确

【解析】根据本国子目3908.1011注释，聚酰胺-6，6切片，是行业上对聚酰胺-6，6切粒产品的习惯称谓，即为塑料粒子，因从切粒机切割下后，形状呈扁平、扁椭圆状或圆粒状而得名。本题描述正确。

4.【答案】正确

【解析】根据税目85.25注释描述，该商品用于远距离控制及调焦，属于线控设备，不同于无线电遥控设备（税目85.26）或无绳红外线遥控器件（税目85.43）。本题描述正确。

5.【答案】错误

【解析】光导纤维用的连接器应归入税号8536.7000。本题描述错误。

二、单选题（请在下列各题选项中，选出 1 个正确答案；共 5 题，每题 2 分，共 10 分；错选、不选均不得分）

1.【答案】C

【解析】根据税目 90.04 注释描述，由于本税目只包括戴置于眼前的眼镜等物品，因此，遮护大部分脸部的物品不归入本税目（例如，焊接工的面罩、摩托车手的面罩及遮光帽檐、潜泳面罩）。该防护面罩的基本特征是由遮护脸部的材料决定，应按钢铁制品归入税号 7326.9090。本题正确答案为选项 C。

2.【答案】D

【解析】根据税目 96.20 注释描述，本税目也包括自拍架，也称自拍杆，按设计握在手中而不是立于地上。自拍杆的一端配有一个可调节的夹具，可夹住智能手机、照相机、数码照相机或视频摄录一体机，进行自拍照，不论是否配有有线或无线的拍照遥控器。本题正确答案为选项 D。

3.【答案】C

【解析】该商品设计用于安装通信用服务器和路由器、交换机，应按通信设备零件归入税号 8517.7090。本题正确答案为选项 C。

4.【答案】D

【解析】税目 84.07、84.08、84.09 所称的“输出功率”应理解为额定功率。该商品应按输出功率大于 132.39kW 的压燃式活塞内燃发动机归入税号 8408.9093。本题正确答案为选项 D。

5.【答案】A

【解析】根据税目 70.06 注释三描述，税目 70.06 所述产品，不论是否具有制成品的特性，仍归入该税目。该玻璃盖非光学加工玻璃，已经进一步加工，已经具备制品特征，仍应归入税目 70.06 。本题正确答案为选项 A。

三、多选题（请在下列各题选项中，选出 2 个或 2 个以上正确答案；共 5 题，每题 3 分，共 15 分；全部选对得 3 分，少选得相应分，错选、不选不得分）

1.【答案】AD

【解析】皮卡车归类思路：单排座皮卡车归入税目 87.04，双排座皮卡车，则按照人、货的载重配比归入税目 87.03。本题正确答案为选项 AD。

载客重量和载货重量的计算公式如下：

载客重量=驾驶员重量+其他乘员重量（参照 GB/T 12428—2005，驾驶员

按75kg计，其余乘员按人均65kg计）
载货重量（kg）=车辆总质量（kg）-整备质量（kg）-载客重量，或
载货重量=最大载重重量-载客重量

2.【答案】ACD
【解析】牛奶加热灭菌机属于利用温度变化处理材料的机器，应归入税目84.19，牛奶灌装机属于税目84.22，奶油分离器属于离心分离机，应归入税目84.21。本题正确答案为选项ACD。

3.【答案】ABD
【解析】选项A应归入税目84.36；选项B应归入税目84.19。根据税目84.36描述："本税目不包括……利用温度变化进行操作的机器设备（税目84.19）。例如，牧草干燥机以及马铃薯、饲料等用的高压锅应归入税目84.19。但装有热力装置的催芽设备、孵卵器及育雏器仍应归入本税目。"选项CD应归入税目84.36，为税目注释列名商品。本题正确答案为选项ABD。

4.【答案】ABCD
【解析】选项A正确，根据税目84.37注释"粮食磨粉工业用的筛及筛架（筛布不论是否制成，均不应归入本税目，而应归入税目59.11）"；选项B正确，根据第十六类类注一材质排他；选项C正确，根据税目84.37注释"但石碾不应归入本税目（税目68.04）"；选项D正确，根据税目84.37注释"但本税目不包括：（一）细粉干燥机（税目84.19）"。本题正确答案为选项ABCD。

5.【答案】ACD
【解析】税目84.57注释：多工位组合机床，这类机器必须符合以下三个条件：①它们必须可进行多种机械加工操作；②它们必须能自动将工件送向刀具；③它们必须配有多种动力头。本题正确答案为选项ACD。

四、分析题（请根据题目的要求作答，共5题，每题4分，共20分）

1.【答案】
（1）归入税目（63.07、94.01或其他）：94.01
（2）总规则的运用：归类总规则一
（3）分析归类理由：
【解析】该商品两端均安装在座椅骨架上。根据归类总规则一，其应按坐具零件归入税目94.01。

2.【答案】

（1）归入税目（84.72、85.09 或其他）：84.72

（2）总规则的运用：归类总规则一

（3）分析归类理由：

【解析】根据税目 84.72 注释描述，本税目所列的机器可用手工操作，也可以是机动或电动的，包括销毁保密文件用的碎纸机。税目 85.09 通常为供家用的电动器具，该碎纸机通常为办公室用。根据归类总规则一，该商品应归入税目 84.72。

3.【答案】

（1）归入税目（85.04、85.07 或其他）：85.43

（2）总规则的运用：归类总规则一

（3）分析归类理由：

【解析】该商品的功能是通电产生电磁场。根据归类总规则一，应按未列名的独立功能电气设备归入税目 85.43。

4.【答案】

（1）归入税目（39.26、82.05 或其他）：84.14

（2）总规则的运用：归类总规则一

（3）分析归类理由：

【解析】该商品通过手动驱动，压缩气体形成高压，符合空气泵描述，根据归类总规则一，该商品应归入税目 84.14。

5.【答案】

（1）归入税目（84.38、85.09 或其他）：84.35

（2）总规则的运用：归类总规则一

（3）分析归类理由：

【解析】该商品设计用途为商用，用于榨取蔬菜或水果汁，不符合税目 85.09 描述。根据归类总规则一，应将其归入税目 84.35。

第二十五天打卡

一、判断题（请对下列各题做出正误判断，共 5 题，每题 1 分，共 5 分；答错、不答不得分也不扣分）

1.【答案】正确

【解析】该设备为非家用，可按“冷饮供应器”归入税目 84.18，或按加工热饮料的设备归入税目84.19，两者列名同样具体且无法区分主次，因此，根据归类总规则一、三（三），应归入税目84.19。本题描述正确。

2.【答案】错误

【解析】“对焊件”又称对焊管件，是指通过对焊焊接方法进行连接的管件，就是通过焊接连接的管件。本题描述错误。

3.【答案】正确

【解析】根据税目85.25注释描述，电视摄像机作为视频图像传输到设备外部某个位置进行观察或遥控录像。数字照相机及视频摄录一体机作为静像或运动画面记录在设备内，也即电视摄像机没有存储装置。本题描述正确。

4.【答案】正确

【解析】基因扩增仪有两种，普通PCR仪为利用温度变化处理材料的，应归入税目84.19；定量PCR仪，在普通PCR仪的基础上增加了光学检测设备。使用时在样本中添加了荧光剂和刺激物，用于实时监测刺激物对基因扩增的影响，符合税目90.27的描述。本题描述正确。

5.【答案】错误

【解析】根据84.83税目注释，本税目也包括提升机等用的滑轮组，以及本身并不传送动力而仅作为传动缆绳的导杆或转向杆的自由滑轮（例如，调节传动带松紧用的惰轮及导轮）。本题描述错误。

二、单选题（请在下列各题选项中，选出1个正确答案；共5题，每题2分，共10分；错选、不选均不得分）

1.【答案】D

【解析】本题考查对子目条文的理解，丁腈是由丁二烯、丙烯腈经乳液聚合而成，属于合成橡胶。国家标准（GB 7543—2006）中，“橡胶外科手套是一种适用于外科操作中以保护病人和使用者、避免交叉感染的有包装的灭菌的橡胶手套”，不适用于检查手套或程序手套。本题正确答案为选项D。

2.【答案】A

【解析】该商品设计用于儿童，具有玩具性质，但其本身具有望远镜功能，应按具体列名归入税号9005.1000。本题正确答案为选项A。

3.【答案】C

【解析】根据税目96.20注释描述，本税目不包括麦克风支架（税目

85.18）。本题正确答案为选项C。

4.【答案】C

【解析】该商品已经制成特定形状，专用于车辆用发动机上，根据第十六类类注二（二），应按其专用零件归入税目84.09，根据归类总规则一及六，归入税号8409.9199。本题正确答案为选项C。

5.【答案】D

【解析】该商品不包含IC芯片。它是一种无源设备，由于电缆不满足第八十四章注释五（三）的要求，不能归入税目84.71，根据归类总规则一及六，应将其归入税号8544.4211。本题正确答案为选项D。

三、多选题（请在下列各题选项中，选出2个或2个以上正确答案；共5题，每题3分，共15分；全部选对得3分，少选得相应分，错选、不选不得分）

1.【答案】AB

【解析】选项C为航模飞机用点燃活塞式内燃发动机，根据84.07税目注释，“本税目包括除第九十五章所列货品以外的点燃往复式活塞内燃机及旋转式活塞内燃机”，由于航模飞机属于第九十五章的玩具模型，故航模飞机用点燃活塞式内燃发动机应归入税目95.03；选项D收割机用压燃式内燃发动机，其点火方式是通过活塞向上运动，压缩混合气，使混合气温度上升到着火点而燃烧，应归入税目84.08。本题正确答案为选项AB。

2.【答案】AD

【解析】税目84.33注释，“本税目也包括按产品大小、形状、重量等对蛋类、水果、马铃薯、洋葱、球茎、胡萝卜、芦笋及小黄瓜等产品进行清洁、分选或分级的机器，不论其是园艺或农业用，还是工业用。种子、谷物或干豆类的清洁、分选或分级机器不归入本税目（税目84.37）。”故选项AD正确；玉米属于谷物，选项BC应归入税目84.37。本题正确答案为选项AD。

3.【答案】ABD

【解析】税目84.60注释，“用磨石、磨料或抛光材料对金属或金属陶瓷进行去毛刺、刃磨、磨削、珩磨、研磨、抛光或其他精加工的机床，但税目84.61的切齿机、齿轮磨床或齿轮精加工机床除外”。本题正确答案为选项ABD。

4.【答案】AC

【解析】选项B应归入税目85.15；选项D应归入税目85.14。本题正确答案为选项 AC。

5.【答案】ABC

【解析】根据税目 85.28 注释，本税目包括可直接连接且设计用于税目 84.71 的自动数据处理系统的监视器，通常配有数据处理系统所特有的连接器，例如，RS-232C 接口以及 DIN、SUB-D、VGA、DVI、HDMI 或 DP（显示端口）连接器，选项 D 不符合这个范围。本题正确答案为选项 ABC。

四、分析题（请根据题目的要求作答，共 5 题，每题 4 分，共 20 分）

1.【答案】

（1）归入税目（90.26、90.31 或其他）：90.26

（2）总规则的运用：归类总规则一、三（二）

（3）分析归类理由：

【解析】该商品运用雷达信号反射原理测量备测液体的液位，可以用于固体和液体的测量，以测量液体为主。根据归类总规则一、三（二），该商品应归入税目 90.26。

2.【答案】

（1）归入税目（82.11、85.23 或其他）：85.23

（2）总规则的运用：归类总规则一、三（二）

（3）分析归类理由：

【解析】该商品为多个不同部件构成的组合物，构成了实际不可分离的货品，其中优盘为货品的基本特征。根据归类总规则一、三（二），该商品应归入税目 85.23。

3.【答案】

（1）归入税目（85.43、90.30 或其他）：85.43

（2）总规则的运用：归类总规则一

（3）分析归类理由：

【解析】该商品为射频/微波信号发生器，是一种被用作信号源的信号发生器，符合税目 85.43 注释关于信号发生器的描述。根据归类总规则一，该商品应归入税目 85.43。

4.【答案】

（1）归入税目（84.24、84.79 或其他）：84.24

（2）总规则的运用：归类总规则一

（3）分析归类理由：

【解析】该商品是具有蚀刻、水洗和烘干三种功能的组合机器，其主要功能是喷射蚀刻液。根据归类总规则一（第十六类类注三），应将其归入税目 84.24。

5. 【答案】

(1) 归入税目（84.79、85.05 或其他）：85.05

(2) 总规则的运用：归类总规则一、二（一）

(3) 分析归类理由：

【解析】该商品由铁芯（推杆）、铁外壳（内置铜线圈绕组）、内齿形固定圈和六角螺母组成整套散件报验。其组装成品后主要安装在厨房垃圾压缩机内部，用于控制垃圾压缩机门的开启状态。其利用电磁感应原理使推杆做直线运动，属于一种未组装的电磁铁。根据第十六类注释二（一）的规定，其符合税目 85.05“电磁铁”的条文描述。根据归类总规则一、二（一），应将其归入税目 85.05。

第二十六天打卡

一、判断题（请对下列各题做出正误判断，共 5 题，每题 1 分，共 5 分；答错、不答不得分也不扣分）

1. 【答案】正确

【解析】该商品缺少马达，是电动睫毛刷的不完整品，其已具备电动睫毛刷完整品的基本特征，归入税目 85.09 是运用了归类总规则一、二（一）。本题描述正确。

2. 【答案】正确

【解析】根据税目 85.25 注释描述，无论是否单独报验，均应单独归入税目 84.28 其他升降、搬运、装卸机械。本题描述正确。

3. 【答案】错误

【解析】税目 90.26 中液位计测量的是静态的液体体积，例如，气压或液压式，通过差压计测量压力罐中的液位。本题描述错误。

4. 【答案】错误

【解析】根据第八十四章章注二描述，应酌情，也就是税目 84.01 至 84.24 中的多数商品以功能定调而不以用途区分，以功能优先于用途的原则不是绝对的，而是应该根据实际情况。本题描述错误。

5. 【答案】正确

【解析】根据税目 84.02 注释描述，蒸汽锅炉可以用固体燃料、液体燃料或气体燃料加热，也可以利用电力加热。本题描述正确。

二、单选题（请在下列各题选项中，选出 1 个正确答案；共 5 题，每题 2 分，共 10 分；错选、不选均不得分）

1. 【答案】C

【解析】税目 21.01 注释：咖啡精汁及浓缩品，可用真咖啡（不论是否去咖啡碱）制得或用真咖啡与任何比例的咖啡代用品混合制得，呈液状或粉状，通常浓缩程度很高。这类产品还包括名为速溶咖啡的产品，即经浸提并脱水或经浸提后冷冻及真空干燥的咖啡。本题正确答案为选项 C。

简单判别第九章与第二十一章的咖啡的方法：需要过滤咖啡渣的属于第九章，无须过滤咖啡渣的属于第二十一章。

2. 【答案】B

【解析】该装置利用电容器充放电原理进行工作，符合电池闪光灯描述，由于电源与手机共用，该装置具有电池闪光灯的基本特征，根据归类总规则一、二（一）及六，应归入税号 9006.6100。本题正确答案为选项 B。

3. 【答案】C

【解析】根据税目 96.20 注释描述，本税目不包括安放乐器（例如，小鼓或萨克斯管）用的架座（税目 92.09）。但乐谱架不属于安放乐器的架座。落地式乐谱架应归入税目 94.03。本题正确答案为选项 C。

4. 【答案】B

【解析】根据子目 8415.10 注释描述，本子目包括独立的或分体的窗式或壁式空调器。独立式空调器是配有全部所需部件的单体式装置。该商品是一种独立式空调。子目 8415.10 是指设计用于固定在窗户、墙壁、天花板或地板上的（Of a kind designed to be fixed to a window, wall, ceiling or floor），该空调为移动便携式，根据冷暖型应归入子目 8415.81，根据 1kW＝860kcal 换算，最终归入税号 8415.8110。本题正确答案为选项 B。

5. 【答案】A

【解析】根据税目 90.25 注释描述，浸渍有化学物质，其颜色可根据大气湿度不同而发生变化的纸不归入本税目（税目 38.22）。本题正确答案为选项 A。

三、多选题（请在下列各题选项中，选出2个或2个以上正确答案；共5题，每题3分，共15分；全部选对得3分，少选得相应分，错选、不选不得分）

1.【答案】AD

【解析】本题考查如何区分税目84.07与84.08的内燃发动机所使用的燃料种类。税目84.07的内燃机最常用的燃料是汽油，也有用煤油、乙醇、氢、煤气、甲烷等（包括天然气、沼气），一般使用轻质燃料进行工作。而税目84.08的内燃机则使用重质液体燃料进行工作，如重油或煤焦油、页岩油、植物油（花生油、蓖麻油、棕榈油等）。本题B与C均属于重质燃料，故本题正确答案为选项AD。

2.【答案】ABC

【解析】根据税目84.03条文描述，明确限定两个条件：集中供暖和输出热水。根据税目84.02注释描述，本税目不包括只把水加热到其正常蒸发点以下的锅炉；也不包括税目84.03的集中供暖热水锅炉（即使这些锅炉也能产生低压蒸汽）。税目84.03集中供暖用的热水锅炉属于压力正常，不是温度超过180℃以上的高压过热水；选项D错误，税目84.03的热水锅炉也可以产生低压蒸汽。本题正确答案为选项ABC。

3.【答案】AB

【解析】税目85.36注释“保险丝应根据其构成材料归类；但带有回线或其他连接器件而且即可使用的小段保险丝仍归入本税目，本税目也不包括恒定电压变压器（税目85.04）及自动电压调节器（税目90.32）”。本题正确答案为选项AB。

4.【答案】AC

【解析】税目85.33注释：“本税目不包括：（一）加热电阻器（税目85.16或85.45）。（二）光敏电阻器（税目85.41）”。本题正确答案为选项AC。

5.【答案】AB

【解析】选项C应归入税目90.22；选项D应归入税目85.41。本题正确答案为选项AB。

四、分析题（请根据题目的要求作答，共5题，每题4分，共20分）

1.【答案】

（1）归入税目（85.23、85.43或其他）：85.22

（2）总规则的运用：归类总规则一

（3）分析归类理由：

【解析】根据税目 85.22 注释描述，本税目包括专用于或主要用于税目 85.19 或 85.21 所列设备的零件及附件。该商品用于声音录制或重放设备，属于其附件，不属于记录声音媒体，属于一种磁带式适配器。根据归类总规则一，该商品应归入税目 85.22。

2.【答案】

（1）归入税目（84.13、84.79 或其他）：84.79

（2）总规则的运用：归类总规则一

（3）分析归类理由：

【解析】该商品具有独立功能，利用胡可定律原理工作，其功能在第八十四章无具体列名。根据归类总规则一，应将其归入税目 84.79。

3.【答案】

（1）归入税号（4016.9310、4016.9390 或其他）：4016.9310

（2）总规则的运用：归类总规则一及六

（3）分析归类理由：

【解析】该商品为硫化橡胶制品，真空采血管应归入税目 90.18，根据第九十章章注一（一），该密封塞应归入税目 40.16，根据本国子目 4016.9310 注释描述，机器及仪器用垫片、垫圈及其他密封垫，是指除硬质橡胶以外的非海绵硫化橡胶制的，用于《中华人民共和国进出口税则》第八十四、八十五及九十章税目所列的商品的垫片、垫圈及其他密封垫。该密封塞用于第九十章的商品。根据归类总规则一及六，应将其归入税号 4016.9310。

4.【答案】

（1）归入税号（8536.3000、8536.4900 或其他）：8536.4900

（2）总规则的运用：归类总规则一及六

（3）分析归类理由：

【解析】根据税目 85.36 注释描述，接触器也视作继电器，它不用机械锁定装置或手工操作，可自动重新接通或切断电路。工作电压为 DC200 ~ 240V，AC200 ~ 250V。根据归类总规则一及六，该商品应归入税号 8536.4900。

5.【答案】

（1）归入税目（85.01、85.48 或其他）：84.79

（2）总规则的运用：归类总规则一

（3）分析归类理由：

【解析】根据税目 85.01 排除条款，以及税目 84.79 描述，本税目包括电动震抖装置，配有一个电动机，其转轴的伸出端配有偏心盘，可产生径向振动，以便传动所装装置或器具（例如，溜槽、料斗、加料斗、输送机、压实工具等）。根据归类总规则一，该商品应归入税目 84.79。

第二十七天打卡

一、判断题（请对下列各题做出正误判断，共 5 题，每题 1 分，共 5 分；答错、不答不得分也不扣分）

1.【答案】正确

【解析】根据税目 90.11 注释描述，税目 90.13 的放大器具仅作一级放大，其放大率较低，而本税目的复式光学显微镜具有用以观察已放大物体影像的第二级放大透镜系统。本题表述正确。

2.【答案】正确

【解析】根据税目 92.09 注释描述，本税目包括固定乐器用的乐架，安放乐器（例如，小鼓或萨克斯管）用的架座（三脚架等）。本题描述正确。

3.【答案】正确

【解析】该塑料桶为包装材料及包装容器，不具备明显可重复使用的特征，运用了归类总规则五（二）。本题描述正确。

4.【答案】正确

【解析】根据税目 84.07 注释描述，用于某些方面（例如，船舶和某些机车）的汽轮机装有换向齿轮或减速齿轮。这些换向齿轮或减速齿轮单独报验时不应归入本税目（税目 84.83）。本题描述正确。

5.【答案】错误

【解析】本题需要注意第八十四章与第八十五章排除条款的区别。根据第八十五章总注释描述，与第八十四章相反，本章所列的货品即使由陶瓷材料或玻璃制成，仍应归入本章；但税目 70.11 所列的玻璃外壳（包括玻璃泡及玻璃管）除外。该陶瓷电热水壶应归入税目 85.16，属于第八十五章。本题描述错误。

二、单选题（请在下列各题选项中，选出1个正确答案；共5题，每题2分，共10分；错选、不选均不得分）

1. 【答案】A

【解析】税目20.09注释：本税目的水果汁或植物汁，只要仍保持其原有特征，可含有下列物质，不论这些物质是生产过程所产生的或是专门加入的……糖、甜味剂、标准剂等。

该椰子水仍保留原有特征，仍归入税目20.09。本题正确答案为选项A。

2. 【答案】C

【解析】玻璃钢（FRP）亦称作GFRP，即纤维强化塑料，一般指用玻璃纤维增强不饱和聚酯、环氧树脂与酚醛树脂基体，以玻璃纤维或其制品作增强材料的增强塑料，称为玻璃纤维增强塑料，或称为玻璃钢，不同于钢化玻璃。塑料用注模或压模，是指塑料注射模和塑料压塑模，该模具为塑料注射模具，应归入税号8480.7190。本题正确答案为选项C。

3. 【答案】C

【解析】该活塞销把活塞承受的气体作用力传给连杆，应按发动机的专用零件归入税目84.09，根据压燃式，船舶用，应归入税号8409.9910。本题正确答案为选项C。

4. 【答案】C

【解析】该分析仪属于通讯专用多功能测试仪器，符合子目9030.40无线电通信专用的其他仪器及装置描述，税号9030.4010指的是频率计。本题正确答案为选项C。

5. 【答案】C

【解析】该商品为深沟球轴承，材质不影响商品编码的确定，应归入税号8482.1020，若材质为陶瓷、石墨、玻璃等，应按材质归类。本题正确答案为选项C。

三、多选题（请在下列各题选项中，选出2个或2个以上正确答案；共5题，每题3分，共15分；全部选对得3分，少选得相应分，错选、不选不得分）

1. 【答案】BC

【解析】选项A应归入税目87.04；选项D应归入税目95.08。本题正确答案为选项BC。

2. 【答案】AD

【解析】根据90.15注释，“本税目不包括：（四）泥瓦工、木工或技工从事建筑或结构工程用的水平尺（气泡式等），以及铅垂线（税目90.31）。本组不包括温度计、气压计、湿度计及干湿球湿度计，也不包括这些仪器的组合装置（税目90.25）”。本题正确答案为选项AD。

3. 【答案】AB

【解析】选项C应归入税目90.25；选项D应归入税目90.31。本题正确答案为选项AB。

4. 【答案】ABC

【解析】单独进口时：（1）无菌针头，用于刺入血管，将血液标本采集至真空采血管内，应按特定列名归入税号9018.3210；（2）持针器，用于固定采血针头，应作为真空采血装置的专用零件归入税号9018.3900；（3）真空采血管，分玻璃管和塑料管两种，其内部有不同的添加剂，并以不同颜色的头盖来区分管内的不同添加成分。根据第九十章章注一（五）排他条款“税目70.17实验室、卫生及配药的玻璃器”，故玻璃制或塑料制的真空采血管均应作为真空采血装置的专用零件归入税号9018.3900。选项D错误。本题正确答案为选项ABC。

5. 【答案】AD

【解析】税目85.36的电压是指所适用线路的电压，用于电压不超过1000V的线路，继电器上的AC250V为额定开关电压，DC24V为线圈电压，适用线路电压应该为250V。故应按电压超过60V的线路归入税号8536.4900。本题答案为选项AD。

四、分析题（请根据题目的要求作答，共5题，每题4分，共20分）

1. 【答案】

（1）归入税目（84.20、84.37或其他）：84.37

（2）总规则的运用：归类总规则一

（3）分析归类理由：

【解析】根据税目84.20注释描述，本税目不包括虽然与研光机或滚压机有些相似，但并非用于上述用途的机器。该商品为谷物的压片机器，符合税目84.37“制造燕麦片等的机器”的描述。根据归类总规则一，应将其按谷物的加工机器归入税目84.37。

2. 【答案】

（1）归入税目（68.15、85.45或其他）：38.01

（2）总规则的运用：归类总规则一

（3）分析归类理由：

【解析】该商品为石墨半成品，需要根据实际需求再加工，符合税目38.01半成品描述。根据归类总规则一，该商品应归入税目38.01。

3.【答案】

（1）归入税目（85.04、85.42或其他）：85.42

（2）总规则的运用：归类总规则一

（3）分析归类理由：

【解析】根据第八十五章章注九（二）描述，该商品结构符合多元件集成电路定义。根据归类总规则一，该商品应归入税目85.42。

4.【答案】

（1）归入税号（8424.3000、8424.8999或其他）：8424.8999

（2）总规则的运用：归类总规则一及六

（3）分析归类理由：

【解析】根据税目84.24注释三对“喷汽机或喷砂机及类似的喷射机器”的描述，该商品喷射颗粒状二氧化碳，不符合高压喷出砂或金属研磨料等，也非喷气机械。根据归类总规则一及六，该商品应归入税号8424.8999。

5.【答案】

（1）归入税目（85.15、85.16或其他）：84.19

（2）总规则的运用：归类总规则一

（3）分析归类理由：

【解析】该商品吹热风处理材料，是利用温度变化处理材料的机器。根据归类总规则一，应将其按具体列名归入税目84.19。

第二十八天打卡

一、判断题（请对下列各题做出正误判断，共5题，每题1分，共5分；答错、不答不得分也不扣分）

1.【答案】错误

【解析】该商品加工工艺符合塑料制品加工工艺，且木粉在产品中是作为填充料，即分散相存在，则这类塑木产品可按照塑料制品归类，运用了归类总规则一。本题描述错误。

2.【答案】错误

【解析】根据子目8517.62注释描述，本子目包括单独报验的无绳电话手机或基座。本题描述错误。

3.【答案】正确

【解析】子目 8415.10 条文描述即为设计用于固定在窗户、墙壁、天花板或地板上的。本题描述正确。

4.【答案】正确

【解析】根据归类总规则二（一），未带有电动机，但其仍具有完整品的基本特征，仍然按完整品归类。本题描述正确。

5.【答案】正确

【解析】根据税目 84.24 注释排除条款，本题描述正确。

二、单选题（请在下列各题选项中，选出 1 个正确答案；共 5 题，每题 2 分，共 10 分；错选、不选均不得分）

1.【答案】B

【解析】该商品已将天然乳中的乳糖分解，不属于税目 04.01 的商品范围，应按其他税目未列名的含天然乳的产品归入税目 04.04。本题正确答案为选项 B。

2.【答案】C

【解析】根据本国子目 9010.5022 注释描述：特种照相用的照相冲印用装置及设备，是指专用于或主要用于特种胶片或特种感光纸（如缩微胶片、不可见光拍摄胶片、航拍胶片、天体照相胶片、分光照相胶片、制版胶片等）的洗印装置及设备。这些装置或设备从外形尺寸、产品结构或适用的胶片种类等方面与普通胶片（如普通黑白/彩色胶卷、彩色负片、幻灯用彩色片等）冲印设备明显不同。本子目不包括冲印普通胶片的设备，即使这些胶片是经过特种照相设备拍摄的。本子目也不包括成卷特种胶片（或感光纸）的洗印装置（子目 9010.1020）。

该曝光机利用紫外线将菲林上的电路图在涂覆感光膜的 PCB 基板上进行洗印，属特种照相用洗印设备，应归入税号 9010.5022。本题正确答案为选项 C。

3.【答案】D

【解析】该商品属于矿物材料用型模，应归入税号 8480.6000。本题正确答案为选项 D。

4.【答案】C

【解析】该起重机是具有 2 个驾驶室的起重机，分别用于运输和起重，该起重机为全路面起重车，根据最大起重重量，应归入税号8705.1023。本题正确答案为选项C。

5.【答案】C

【解析】根据第八十四章子目注释描述，子目8482.40仅包括滚柱直径相同，最大不超过5mm，且长度至少是直径三倍的圆滚柱轴承，滚柱的两端可以磨圆。本题中的尺寸不符合定义，因此应归入税号8482.5000。本题正确答案为选项C。

三、多选题（请在下列各题选项中，选出2个或2个以上正确答案；共5题，每题3分，共15分；全部选对得3分，少选得相应分，错选、不选不得分）

1.【答案】BCD

【解析】根据税目87.03注释描述，装有摩托车发动机及车轮等的三轮车，根据其机械机构，他们已具有传统汽车的特征，即装有汽车型转向系统或同时装有逆向齿轮及差速器。本题正确答案为选项BCD。

2.【答案】ABCD

【解析】根据税目85.46注释描述，该题描述均正确。本题正确答案为选项ABCD。

3.【答案】ACD

【解析】本题考查对“功能机组”的理解。根据第十六类总注释描述，所称“明显只为一种功能工作”的机器，仅包括在作为一个整体的功能机组中起主要功能作用的机器或机组；但不包括执行辅助功能而不执行整套设备的主要功能的机器或器具。

也就是，起主要功能的作用时，应全部设备一起归类，因此选项B描述错误。本题正确答案为选项ACD。

4.【答案】ACD

【解析】根据第十六类注释一的规定，本类不包括：“（一）第三十九章的塑料或税目40.10的硫化橡胶制的传动带、输送带；（二）机器、机械器具或其他专门技术用途的皮革、再生皮革（税目42.05）或毛皮（税目43.03）的制品”。选项B硬质橡胶输送带可归入税目84.31，其余的输送带应按构成材料归类。本题正确答案为选项ACD。

5.【答案】ABCD

【解析】根据第十六类注释五的规定：“上述各注释所称‘机器’，是指第八十四章或第八十五章各税目所列的各种机器、设备、装置及器具。”选项

A 数码相机用电子闪光灯归入税目 90.06，选项 B 外科医生用电磁铁归入税目 90.18，选项 C 教学用激光笔归入税目 90.13，选项 D 家用电动按摩器具归入税目 90.19。本题正确答案为选项 ABCD。

四、分析题（请根据题目的要求作答，共 5 题，每题 4 分，共 20 分）

1. 【答案】

（1）归入税目（68.15、85.17 或其他）：85.17

（2）总规则的运用：归类总规则一

（3）分析归类理由：

【解析】根据第八十五章注释描述，并未将第六十八章的石磨、石碾及其他物品排除，该石墨片已经制成特定形状，具备手机专用零件特征。根据归类总规则一［第十六类类注二（二）］，应将其归入税目 85.17。

2. 【答案】

（1）归入税号（8471.8000、8471.9000 或其他）：8471.9000

（2）总规则的运用：归类总规则一及六

（3）分析归类理由：

【解析】根据税目 84.71 条文及注释描述，本税目包括磁性或光学阅读机用以阅读特殊形式的字符，并将其转换成电信号（脉冲信号）；机器可用这种电信号直接转录或处理代码信息。该商品用于自动数据处理机。根据归类总规则一及六，应将其归入税号 8471.9000。

3. 【答案】

（1）归入税目（84.20、84.43 或其他）：84.20

（2）总规则的运用：归类总规则一

（3）分析归类理由：

【解析】金属薄板滚涂机是一种利用多个平行的滚筒旋转时紧密接触，并配合压力的作用对金属薄板表面进行滚压涂布的机器。根据第八十四章注释二的规定："除第十六类注释三及本章注释九另有规定以外，如果某种机器或器具既符合税目 84.01 至 84.24 中一个或几个税目的规定，或符合税目 84.86 的规定，又符合税目 84.25 至 84.80 中一个或几个税目的规定，则应酌情归入税目 84.01 至 84.24 中的相应税目或税目 84.86，而不归入税目 84.25 至 84.80 中的有关税目。"该商品符合税目 84.20 的条文描述："砑光机或其他滚压机器及其滚筒，但加工金属或玻璃用的除外"。根据归类总规则一，应将其归入税目 84.20。

4. 【答案】

（1）归入税目（84.34或分别归类）：84.34

（2）总规则的运用：归类总规则一

（3）分析归类理由：

【解析】对于一同报验的挤奶机各种部件，如果符合第十六类注释四（参见第十六类总注释）的规定，应作为一个功能机组归入税目84.34。该挤奶设备符合税目84.34的条文描述："挤奶机及乳品加工机器"。根据归类总规则一，应将其归入税目84.34。

5. 【答案】

（1）归入税目（84.56、84.61或其他）：84.56

（2）总规则的运用：归类总规则一

（3）分析归类理由：

【解析】该商品是一种利用电极丝放电对金属进行切割处理的线切割机。根据第八十四章注释三的规定："三、如果用于加工各种材料的某种机床既符合税目84.56的规定，又符合税目84.57、84.58、84.59、84.60、84.61、84.64或84.65的规定，则应归入税目84.56。"其符合税目84.56的条文描述："用激光、其他光、光子束、超声波、放电、电化学法、电子束、离子束或等离子弧处理各种材料的加工机床"。根据归类总规则一，应将其归入税目84.56。

第二十九天打卡

一、判断题（请对下列各题做出正误判断，共5题，每题1分，共5分；答错、不答不得分也不扣分）

1. 【答案】错误

【解析】车辆总重量是指由生产厂家规定作为车辆最大设计载重量能力的车辆使用重量。该重量为车辆自重、最大设计载荷、驾驶员及装满燃油的油箱重量的总和。题目中缺少驾驶员的重量。本题描述错误。

2. 【答案】错误

【解析】尽管税目96.20注释中描述可以无线遥控拍照，但归类总规则一具有法律效力，应按税目条文和有关类注或章注归类，税目注释不在其范围内；该商品具有无线连接、自拍杆、三脚架等功能，自拍杆属于类似品，构成整个商品的主要特征，根据归类总规则一、三（二），应归入税目96.20。本题描述错误。

3.【答案】错误

【解析】根据税目 84.24 注释描述，该商品应归入税目 84.24。本题描述错误。

4.【答案】错误

【解析】根据税目 84.22 注释排除条款，以及税目 84.52 注释一（六）描述，包袋（例如，面粉或水泥袋等）装包后缝口用的机器，这类机器可以是悬挂式的，通常没有梭子。本题描述错误。

5.【答案】错误

【解析】子目 8532.23 包括单层陶瓷介质固定电容器，这种电容器为圆片状或管状。子目 8532.24 包括多层陶瓷介质固定电容器，这种电容器装有引线或为片状。本题描述错误。

二、单选题（请在下列各题选项中，选出 1 个正确答案；共 5 题，每题 2 分，共 10 分；错选、不选均不得分）

1.【答案】D

【解析】根据税目 85.09 注释描述，重量在 20kg 及以下的本税目物品，包括磨刀器及净刀器。本题正确答案为选项 D。

2.【答案】C

【解析】税号 9007.2010 描述，数字电影放映机，是将数字化的电影信号，通过电光转换技术（数字光处理 DLP 技术、硅面液晶显示 LCOS 技术或影像放人 ILA 技术等），变成光学影像信号，投影到银幕上的电影放映设备。数字电影放映机是数字影院的核心设备。该商品为数字电影放映机的主板，应按其零件归入税号 9007.9200。本题正确答案为选项 C。

3.【答案】C

【解析】该货品为钓鱼用支架，属于税目 95.07 的钓鱼用品，根据归类总规则一及六，应将其归入税号 9507.9000。本题正确答案为选项 C。

4.【答案】C

【解析】该产品由电线和接头构成，符合税目 85.44 条文“电线，不论是否有接头”的规定，故应归入税目 85.44。由于该产品一般所用线路都是弱电，电压很低，额定电压不超过 80V，故应归入税号 8544.4219。本题正确答案为选项 C。

5.【答案】A

【解析】本题考查对子目归类的确定，由于该眼压记录仪本身并不是一种治疗设备，而是一种“通过记录眼动脉压、眼静脉压的变化，对眼睛进行诊断”的电气诊断装置，故应归入一级子目 9018.1“电气诊断装置（包括功能检查或生理参数检查用装置）”，最终归入税号 9018.1990。本题正确答案为选项 A。

三、多选题（请在下列各题选项中，选出 2 个或 2 个以上正确答案；共 5 题，每题 3 分，共 15 分；全部选对得 3 分，少选得相应分，错选、不选不得分）

1. 【答案】BCD

【解析】根据第十六类总注释“二、零件”的规定：“税目 84.84（密封垫等）、85.44（绝缘电线）、85.45（电气设备用碳精制品）、85.46（绝缘子）或 85.47（线路导管）；其他的这类零件一般应按其构成材料归入相应的章内。”本题正确答案为选项 BCD。

2. 【答案】AC

【解析】根据第十六类类注二（一）的规定，选项 A 交流电动机归入税目 85.01；选项 C 电磁泵归入税目 84.13；而选项 B 蒸汽机用滑阀，因其未构成完整的阀门，根据税目 84.81 注释的排他条款，归入税目 84.12；选项 D 纺织机用经轴是一种纺织时用于固定经线，使经线按一定次序和间隔排列的横轴，并非税目 84.83 的传动轴，应将其归入税目 84.48。本题正确答案为选项 AC。

3. 【答案】ABD

【解析】根据第十六类总注释“六、多功能机器及组合机器”的规定：“当组合机器可归入某个特定税目时，无须引用第十六类注释三的规定。例如，某些空调器（税目 84.15）。”选项 A 具有调温和调湿功能的空调器（税目 84.15）、选项 B 具有车、铣、刨、钻功能的金属加工中心（税目 84.57）及选项 D 调频调幅立体声收放音组合机（税目 85.27）均符合上述总注释规定，无须引用第十六类注释三。而选项 C 具有拍照功能的无线手机属于组合式机器，需要引用第十六类注释三进行判定。本题正确答案为选项 ABD。

4. 【答案】ABC

【解析】根据第八十四章注释五（四）的规定：“税目 84.71 不包括单独报验的下述设备，即使它们符合上述注释五（三）的所有规定：1. 打印机、复印机、传真机，不论是否组合式；2. 发送或接收声音、图像或其他数据的设备，包括有线或无线网络（例如，局域网或广域网）通信设备；

3. 扬声器及传声器（麦克风）；4. 电视摄像机、数字照相机及视频摄录一体机；5. 监视器及投影机，未装有电视接收装置。”选项 A 数字激光打印机归入税目 84.43；选项 B 无线路由器归入税目 85.17；选项 C 笔记本用高清摄像头归入税目 85.25；选项 D 条形码扫描仪属于税目 84.71 注释的“光学阅读器”。本题正确答案为选项 ABC。

5. 【答案】ACD

【解析】根据第八十四章子目注释二的规定：“二、子目 8471.49 所称‘系统’，是指各部件符合第八十四章注释五（三）所列条件，并且至少由一个中央处理部件、一个输入部件（例如，键盘或扫描器）及一个输出部件（例如，视频显示器或打印机）组成的自动数据处理设备。”本题正确答案为选项 ACD。

四、分析题（请根据题目的要求作答，共 5 题，每题 4 分，共 20 分）

1. 【答案】

（1）归入税目（68.15、84.73 或其他）：68.15

（2）总规则的运用：归类总规则一

（3）分析归类理由：

【解析】根据第八十四章注释一（一）描述，本税目不包括第六十八章的石磨、石碾及其他物品，该商品为已制成特定形状的石墨制品，起散热作用，属于非电气石墨制品。根据归类总规则一，该商品应归入税目 68.15。

2. 【答案】

（1）归入税目（85.19、85.21、85.27 或其他）：85.21

（2）总规则的运用：归类总规则一

（3）分析归类理由：

【解析】便携式 VCD 播放机将收音机、录音机、VCD 播放机及两个喇叭集合在一个机体内，属于一种多功能组合机器。根据第十六类注释三的规定：“三、由两部及两部以上机器装配在一起形成的组合式机器，或具有两种及两种以上互补或交替功能的机器，除条文另有规定的以外，应按具有主要功能的机器归类。”其主要功能为播放 VCD 影片，符合税目 85.21 的条文描述“视频信号录制或重放设备，不论是否装有高频调谐器”。根据归类总规则一，应将其归入税目 85.21。

3. 【答案】

（1）归入子目（8527.12、8527.13 或其他）：8527.13

（2）总规则的运用：归类总规则一及六

（3）分析归类理由：

【解析】袖珍盒式磁带收放机属于带有声音重放装置的收音设备，根据商品功能，应归入税目85.27。它由电池供电，属于不需外接电源的无线电收音设备，故确定一级子目归入子目8527.1。比较该子目下的二级子目，如按具体列名归入子目8527.12，则是错误的，因为第八十五章子目注释8527.12描述："一、子目8527.12仅包括有内置放大器但无内置扬声器的盒式磁带放声机，它不需外接电源即能工作，且外形尺寸不超过170mm×100mm×45mm。"该子目注释规定，子目8527.12仅包括无内置扬声器的盒式磁带放声机，而上述袖珍盒式磁带收放机装有内置扬声器，不满足子目注释的条件，所以不能归子目8527.12。根据归类总规则一及六，应按"其他收录（放）音组合机"归入子目8527.13。

4.【答案】

（1）归入税目（85.22、85.37或其他）：85.37

（2）总规则的运用：归类总规则一

（3）分析归类理由：

【解析】CD播放机专用线控，可通过线控上的按键实现音量调节、歌曲播放、停止、选曲等操控，根据第十六类注释二的规定："（一）凡在第八十四章、第八十五章的税目（税目84.09、84.31、84.48、84.66、84.73、84.87、85.03、85.22、85.29、85.38及85.48除外）列名的货品，均应归入该两章的相应税目"，该商品符合税目85.37的条文描述："用于电气控制或电力分配的盘、板、台、柜及其他基座，装有两个或多个税目85.35或85.36所列的装置"。根据归类总规则一，应将其归入税目85.37。

5.【答案】

（1）归入税目（84.71、85.44或其他）：84.71

（2）总规则的运用：归类总规则一

（3）分析归类理由：

【解析】根据第八十四章注释及税目84.71注释描述，本税目包括控制及适配部件，用以使中央处理器与输入或输出部件相连接（例如，USB插口）。根据归类总规则一［第八十四章章注五（三）］，该商品应归入税目84.71。

第三十天打卡

一、判断题（请对下列各题做出正误判断，共5题，每题1分，共5分；答错、不答不得分也不扣分）

1.【答案】正确

【解析】根据税目87.05注释描述，可互换的扫雪或吹雪装置，不论报验时是否装在车上，均不归入本税目（税目84.30）。配有内装式设备的机动犁雪车或吹雪车一律归入税目87.05。本题描述正确。

2.【答案】错误

【解析】根据第九十五章章注四描述，除上述注释一另有规定的以外，税目95.03主要适用于该税目所列的物品与一项或多项其他货品组合而成的物品，只要这些物品为零售包装，且组合后具有玩具的基本特征。这些组合物品不能视为归类总规则三（二）所指的成套货品，如果单独报验，应归入其他税目。

该商品符合注释描述，运用了归类总规则一，而不是归类总规则三（二）。本题描述错误。

3.【答案】正确

【解析】根据税目85.39注释描述，电灯是由各种形状的玻璃或石英容器，装上必要的元件制成；可将电能转换成光线（包括红外线或紫外线）。本税目包括各种电灯，不论是否具有特种用途（包括放电闪光灯）。本税目包括白炽灯泡、气体放电灯管及弧光灯。本题描述正确。

4.【答案】错误

【解析】根据第九十章章注五，本商品应归入税目90.31。本题描述错误。

5.【答案】正确

【解析】根据税目87.08注释描述，本税目不包括纺织材料或未硬化硫化橡胶制的地毯，本题为塑料制，应归入税目87.08，本题描述错误。

二、单选题（请在下列各题选项中，选出1个正确答案；共5题，每题2分，共10分；错选、不选均不得分）

1.【答案】A

【解析】该齿轮毛坯不具有齿轮的基本特征，需经铣齿、剃齿等进一步深加工后才能制成齿轮，根据《税则注释》关于品目72.07“粗锻件”的解释，该齿轮毛坯属于齿轮粗锻件，应归入税目72.07的相应子目。本题正确答案为选项A。

2. 【答案】A

【解析】该头盔上附属的物品或装置未改变“头盔”的基本特征。根据归类总规则一，该商品应归入税目65.06。本题正确答案为选项A。

3. 【答案】D

【解析】根据税目96.13注释描述，本税目包括汽车或其他车辆用的点烟器，汽车点烟器应归入税号9613.8000。本题正确答案为选项D。

4. 【答案】B

【解析】该智能马桶盖具有座圈加热、暖风干燥、按摩清洗、冷热SPA多种功能，复合产品由用于喷射水的机电家用装置和用于家庭的电加热装置为主要特征，不能区分哪个为主要特征，应按从后归类归入税号8516.7990。本题正确答案为选项B。

5. 【答案】C

【解析】该商品用于盛放狗粮并称重，其中称构成了主要特征，应按衡器归入税号8423.1000。本题正确答案为选项C。

三、多选题（请在下列各题选项中，选出2个或2个以上正确答案；共5题，每题3分，共15分；全部选对得3分，少选得相应分，错选、不选不得分）

1. 【答案】BCD

【解析】机电商品的归类不同于材质类商品的归类（材质类商品主要是根据商品的成分、加工程度等因素确定归类），机电商品主要是根据商品的功能、结构、工作原理、用途来确定归类。有时看似同一类商品，但因为功能不同、结构不同或用途不同而归入不同的税目。本题正确答案为选项BCD。

2. 【答案】ACD

【解析】选项B正确表述应为：“第八十四章的机器设备的‘功能’优先于‘用途’。”本题正确答案为选项ACD。

3. 【答案】ABCD

【解析】从外观结构上分析，功能机组由几个相互独立的部件（或机器）组成，不是一个整体；从功能上分析，功能机组的每个部件或机器都有一定的功能，所以说功能机组有多个功能，但当它们视为一个整体后，对外体现的只有唯一的一种功能。本题正确答案为选项 ABCD。

4.【答案】AB

【解析】选项 C 电子闪光灯泡归入税目 90.06；选项 D 发光二极管归入税目 85.41；选项 B 和 D 属于税目 85.39 的列名货品。本题正确答案为选项 AB。

5.【答案】AC

【解析】选项 B 金属冲压机归入税目 84.55；选项 D 半导体引脚折弯机属于半导体器体加工机床，优先归入税目 84.86；选项 A 和 C 属于税目 84.62 的列名货品。本题正确答案为选项 AC。

四、分析题（请根据题目的要求作答，共 5 题，每题 4 分，共 20 分）

1.【答案】

（1）归入税号（8471.7000、8471.8000 或其他）：8471.8000

（2）总规则的运用：归类总规则一及六

（3）分析归类理由：

【解析】该商品为读卡器，属于自动数据处理设备的其他部件，可以读取和写入插入的卡中，但不属于存储单元。根据归类总规则一及六，应将其按自动数据处理设备的其他部件归入税号 8471.8000。

2.【答案】

（1）归入税目（87.04、87.09、84.79 或其他）：87.09

（2）总规则的运用：归类总规则一

（3）分析归类理由：

【解析】物流配送车用于短距离无人驾驶配送货物，最高时速不超过 35km/h，未装有提升或搬运设备，符合税目 87.09 注释的条文描述："短距离运输货物的机动车辆，未装有提升或搬运设备，用于工厂、仓库、码头或机场"。根据归类总规则一，应将其归入税目 87.09。

3.【答案】

（1）归入税目（87.15、95.03 或其他）：95.03

（2）总规则的运用：归类总规则一

（3）分析归类理由：

【解析】儿童手推车虽然具有与税目 87.15 婴孩手推车相同的结构部件，但其设计明显适合儿童玩乐用，其符合税目 95.03 的条文描述："二、玩偶车（例如，手推玩偶车），包括折叠式的"。根据归类总规则一，应将其归入税目 95.03。

4. 【答案】

（1）归入税目（84.71、85.36或其他）：85.44

（2）总规则的运用：归类总规则一及六

（3）分析归类理由：

【解析】该商品不包含IC芯片。它是一种无源设备，由于电缆不满足第八十四章注释五（三）的要求，不能归入税目84.71。根据归类总规则一及六，应将其归入税目85.44。

5. 【答案】

（1）归入税目（85.30、86.08或其他）：86.08

（2）总规则的运用：归类总规则一

（3）分析归类理由：

【解析】自动栏杆机由控制器（安装于机壳内）、驱动机构和栏杆安装而成，其通过机械设备来完成最终的控制，已超出了税目85.30注释描述的范围，其符合税目86.08的条文描述："供铁道、电车道、道路、内河航道、停车场、港口或机场用的机械（包括电动机械）信号、安全或交通管理设备"。根据归类总规则一，应将其归入税目86.08。

第一套模拟题（机电类）

一、判断题（请对下列各题做出正误判断，共10题，每题1分，共10分；答错、不答不得分也不扣分）

1. 【答案】正确

【解析】本题符合归类总规则三的前提条件描述，当货品按归类总规则二（二）或由于其他原因看起来可归入两个或两个以上税目时，应按以下规则归类。本题描述正确。

2. 【答案】错误

【解析】猫眼，又称门镜，是装在住宅户门上的一种小型光学仪器，便于居民观察户外情况，应归入税号9013.8020。本题描述错误。

3. 【答案】错误

【解析】根据税目84.49条文描述，本税目包括帽模，帽模可用木或金属（通常用铅）制成，并与上述某些机器一起使用。本题描述错误。

4. 【答案】错误

【解析】根据税目87.05注释描述，凡带有起重或搬运机器、土地平整、挖掘或钻探机器等的车辆，至少必须配备下列机械装置，在实质上构成了一台基本完整的机动车底盘或货车，才能归入本税目：推进发动机、变速箱及换挡操纵装置、转向及制动装置。起重车不适用于运货，由一个驾驶室及一个旋转起重机固定装在一个机动车底盘上所组成。但配有自动装料装置的货车除外（税目87.04）。本题描述错误。

5.【答案】正确

【解析】该成套组件未包含能组装成完整自行车的全部必要零件，属于不完整品的散件，这些散件组装后已经具备自行车基本特征，仍可按完整品归类，运用归类总规则一、二（一），应归入税目87.12。本题描述正确。

6.【答案】正确

【解析】税目85.34注释描述，薄膜电路是利用真空蒸发、阴极溅射或化学方法，把金属膜及介质膜沉淀在特种图形的玻璃或陶瓷板片上形成的。有关图形可用掩模沉淀法形成，或用整片沉淀后选择腐蚀的方法形成。厚膜电路是利用丝网印刷工艺，把粉状的玻璃、陶瓷及金属与适当溶剂混合而成的浆料（或油墨）印刷在类似图形的陶瓷板片上，再把陶瓷板片置于炉中烧制而成。本题描述正确。

7.【答案】错误

【解析】根据税目70.10注释排除条款，以及税目70.20注释描述，本税目包括保温瓶或其他各种类型保温容器用的玻璃胆，但因装上外壳或其他任何保护性外罩（全部或部分罩着）而成为税目96.17的保温瓶或其他保温容器的产品除外。本税目仅包括玻璃胆；它们可以是制成品或半制成品，也可以带有或不带有塞子或其他盖子（不论是否已安装）。本题描述错误。

8.【答案】错误

【解析】税目84.19仅包括非家用设备，快速热水器及储备式热水器不在此范围。本题描述错误。

9.【答案】正确

【解析】工业相机如果不具有存储装置应按电视摄像机归入三级子目8525.801，如果有存储装置，再看是否为拍摄运动画面，如果是则按摄录一体机归入三级子目8525.803，如果否则按数字相机归入三级子目8525.802。本题描述正确。

10.【答案】错误

【解析】根据税目90.18排除条款第十六款，该商品一般应归入税目90.27。本题描述错误。

二、单选题（请在下列各题选项中，选出1个正确答案；共10题，每题2分，共20分；错选、不选均不得分）

1.【答案】B

【解析】本题考查对归类总规则的理解。尽管税目96.05注释包括：三、擦鞋套具，由刷子、盒装或支装鞋油及擦鞋布等组成，装于皮革、织物、塑料或过塑纸板等制的箱子内一同报验。但税目96.05指的是旅行套装，“旅行套装”在题目中并未提及，但从货物构成看，不属于旅行用。因此，该商品不应归入税目96.05。

由于其为零售成套包装，符合归类总规则三“零售的成套货品”描述，但无法区分哪个为主要特征，因此根据归类总规则三（三），应归入税目96.03。本题正确答案为选项B。

2.【答案】B

【解析】根据第十一类子目注释二的规定，用税目58.11的成匹被褥状纺织产品所制的物品应归入本章各税目的子目中。这类物品应以构成其面料的纺织材料所具有的基本特征来确定归类，即使面料本身归入税目59.03、59.06或59.07，有关服装也不应归入税目62.10。图片为短大衣，短大衣一般长度要到大腿中部，因此该商品应归入税号6201.9310。本题正确答案为选项B。

3.【答案】A

【解析】税目39.23包括供运输或包装货物用的塑料制品。该商品为包装运输用盒，该鸡蛋盒应按盒、箱（包括板条箱）及类似品归入税号3923.1000。本题正确答案为选项A。

4.【答案】D

【解析】千分表用于测量和检查各种工业应用中的几何变量，是一种比较量具，千分表非手用长度测量器具，通常在测量架中测量，应归入税号9031.8090。本题正确答案为选项D。

5.【答案】B

【解析】该货品属于落地式，可移动，用于放置绘画或黑板等物品，非支撑器械，符合第九十四章“家具”定义，应归入税目94.03，其材质为松木，根据归类总规则一（第九十四章章注二）及六，该松木画架应归入税号9403.6090。本题正确答案为选项B。

6.【答案】A

【解析】该商品的滑石粉和聚丙烯仅是物理混合，不属于化学改性聚合物的商品范畴，根据归类总规则一及六，该商品应归入税号 3902.1000。本题正确答案为选项 A。

7. 【答案】A

【解析】根据税目 83.02 注释，本税目包括不属于第十七类所列零件或附件范围的机动车辆（例如，小客车、货车、旅行车）用附件及架座。例如，制成的串珠饰带；脚踏板；扶手杆、条及把手；遮帘用的配件（杆、托架、紧固件、弹簧机构等）；车内行李架；开窗机件；专用烟灰缸；后车厢板扣件。

税号 8708.2930 指的是玻璃升降器总成，包括电气部分，手动玻璃升降器属于开窗机件。本题正确答案为选项 A。

8. 【答案】D

【解析】该商品为专用于汽车轮毂的中心盖，材质为塑料制，应按车轮的零件、附件归入子目 8708.70，用于面包车，应归入税号 8708.7099。本题正确答案为选项 D。

9. 【答案】C

【解析】该造水机为利用反渗透法过滤海水，应按过滤装置归入税目 84.21，根据过滤、净化水用，船舶用，应归入税号 8421.2199。本题正确答案为选项 C。

10. 【答案】B

【解析】该商品为鼓风机专用零件，根据第十六类类注二（二），应归入税目 84.14，根据归类总规则一及六，应归入税号 8414.9090。本题正确答案为选项 B。

三、多选题（请在下列各题选项中，选出 2 个或 2 个以上正确答案；共 10 题，每题 3 分，共 30 分；全部选对得 3 分，少选得相应分，错选、不选不得分）

1. 【答案】ABC

【解析】自动调节或控制的仪器或装置归入税目 90.32，该税目仅包括两类商品：液体或气体的流量、液位、压力或其他变化量及温度的自动控制仪器、装置；电量自动调节器及非电量自动控制的仪器或设备。这些商品的共同特点是它们由三部分组成：测量装置、控制装置、启停或操作装置。本题正确答案为选项 ABC。

2. 【答案】ACD

【解析】选项 A 内燃机用曲轴属于一种传动元件，应归入税目 84.83；选项 B 内燃机用连杆，根据第十六类注释二（二）的规定，属于税目 84.09 的专用零件；选项 C 内燃机用增压器，应归入税目 84.14；选项 D 内燃机用滤油器属于一种液体过滤装置，应归入税目 84.21。本题正确答案为选项 ACD。

3.【答案】ABC

【解析】确定税目 85.01 电动机的具体子目时，涉及的归类要素包括：种类、输出功率、用途、交/直流、相数、机座尺寸等，而精度则不属于税目 85.01 的专有归类要素。本题正确答案为选项 ABC。

4.【答案】AD

【解析】选项 B 装有检烟器（装有放射性物质）的防火报警器，应归入税目 90.22，选项 C 未装有电气音响或视觉报警装置的火焰探测器，应归入税目 85.36，根据税目 85.31 注释描述，选项 AD 均归入税目 85.31。本题正确答案为选项 AD。

5.【答案】BCD

【解析】同级子目才能比较，税目 40.14 有排除条款。本题正确答案为选项 BCD。

6.【答案】BCD

【解析】血管支架应归入税目 90.21，X 射线断层检查仪应归入税目 90.22，血糖仪应归入税目 90.27，血液透析机（人工肾透析装置）应归入税目 90.18。本题正确答案为选项 BCD。

7.【答案】ABC

【解析】该商品满足税目 84.79 注释所列的关于“独立功能”的定义（不论是否带有推进装置），符合税目 84.79 及其子目条文的描述，根据归类总规则一及六，应将其按其他税目未列名的具有独立功能的机器归入税号 8479.8999，选项 D 描述正确。本题正确答案为选项 ABC。

8.【答案】BCD

【解析】电缆密封件，硅胶制，应归入税目 39.26，安装在电源转换器用绝缘框架应归入税目 85.04，塑料制绝缘子应归入税目 85.46。本题正确答案为选项 BCD。

9.【答案】ABCD

【解析】第十七类包括铁路装甲车辆（第八十六章）、坦克及装甲车（税目 87.10）、军用飞机（税目 88.01 或 88.02）及军舰（税目 89.06）。本题正确答案为选项 ABCD。

10. 【答案】ABD

【解析】选项 ABD 可参考归类总规则三注释四的举例；选项 C 的谷物分选机器列名于税目 84.37，不符合税目 84.38 和 84.79 所称“本章其他税目未列名”，因此不存在按归类总规则三（一）比较列名具体程度的过程。本题正确答案为选项 ABD。

四、分析题（请根据题目的要求作答，共 10 题，每题 4 分，共 40 分）

1. 【答案】

（1）归入税目（84.57、84.59 或其他）：84.57

（2）总规则的运用：归类总规则一

（3）分析归类理由：

【解析】该商品为多功能金属加工机床，当工件固定在工作台上后，有三个动力头可同时对工件进行铣削、钻削和镗削加工。该机床的功能原理单工位组合机床符合第八十四章注释四的规定“四、税目 84.57 仅适用于可以完成下列不同形式机械操作的金属加工机床，但车床（包括车削中心）除外……（二）同时或顺序地自动使用不同的动力头对固定不动的工件进行加工（单工位组合机床）……”根据归类总规则一，应将其归入税目 84.57。

2. 【答案】

（1）归入税目（84.74、84.79 或其他）：84.74

（2）总规则的运用：归类总规则一

（3）分析归类理由：

【解析】该商品为碾轮式混砂机，符合税目 84.74 条文“泥土、石料、矿石或其他固体（包括粉状、浆状）矿物质的分类、筛选、分离、洗涤、破碎、磨粉、混合或搅拌机器”的描述。根据归类总规则一，应将其归入税目 84.74。

3. 【答案】

（1）归入税目（84.19 和 85.14 或其他）：85.14

（2）总规则的运用：归类总规则一

（3）分析归类理由：

【解析】税目 84.19 不包括利用感应或介质损耗对材料进行热处理的工业或实验室用设备。根据归类总规则一，该商品应归入税目 85.14。

4. 【答案】

（1）归入税目（85.05 和 90.18 或其他）：90.18

（2）总规则的运用：归类总规则一

（3）分析归类理由：

【解析】税目 85.05 不包括眼科或外科医生专用的电磁铁（税目 90.18）。根据归类总规则一，应将其归入税目 90.18。

5.【答案】

（1）归入税目（84.50、85.16 或其他）：84.50

（2）总规则的运用：归类总规则一

（3）分析归类理由：

【解析】该商品由电阻加热器和温度传感器组成，传感器是为了实现稳定加热而加装的零件，因为安装方便而与电阻加热器组装在一起，根据税目 85.16 注释关于电阻加热器的描述："如果除了装有绝缘线圈架和电气接头以外，还与机器或器具的零件组装在一起，则应作为有关机器或器具的零件归类"，该商品超出了电阻加热器的范围，且专用于洗衣机。根据归类总规则一，应将其按洗衣机的专用零件归入税目 84.50。

6.【答案】

（1）归入税目（84.68、85.15 或其他）：85.15

（2）总规则的运用：归类总规则一

（3）分析归类理由：

【解析】该商品为波峰焊机，用于插装电子元器件的焊接，将熔化的铅锡合金等软钎焊料，经电动泵或电磁泵喷流成设计要求的焊料波峰，当预先装有元器件的电路板通过波峰时，实现元器件引脚与印刷电路板焊盘焊接在一起。由于波峰焊属于一种钎焊工艺，该机器符合税目 85.15 条文"电气（包括电热气体）焊接机器及装置，不论是否兼有切割功能"的描述。根据归类总规则一，应将其归入税目 85.15。

7.【答案】

（1）归入税目（85.26、90.15 或其他）：85.26

（2）总规则的运用：归类总规则一

（3）分析归类理由：

【解析】测距仪一般与民用航空甚高频全向信标和仪表着陆系统配合使用，属于无线电导航测距系统。该商品不符合税目 90.15 用于测定给定目标与测距仪之间距离的光学或光电测距仪。根据归类总规则一，该商品应按无线电导航设备归入税目 85.26。

8.【答案】

（1）归入税目（85.31、90.27 或其他）：85.31

（2）总规则的运用：归类总规则一

（3）分析归类理由：

【解析】该商品由探测装置及音响或视觉报警装置组成，不具有检测气体浓度值的功能，不符合税目 90.27 商品的描述。其符合税目 85.31 注释商品的描述。根据归类总规则一，该商品应归入税目 85.31。

9.【答案】

（1）归入税目（85.36、90.31 或其他）：85.43

（2）总规则的运用：归类总规则一

（3）分析归类理由：

【解析】该光电开关本身不具备“接通或切断电路”的功能，不应按开关归入税号 8536.5000。其通过发送/接收不可见光模式，输出信号给控制设备，其功能独立且在第八十五章其他税目中未列名，符合税目 85.43 及其子目条文的描述。根据归类总规则一，应将其按第八十五章其他税目未列名的具有独立功能的电气设备归入税目 85.43。

10.【答案】

（1）归入税目（73.07、84.19 或其他）：84.19

（2）总规则的运用：归类总规则一

（3）分析归类理由：

【解析】该商品不属于第七十三章“管”的范围，从该商品的结构和尺寸上判断，它具有专用性，应按燃气热水器的专用零件归类。依据归类总规则一［第十六类注释二（二）］，应将该商品归入税目 84.19。

第二套模拟题（机电类）

一、判断题（请对下列各题做出正误判断，共 10 题，每题 1 分，共 10 分；答错、不答不得分也不扣分）

1.【答案】错误

【解析】纸盒为包装材料，应按归类总规则五（二）归类。本题描述错误。

2.【答案】错误

【解析】税目条文已经说明，由税目 82.02 至 82.05 中两个或多个税目所列工具组成的零售包装成套货品，应该适用归类总规则一。本题描述错误。

3.【答案】错误

【解析】根据税目 84.32 注释描述，拖拉机拖带的或作为可互换部件装在拖拉机上的机器，所有这些机器即使与拖拉机一起报验（不论是否已装在拖拉机上），仍应归入本税目。拖拉机本身则另行归入税目 87.01。已安装上土壤耕作机具的拖拉机应将土壤耕作机具单独归类。本题描述错误。

4.【答案】正确

【解析】根据税目 85.40 注释描述，本题描述正确。

5.【答案】错误

【解析】根据税目 90.18 注释描述，化验室中用于检验血液、组织液、尿液等的仪器设备，不论这些检验是否供诊断用（一般归入税目 90.27）。本题描述错误。

6.【答案】错误

【解析】配有开关的门锁应归入税目 83.01。本题描述错误。

7.【答案】错误

【解析】该商品电钻占主要特征，应按手提式电动工具归类，本题描述错误。

8.【答案】正确

【解析】根据税目 94.02 注释描述，本税目不包括 X 光治疗专用的台及坐具（税目 90.22）。本题描述正确。

9.【答案】正确

【解析】根据税目 85.30 注释描述，本税目包括交通灯，通常由安装在交叉路口等的一组颜色信号灯组成。它们由灯具本身、控制设备及其操纵装置组成。本题描述正确。

10.【答案】错误

【解析】马铃薯挖掘机应归入税目 84.33。本题描述错误。

二、单选题（请在下列各题选项中，选出 1 个正确答案；共 10 题，每题 2 分，共 20 分；错选、不选均不得分）

1.【答案】A

【解析】该商品为塑料制车顶拉手，符合子目 3926.30“家具、车厢或类似品的附件”描述。根据归类总规则一及六，应将其归入税号 3926.3000。本题正确答案为选项 A。

2.【答案】C

【解析】该商品为吊钩组，专用于起重机，已经构成专用零件特征，根据归类总规则一［第十六类类注二（二）］及六，该商品应归入税号

8431.4999。本题正确答案为选项 C。

3.【答案】C

【解析】双目放大镜和税目 90.11 的立体显微镜不同，只有目镜而没有物镜。该商品应归入税目 90.13。本题正确答案为选项 C。

4.【答案】A

【解析】该商品为金属材质冲压模具，符合税目 82.07 注释描述，锻压或冲压工具，包括金属片材冷锻压或冷冲压用的冲子及模具（including punches and dies for cold pressing or stamping of sheet metal）。热冲压成型是一种零件加工方式，先将坯料加热至一定温度，然后用冲压机在相应的模具内进行冲压并保压淬火，以得到所需外形并同时实现金属材料相变的一种材料成型方法。本题正确答案为选项 A。

5.【答案】B

【解析】该商品已经具备摇臂轴基本特征。摇臂围绕其转动，其本身不传递动力，应按发动机专用零件归类，根据归类总规则一［第十六类类注二（一）、二（二）］，应将其归入税目 84.09。本题正确答案为选项 B。

6.【答案】B

【解析】运钞车的主要用途仍然是“运输货物”，故应归入税目 87.04“货运机动车辆”，根据纯电动，应归入税号 8704.9000。本题正确答案为选项 B。

7.【答案】D

【解析】该引线框架属于集成电路的专用零件，根据第十六类类注二（二），该商品应按集成电路归入税号 8542.9000。本题正确答案为选项 D。

8.【答案】C

【解析】龙头符合税目 84.81“用于管道、锅炉、罐、桶或类似品的龙头，旋塞、阀门及类似装置，包括减压阀及恒温控制阀”，应按其他器具归入税号 8481.8090。本题正确答案为选项 C。

9.【答案】C

【解析】该商品是烟弹、雾化器、烟嘴成为一体，应按照电子烟的专用零件归入税号 8543.9090。本题正确答案为选项 C。

10.【答案】A

【解析】该“造水机”通过蒸馏、冷凝实现由海水制造淡水，过滤净化仅是辅助功能，不能归入税目 84.21“液体或气体的过滤，净化机器及装置”。根据第十六类类注三，应按其“蒸馏”功能归入税目 84.19，根据归类总规则一及六，应将其归入税号 8419.4090。本题正确答案为选项 A。

三、多选题（请在下列各题选项中，选出 2 个或 2 个以上正确答案；共 10 题，每题 3 分，共 30 分；全部选对得 3 分，少选得相应分，错选、不选不得分）

1.【答案】ABCD

【解析】根据相应税目条文与注释，本题归类描述正确。本题正确答案为选项 ABCD。

2.【答案】CD

【解析】兽医用手术台应归入税目 94.02，X 光外科检查台应归入税目 90.22，牙科综合治疗台应归入税目 90.18，婴儿人工保温箱应归入税目 90.18。本题正确答案为选项 CD。

3.【答案】AD

【解析】液体比重糖量计应归入税目 90.25，白酒酒精度数计，原理和液体比重糖量计一样，也应归入税目 90.25，选项 AD 应归入税目 90.27。本题正确答案为选项 AD。

4.【答案】ABC

【解析】第八十四章章注一（二）及（三）已经排除，而第八十五章未排除，但税目 70.11 所列的玻璃外壳（包括玻璃泡及玻璃管）除外。本题正确答案为选项 ABC。

5.【答案】BC

【解析】磁珠应归入税目 85.48，带有铁芯的感应线圈应归入税目 85.05，白板磁吸应归入税目 85.05，柜门磁吸（磁性物质与其他部分构成的器具）应归入税目 83.02。本题正确答案为选项 BC。

6.【答案】CD

【解析】以含铅橡胶制成的防护围裙及手套归入税目 40.15，清洗机械上用的橡胶制的刷子归入税目 96.03，硫化橡胶制的电器绝缘零件归入税目 40.16，机动车刹车系统硫化橡胶制皮碗归入税目 40.16。本题正确答案为选项 CD。

7.【答案】BCD

【解析】选项 A 后视镜应归入税目 70.09；选项 B 已经经过光学加工，应归入第九十章；选项 C 正确，木制镜框（含镜）应归入第七十章。本题正确答案为选项 BCD。

8.【答案】BCD

【解析】选项 BCD 中商品符合第十五类类注二，只有钢铁制螺母属于《协调制度》定义的“通用零件”。本题正确答案为选项 BCD。

9.【答案】ABC

【解析】根据第十六类类注二（二），选项 D 应归入税目 85.03。本题正确答案为选项 ABC。

10.【答案】AB

【解析】选项 C 根据第十六类类注一（一），选项 D 根据第十六类类注二（二）。本题正确答案为选项 AB。

四、分析题（请根据题目的要求作答，共 10 题，每题 4 分，共 40 分）

1.【答案】

（1）归入税目（73.26、94.03 或其他）：94.03

（2）总规则的运用：归类总规则一、二（一）

（3）分析归类理由：

【解析】该货品的报验状态为成套散件，应按组装好的完整品归类，其符合第九十四章“家具”定义，应归入税目 94.03；又因其主要材质为贱金属制，适用于多种场所。根据归类总规则一（第九十四章注释二）、二（一），该商品应归入税目 94.03。

2.【答案】

（1）归入税目（84.17 和 84.19 或其他）：84.17

（2）总规则的运用：归类总规则一

（3）分析归类理由：

【解析】该烤炉通过天然气燃烧，在炉膛内产生 125~325℃的高温来烘烤食品，符合税目 84.17 条文“非电热的工业用炉及烘箱”的规定。根据归类总规则一，该商品应归入税目 84.17。

3.【答案】

（1）归入税目（82.05、85.13 或其他）：82.05

（2）总规则的运用：归类总规则一、三（二）

（3）分析归类理由：

【解析】根据该商品的出口状态及具体功能，锤子部件构成了商品的基本特征。依据归类总规则一、三（二），该商品应归入税目 82.05。

4.【答案】

（1）归入税目（90.26、90.31或其他）：90.26

（2）总规则的运用：归类总规则一

（3）分析归类理由：

【解析】该商品通过管道上的压力感应器检测系统是否泄漏，符合税目90.26“检验压力的仪器及装置”的描述。根据归类总规则一，该商品应归入税目90.26。

5.【答案】

（1）归入税目（84.15、87.08或其他）：84.15

（2）总规则的运用：归类总规则一、三（一）

（3）分析归类理由：

【解析】该商品与空调送风管道连接，安装在汽车车身上，由面板、导风板、风门、风门调节器、导风道、固定卡扣和密封棉组成，可控制车载空调出风风向的变化和通过风门的开关量控制风量大小。该商品为汽车空调的专用零部件。根据归类总规则一、三（一），应按照机动车辆上供人使用的空气调节器零件归入税目84.15。

6.【答案】

（1）归入税号（8471.3010、8471.3090或其他）：8471.3010

（2）总规则的运用：归类总规则一、三（二）及六

（3）分析归类理由：

【解析】该商品为由平板式电脑和可拆卸键盘组成的平板笔记本二合一电脑。该商品为可独立发挥功能的平板电脑，配以辅助附件（键盘）组成。其特性符合税目84.71关于“平板电脑”的相关描述。根据归类总规则一、三（二）及六，应将其归入税号8471.3010。

7.【答案】

（1）归入税目（84.79、85.15或其他）：85.15

（2）总规则的运用：归类总规则一

（3）分析归类理由：

【解析】该商品虽然没有焊丝进料装置，BGA的工作原理符合“回流焊”的工作原理，而“回流焊”是软钎焊的一种，应视为专用于软钎焊的设备。根据归类总规则一，该商品应归入税目85.15。

8.【答案】

（1）归入税目（84.67、84.74或其他）：84.74

（2）总规则的运用：归类总规则一

（3）分析归类理由：

【解析】该商品符合税目 84.74 注释“描述使用压模进行工作的各种压力机。将预先配制好的材料加以黏聚，并将其压成所需形状”。根据归类总规则一，该商品应归入税目 84.74。

9. 【答案】

（1）归入税目（84.22、84.79 或其他）：84.86

（2）总规则的运用：归类总规则一

（3）分析归类理由：

【解析】该商品用于硅片的清洗，符合税目 84.86 描述。根据归类总规则一（第八十四章章注九），该商品应归入税目 84.86。

10. 【答案】

（1）归入税目（85.36、90.18 或其他）：85.36

（2）总规则的运用：归类总规则一

（3）分析归类理由：

【解析】根据税目 85.36 注释描述，“这些装置主要由接通或切断相连的一条或多条电路的器件构成，或由可将一条电路转换到另一条电路的器件组成。”该商品符合税目 85.36 的开关描述。根据归类总规则一，该商品应归入税目 85.36。

第三套模拟题（机电类）

一、判断题（请对下列各题做出正误判断，共 10 题，每题 1 分，共 10 分；答错、不答不得分也不扣分）

1. 【答案】错误

【解析】滤油器为车辆用零件，不能引用第十六类注释。根据第十七类类注二（五）描述，包括税目 84.01 至 84.79 的机器或装置及其零件，但供本类所列货品使用的散热器除外；税目 84.81 或 84.82 的物品及税目 84.83 的物品（这些物品是构成发动机或其他动力装置所必需的）。由于汽油滤油器符合税目 84.21“液体或气体的过滤、净化机器及装置”的规定，因此应按过滤装置归入税目 84.21。本题描述错误。

2. 【答案】错误

【解析】根据第十七类总注释描述，不包括锁、车身配件及附件（例如，已制成的串珠状缘饰、铰链、门拉手、手柄、脚垫、机械开窗装置）、牌照、国籍牌照等（这些物品如果是贱金属制的应归入第八十三章；塑料制的则应归入第三十九章）。本题描述错误。

3.【答案】正确

【解析】根据税目85.27注释描述，本题描述正确。

4.【答案】错误

【解析】税目82.07仅包括螺丝刀头（不包括螺丝刀手柄），本题为成套商品，应归入税目82.05，因为这些螺丝刀头均归入同一税目，不符合“零售成套物品”定义。本题描述错误。

5.【答案】正确

【解析】汽车座椅应归入税目94.01，本题描述正确。

6.【答案】正确

【解析】根据税目94.02注释描述，牙科漱口盂，不论是否有架座，以及装有税目90.18所列牙科器械的牙科用椅，不应归入本税目，应归入税目90.18。本题描述正确。

7.【答案】错误

【解析】钎焊是将低熔点的钎料（其熔点比被焊材料的熔点低）加热至熔化状态，然后使其渗透到被焊材料的缝隙内，从而达到相互结合的方法。压焊是利用焊接时施加一定的压力而使接触处的材料结合的一种方法，如电阻焊、摩擦焊。摩擦焊属于非电气焊接（84.68）。熔焊是利用局部加热使连接处的材料熔化，再加入（或不加入）填充材料形成结合的方法。本题描述错误。

8.【答案】错误

【解析】根据税目84.18注释描述，本税目不包括可逆式热泵。这种热泵由电扇与调温及调湿装置组成。这类设备应按空气调节器归入税目84.15。本题描述错误。

9.【答案】正确

【解析】税目92.09不包括不能确定为做乐器弦用的金属丝、肠线及合成纺织纤维单丝（不论是否切成一定长度）（应归入它们各自的相应税目），选项中已经确认为乐器专用。本题描述正确。

10.【答案】正确

【解析】该商品为上发条及拨时装置，不能根据品名将其归入税目83.01，应将其归入税目91.14。本题描述正确。

二、单选题（请在下列各题选项中，选出1个正确答案；共10题，每题2分，共20分；错选、不选均不得分）

1. 【答案】C

【解析】根据第五十七章注释一，本章所称“地毯及纺织材料的其他铺地制品”，是指使用时以纺织材料作面的铺地制品，也包括具有纺织材料铺地制品特征但作其他用途的物品。该聚丙烯扁条的表观宽度在5mm以下，应按税目54.04的纺织材料归类，该商品为簇绒铺地制品，应归入税目57.03。本题正确答案为选项C。

2. 【答案】C

【解析】该铝管已构成空调零件特征，应按专用零件归入税目84.15。本题正确答案为选项C。

3. 【答案】B

【解析】根据题目描述，其中一目为显微照相预留接口，已经构成用于显微摄像的特征，根据归类总规则一、二（一）及六，该商品应归入税号9011.2000。本题正确答案为选项B。

4. 【答案】B

【解析】该商品符合税目90.14注释描述，超声波探测或搜索设备，例如，防潜仪、声呐及类似设备，用于普通测深、海底地貌测绘，以及搜索潜艇、失事残骸、鱼群等，应归入税号9014.8000。本题正确答案为选项B。

5. 【答案】B

【解析】尽管轴承在第八十四章有列名，但根据第八十四章章注一（一）不包括第六十八章的石磨、石碾及其他物品的规定，人造石墨制的轴承应按材料的属性归入税目68.15。本题正确答案为选项B。

6. 【答案】A

【解析】汽车座椅套不是汽车零件，故不能归入税目87.08。座椅套也不是座椅的零件，故不能归入税目94.01。座椅套应该按材料属性归类。由于该座椅套是针织面料制成的，座椅套具有比较明显的装饰作用（类似的还有电视机套、遥控器套等），应归入税目63.04。本题正确答案为选项A。

7. 【答案】A

【解析】该手机稳定器，主要用于保持拍摄画面稳定，手持式，非独脚架。其不能伸缩，并非主要用于自拍，不符合税目96.20类似品描述“是指配有四条腿及以上、在减轻晃动方面具有与独脚架、双脚架及三脚架相同功能的器械”，该货品通过 MEMS 陀螺仪传感器、电机保持稳定，通过蓝牙功能实现连接交互；该货品主要功能为机械装置实现稳定，具有未列名的独立功能，根据归类总规则一及六，应将其归入税号 8479.8999。本题正确答案为选项 A。

8. 【答案】D

【解析】根据第十六类类注二（三），本商品应归入税目 85.48。本题正确答案为选项 D。

9. 【答案】B

【解析】该模具为塑料注模，根据第十六类注释二（一），符合税目 84.80 及其子目条文的描述，税目 84.80 只排除了制造半导体器件用的模型，应将其归入税号 8480.7190。本题正确答案为选项 B。

10. 【答案】D

【解析】该冰激凌车主要不是用于载人或运货，应作为特种车归入税目 87.05“特殊用途的机动车辆（例如，抢修车、起重车、救火车、混凝土搅拌车、道路清洁车、喷洒车、流动工场及流动放射线检查车），但主要用于载人或运货的车辆除外”。由于其子目中并无冰激凌车的列名，故应归入税号 8705.9099“其他”。本题正确答案为选项 D。

三、多选题（请在下列各题选项中，选出 2 个或 2 个以上正确答案；共 10 题，每题 3 分，共 30 分；全部选对得 3 分，少选得相应分，错选、不选不得分）

1. 【答案】BC

【解析】根据税目 84.80 注释描述，选项 AD 的金属铸造用模具、玻璃用型模符合，金属挤压用模具应归入税目 82.07，玻璃制型模应归入税目 70.20。本题正确答案为选项 BC。

2. 【答案】BC

【解析】自走式起重机应归入税目 84.26，勾臂式垃圾车应归入税目 87.04，其他均归入税目 87.05。本题正确答案为选项 BC。

3. 【答案】ABC

【解析】芯片焊线机应归入税目 84.86，硬质橡胶制的绝缘子应归入税目 85.47，已装配压电陶瓷片应归入税目 85.41，加热马桶盖应归入税目 85.16。本题正确答案为选项 ABC。

4. 【答案】CD

【解析】选项 CD 是在《协调制度》中有统一定义的：本协调制度所称“再生皮革”，仅指税目 41.15 的皮革；本协调制度所称“通用零件”。本题正确答案为选项 CD。

5.【答案】ABCD

【解析】子目 8481.20 所称“油压或气压传动阀”，是指在液压或气压系统中专用于传递“流体动力”的阀门，系统以加压流体（液体或气体）的形式提供能源。这些阀门可以是各种形式的（例如，减压阀、止回阀）。子目 8481.20 优先于税目 84.81 的其他子目。本题正确答案为选项 ABCD。

6.【答案】ABD

【解析】根据第十五类注释二关于“通用零件”的描述内容：“本协调制度所称‘通用零件’，是指：（一）税目 73.07、73.12、73.15、73.17 或 73.18 的物品及其他贱金属制的类似品；（二）贱金属制的弹簧及弹簧片，但钟表发条（税目 91.14）除外；以及（三）税目 83.01、83.02、83.08、83.10 的物品及税目 83.06 的贱金属制的框架及镜子。”铝制拉环盖（饮料罐用）应归入税目 83.09，其他三项商品均在通用零件的描述范围之内。本题正确答案为选项 ABD。

7.【答案】ABC

【解析】单独报验的无线麦克风系统接收装置应归入税目 85.17，助听器应归入税目 90.21，调音台应归入税目 85.43，电气扩音组应归入税目 85.18。本题正确答案为选项 ABC。

8.【答案】ABCD

【解析】单片集成电路，即电路元件（二极管、晶体管、电阻器、电容器、电感器等）主要整体制作在一片半导体材料或化合物半导体材料（例如，掺杂硅、砷化镓、硅锗或磷化铟）基片的表面，并不可分割地连接在一起的电路。从定义可知，可以含有电路元件，但必须不可分割地连接在一起。本题正确答案为选项 ABCD。

9.【答案】ACD

【解析】根据 84.76 税目注释描述，游戏机币贩卖机，属于自动售币机。本题正确答案为选项 ACD。

10.【答案】ABCD

【解析】税目 85.01 注释描述，除内燃机用的启动电机（税目 85.11）以外，本税目包括各种类型的电动机，从供仪表、时钟、定时开关、缝纫机、玩具等用的小型电动机到供轧钢机等用的大型电动机。配有皮带轮、齿轮或齿轮箱，或配有软轴以驱动手工工具的电动机，仍应归入本税目。本题正确答案为选项 ABCD。

四、分析题（请根据题目的要求作答，共 10 题，每题 4 分，共 40 分）

1. 【答案】

（1）请写出 8 位数商品编码：8542. 3990

（2）总规则的运用：归类总规则一及六

（3）分析归类理由：

【解析】该商品符合税目 85. 42 注释关于“混合集成电路”的定义。根据归类总规则一及六，应将其按其他用途的集成电路归入税号 8542. 3990。

2. 【答案】

（1）请写出 8 位数商品编码：8465. 9900。

（2）总规则的运用：归类总规则一及六

（3）分析归类理由：

【解析】该商品由传送装置、切环装置、刀具和折边推杆等组成，主要功能是对塑料瓶盖加热软化、切出防盗环、向下翻折制成成品。根据归类总规则一及六，该商品应归入税号 8465. 9900。

3. 【答案】

（1）请写出 8 位数商品编码：8483. 1090

（2）总规则的运用：归类总规则一、二（一）及六

（3）分析归类理由：

【解析】根据归类总规则二（一）的注释，毛坯是指已具有制成品或零件的大概形状或轮廓，但还不能直接使用的物品。除极个别的情况外，它们仅可用于加工成制品或零件。该曲轴毛坯在报验时已具有曲轴的基本特征，应视为曲轴的未制成品，符合税目 84. 83 及其子目条文的相关描述。根据归类总规则一、二（一）及六，该商品应归入税号 8483. 1090。

4. 【答案】

（1）请写出 8 位数商品编码：9018. 1291

（2）总规则的运用：归类总规则一及六

（3）分析归类理由：

【解析】电子超声内窥镜包括光学内窥镜部分和超声波成像部分，可以同时利用光学和超声图像对人体进行诊断，其中超声波诊断是其主要功能。该商品符合税目 90. 18 的商品描述。根据归类总规则一及六，应将其归入税号 9018. 1291。

5. 【答案】

(1) 请写出8位数商品编码：8708.7040

(2) 总规则的运用：归类总规则一及六

(3) 分析归类理由：

【解析】该商品为货车（汽油发动机，车辆总重量1538kg）用车轮，由橡胶轮胎和钢制组成，符合对税目87.08及其子目条文的描述。根据归类总规则一及六，该商品应归入税号8708.7040。

6. 【答案】

(1) 请写出8位数商品编码：9002.9090

(2) 总规则的运用：归类总规则一及六

(3) 分析归类理由：

【解析】该商品为镜筒，摄像机用，为摄像机聚焦图像，减少分辨率，消除真实的汽车尺寸和模拟系统尺寸的差别，非物镜，经光学加工已装配。根据归类总规则一及六，该商品应归入9002.9090。

7. 【答案】

(1) 请写出8位数商品编码：8504.4014

(2) 总规则的运用：归类总规则一及六

(3) 分析归类理由：

【解析】该商品为12V电源，直流稳压电源，用于发动机台架试验，为实验设备提供电源，输出功率126W，精度低于万分之一，符合税目85.04及其子目条文的描述。根据归类总规则一及六，该商品应归入税号8504.4014。

8. 【答案】

(1) 请写出8位数商品编码：8523.5120

(2) 总规则的运用：归类总规则一及六

(3) 分析归类理由：

【解析】该商品符合税目85.23的描述。根据归类总规则一及六，该商品应归入税号8523.5120

9. 【答案】

(1) 请写出8位数商品编码：8486.4022

(2) 总规则的运用：归类总规则一及六

(3) 分析归类理由：

【解析】该商品符合税目84.86注释“专用于或主要用于组装半导体器件或集成电路的焊接机器及装置”的描述。根据归类总规则一及六，该商品应归入税号8486.4022。

10.【答案】

（1）请写出8位数商品编码：8475.2911

（2）总规则的运用：归类总规则一及六

（3）分析归类理由：

【解析】该商品主要用途为热弯玻璃，根据第八十四章章注七，应按玻璃热加工机器归入税目84.75，其生产过程是在加热炉中自动控温、自动升降、平面玻璃一次进料后成为曲面玻璃自动出料。根据归类总规则一及六，应按连续式热弯炉归入税号8475.2911。

第四套模拟题（非机电类）

一、判断题（请对下列各题做出正误判断，共10题，每题1分，共10分；答错、不答不得分也不扣分）

1.【答案】错误

【解析】由于猪肝已煮熟，属于已经过深加工的，故应归入第十六章，由于猪肝属于食用杂碎，故应归入税目16.02“其他方法制作或保藏的肉、食用杂碎或动物血”。动物肝更为具体，应归入税号1602.2000。本题描述错误。

2.【答案】错误

【解析】车用机油即汽车发动机用的润滑油，由于该润滑油并不是石油产品，而是化学合成产品，故应按化工品归入税目34.03。本题描述错误。

3.【答案】错误

【解析】第四十四章章注一的规定“本章不包括：（五）税目42.02的物品”，由于衣箱符合税目42.02“衣箱、提箱、小手袋、公文箱、公文包、书包、眼镜盒、望远镜盒、照相机套、乐器盒、枪套及类似容器”的规定，所以木制的衣箱应归入税目42.02。本题描述错误。

4.【答案】正确

【解析】根据第六类类注：“除上述（一）款另有规定的以外，凡符合税目28.43、28.46或28.52规定的货品，应分别归入以上税目而不归入本类的其他税目。”本题描述正确。

5.【答案】错误

【解析】税目12.09包括所有种植用的子仁、果实及孢子，这些产品即使不能发芽的，也归入本税目，但不包括那些在本注释未列的产品。这些产品因为通常是不作种用的，即使报验后要作种用，也应归入《协调制度》的其他税目。玉米种子应按谷物归类（第十章）。本题描述错误。

6.【答案】正确

【解析】税目 71.12 包括仅适于回收贵金属的金属废碎料或用作制造化学品的原料，也包括主要用于回收贵金属的含有贵金属或贵金属化合物的任何材料的废碎料。题目中的废碎料主要用于回收铂，本题描述正确。

7.【答案】错误

【解析】根据税目 25.30 注释描述，黑玉是一种密质的褐煤，颜色墨黑，容易雕琢，光泽度高。虽然黑玉用于制造珠宝首饰，但在《协调制度》中不作为一种宝石。本题描述错误。

8.【答案】错误

【解析】根据第三十一章章注四描述，税目 31.04 只适用于下列货品“……3. 硫酸钾，不论是否纯净”。本题描述错误。

9.【答案】错误

【解析】子目 9504.50 包括在电视机、监视器或其他外部屏幕或表面上重放图像的视频游戏控制器。本题描述错误。

10.【答案】正确

【解析】根据税目 62.17 注释描述，用织物或金属线机织物制成的各种腰带（包括子弹带）及饰带（例如，军队或教会中佩带的），不论是否有弹性或经橡胶处理的。这类物品即使带有贵金属制搭扣或其他配件、饰有珍珠、宝石或半宝石（天然、合成或再造的），仍归入本税目。本题描述正确。

二、单选题（请在下列各题选项中，选出 1 个正确答案；共 10 题，每题 2 分，共 20 分；错选、不选均不得分）

1.【答案】C

【解析】本题所述商品为猫用鱼干，不适合供人食用，应归入第五章。税目 23.09 为包括甜饲料及由数种营养物质混合而成的配制动物饲料。本题正确答案为选项 C。

2.【答案】A

【解析】税目 22.07 包括未改性乙醇，按容量计酒精浓度在 80% 及以上；任何浓度的改性乙醇及其他酒精；税目 22.07 注释：改性的乙醇及其他酒精是在酒精中掺有其他物质，使其不适合供人饮用，但其工业用途并不受影响。本题正确答案为选项 A。

3.【答案】C

【解析】根据税目 93.07 描述，即使只作仪仗或装饰用，或只用作舞台道具，也应归入本税目。本题正确答案为选项 C。

4.【答案】C

【解析】焊边或卷边接合的罐，可以理解为“焊接或压接密封的罐”，该盒盖是通过压紧闭合，因此不符合子目 7310.21 描述。税目 73.10 排除条款：粗腰饼干桶、茶叶罐、糖听及类似的家庭或厨房用容器及金属罐（税目 73.23），本图片上无任何商标信息，适用家庭储存食物等。本题正确答案为选项 C。

5.【答案】A

【解析】根据税目 63.07 注释二十三：由多层无纺织物构成但不可更换过滤层的防尘、隔味口罩，不论是否经活性炭处理或中间夹有一层合成纤维。该商品为随弃式面罩，一次性使用，纺织材料为其基本特征。本题正确答案为选项 A。

6.【答案】B

【解析】鞋套不属于衣服及衣着附件，应按材质归入税号 3926.9090。本题正确答案为选项 B。

7.【答案】D

【解析】该商品为汽车轮胎平衡块，税目 73.25 注释虽然描述“平衡块”，但不包括归入《协调制度》其他税目的铸件（例如，明显为机械设备的零件），根据归类总规则一及六，该商品应归入税号 8708.7099。本题正确答案为选项 D。

8.【答案】B

【解析】本题首先要理解“褥垫”的概念，床垫属于褥垫的一种，乳胶床垫也属于海绵橡胶制品，根据归类总规则一及六，应将其归入税号 9404.2100。本题正确答案为选项 B。

9.【答案】D

【解析】回形针为文件夹的一种，其以钢芯基材，外加塑料护套，应按贱金属制品归入税目 83.05。本题正确答案为选项 D。

10.【答案】C

【解析】玫瑰茄又称洛神花、洛神葵、洛神果、洛济葵，是锦葵科木槿属的物种，不符合税目 09.02 描述，主要用于生产果脯、天然色素、花草茶原料，不符合税目 12.11 描述，应归入税号 1212.9999。本题正确答案为选项 C。

三、多选题（请在下列各题选项中，选出 2 个或 2 个以上正确答案；共 10 题，每题 3 分，共 30 分；全部选对得 3 分，少选得相应分，错选、不选不得分）

1.【答案】ABC

【解析】税目 39.26 注释：

一、用塑料片缝合或焊接而成的衣着及衣着附件（玩具除外），例如，围裙、腰带、婴儿围兜、雨衣、衣服腋下汗垫、吸汗护垫等。可摘除的塑料兜帽和所属的塑料雨衣一起报验的，仍归入本税目。

九、装有羧甲基纤维素的塑料容器（用作冰袋）。

十二、其他各种物品，例如，手袋紧固件、衣箱包角、挂钩、装于家具底部的防护碗及滑轨、工具和刀叉等的手柄、穿孔小珠、表“玻璃”、数码及字母、行李标签夹。

乳胶奶嘴用天然橡胶的乳胶制成，硅胶奶嘴则是采用硅胶制造，乳胶制奶嘴不归入第三十九章。本题正确答案为选项 ABC。

2.【答案】ACD

【解析】第二章章注不包括：税目 02.01 至 02.08 或税目 02.10 的不适合供人食用的产品；动物的肠、膀胱、胃（税目 05.04）或动物血（税目 05.11、30.02）；或税目 02.09 所列产品以外的动物脂肪（第十五章）。牛百叶为牛的胃，因此本题正确答案为选项 ACD。

3.【答案】ABD

【解析】税号 2106.9040 中的椰子汁，是指以椰肉为原料经压榨、过滤、均质、灭菌等工艺制作而成。为使椰子汁不产生油水分离现象，可添加适量的稳定剂和乳化剂等；也可加入少量其他物质，但所加物质不能改变其基本特征。适用于制作蛋糕、糖果、饼干、冰激凌和咖喱等，并适用于烹饪菜、小吃和制作各种甜品。该税号所指“椰子汁”不可直接饮用。本题正确答案为选项 ABD。

4.【答案】BCD

【解析】税目 49.07 包括在承认或将承认其面值的国家流通或新发行并且未经使用的邮票、印花税票及类似票证，选项 BCD 应归入税目 97.04，“本税目包括下列使用过或未使用过的产品，但税目 49.07 的货品除外：一、各种邮票，即通常贴在信件或包裹上的票证；欠资邮票等”。本题正确答案为选项 BCD。

5.【答案】ABCD

【解析】LED 灯管应归入税目 85.39，彩色蜡烛应归入税目 34.06，照相用闪光灯（包括电气点火的照相闪光灯泡）应归入税目 90.06，叉车用警示灯应归入税目 85.31。本题正确答案为选项 ABCD。

6.【答案】AC

【解析】根据税目 96.08 注释，本税目不包括：（1）自来水笔的装有墨水的芯（税目 32.15）。（2）圆珠笔的笔尖钢珠（税目 73.26 或 84.82）。（3）数学绘图笔（税目 90.17）。（4）铅笔芯（税目 96.09）。本题正确答案为选项 AC。

7.【答案】ABD

【解析】根据第八十三章章注二：税目 83.02 所称“脚轮”，是指直径（对于有胎的，连胎计算在内，下同）不超过 75mm 的或直径虽超过 75mm，但所装轮或胎的宽度必须小于 30mm 的脚轮。选项 C 不符合条件，其他都符合，正确答案为选项 ABD。

8.【答案】BCD

【解析】税目 27.11 主要包括不论是否液化的以下气体：一、甲烷及丙烷，不论是否纯净。二、乙烷及乙烯，纯度低于 95%的（纯度在 95%及以上的乙烷及乙烯归入税目 29.01）。三、丙烯，纯度低于 90%的（纯度在 90%及以上的丙烯归入税目 29.01）。四、含正丁烷低于 95%及含异丁烷低于 95%的丁烷（含正丁烷或异丁烷在 95%及以上的丁烷归入税目 29.01）。本题正确答案为选项 BCD。

9.【答案】AD

【解析】羊毛女大衣（毛呢料制作）应归入税号 6202.1100；羊皮女大衣应归入税号 4203.1000；水貂皮女大衣应归入税号 4303.1010；由毛皮装饰领口、袖口、袋口的混纺麦尔登呢女式大衣，含羊毛、腈纶短纤（各占 50%），应归入税号 6202.1390。本题正确答案为选项 AD。

10.【答案】CD

【解析】伞套单独报验时应按材质归类，伞套及类似品，不论是否一同报验，但未套在伞上（应归入适当税目）；根据税目 66.01 注释，伞柄可与杆（杖）材料相同，或全部或部分由贵金属、包贵金属、兽牙、角、骨、琥珀、玳瑁、珍珠母等制成，也可镶有宝石或半宝石（天然、合成或再造）等，还可用皮革或其他材料包覆并可带有穗缨或蝴蝶结。本题选项AB描述错误，正确答案为选项CD。

四、分析题（请根据题目的要求作答，共10题，每题4分，共40分）

1. 【答案】

（1）归入税目（39.19、85.43或其他）：39.19

（2）总规则的运用：归类总规则一

（3）分析归类理由：

【解析】商品“本田商标标牌”为黑色的塑料制品，上有本田LOGO，粘在组装好的本田智能汽车钥匙上，起到标识作用。使用时直接从背衬纸上取下，粘贴在车钥匙上。该商品应属于印有图案的自粘塑料片。根据归类总规则一，该商品应归入税目39.19。

2. 【答案】

（1）归入税目（28.36、38.24或其他）：25.30

（2）总规则的运用：归类总规则一

（3）分析归类理由：

【解析】该商品的加工工艺未超出第二十五章章注一的规定，只经过洗涤（包括用化学物质清除杂质而未改变产品结构的）、破碎、磨碎、研粉、淘洗、筛分以及用浮选、磁选和其他机械物理方法（不包括结晶法）精选过的货品，但不得经过焙烧、煅烧、混合或超过税目所列的加工范围。根据归类总规则一，该商品应归入税目25.30。

3. 【答案】

（1）归入税目（71.17、74.19或其他）：83.08

（2）总规则的运用：归类总规则一

（3）分析归类理由：

【解析】该商品的进口状态符合税目83.08“环扣（带针或不带针）及扣夹”的相关注释条文。依据归类总规则一，该商品应归入税目83.08。

4. 【答案】

（1）归入税目（39.17、39.26或其他）：39.26

（2）总规则的运用：归类总规则一

（3）分析归类理由：

【解析】税目39.17所称“管子”，通常是指具有空心截面而长度远大于外径（或边长）的材料。从其外观来看，该商品不属于管，且不能作为管子使用。根据归类总规则一，该商品应归入税目39.26。

5.【答案】

（1）归入税目（44.03、44.07或其他）：44.03

（2）总规则的运用：归类总规则一

（3）分析归类理由：

【解析】税目44.07注释不包括粗劈成方（例如，用粗锯锯成）的木材（税目44.03）。根据归类总规则一，该商品应归入税目44.03。

6.【答案】

（1）归入税目（73.21、94.03或其他）：73.21

（2）总规则的运用：归类总规则三（二）

（3）分析归类理由：

【解析】该商品既有桌子的功能，又有燃气炉具的功能，但其主要功能是燃气炉具。根据归类总规则三（二），该商品应归入税目73.21。

7.【答案】

（1）归入税目（40.14、40.16或其他）：40.16

（2）总规则的运用：归类总规则一

（3）分析归类理由：

【解析】该商品适用的"诺和笔"属于税目90.18商品，但根据第九十章章注一（一）排除条款排除硫化橡胶制品。根据归类总规则一，该商品应归入税目40.16。

8.【答案】

（1）归入税目（38.08、39.11或其他）：39.11

（2）总规则的运用：归类总规则一

（3）分析归类理由：

【解析】该商品外观为奶白色透明液体，含聚六亚甲基双胍盐酸盐（10%）、水（90%），非零售包装，为聚六亚甲基双胍盐酸盐的水溶液，符合第三十九章"初级形状"描述。根据归类总规则一，该商品应归入税目39.11。

9.【答案】

（1）归入税目（04.01、04.04或其他）：04.01

（2）总规则的运用：归类总规则一

（3）分析归类理由：

【解析】第四章总注释，"乳品允许添加稳定剂及加工所需的少量化学品"。根据归类总规则一，该商品应归入税目04.01。

10.【答案】

（1）归入税目（42.01、83.06或其他）：42.01

（2）总规则的运用：归类总规则一

（3）分析归类理由：

【解析】税目 42.01 中注释包括狗或猫的颈圈，税目 83.06 包括铃铛，而在税目 83.06 注释中不包括配有铃的物品，例如，狗颈上的项圈（税目 42.01）。根据归类总规则一，该商品应归入税目 42.01。

第五套模拟题（非机电类）

一、判断题（请对下列各题做出正误判断，共 10 题，每题 1 分，共 10 分；答错、不答不得分也不扣分）

1.【答案】错误

【解析】加入硼酸（稳定剂）的过氧化氢符合第二十八章章注一，税目 28.47 具体列名过氧化氢，不论是否用尿素固化。综上所述，章注释已经说明，则适用归类总规则一。本题描述错误。

2.【答案】正确

【解析】税目 83.02 注释三，本税目包括不属于第十七类所列零件或附件范围的机动车辆（例如，小客车、货车、旅行车）用附件及架座。例如，制成的串珠饰带；脚踏板；扶手杆、条及把手；遮帘用的配件（杆、托架、紧固件、弹簧机构等）；车内行李架；升窗机件；专用烟灰缸；后车厢板扣件。本题描述正确。

3.【答案】正确

【解析】根据第七章章注二：税目 07.09、07.10、07.11 及 07.12 所称“蔬菜”，包括食用的蘑菇、块菌、油橄榄、刺山柑、菜葫芦、南瓜、茄子、甜玉米、辣椒、茴香菜、欧芹、细叶芹、龙蒿、水芹、甜茉乔栾那。本题描述正确。

4.【答案】错误

【解析】第七十一章章注四（二）：“铂”，是指铂、铱、锇、钯、铑及钌。章注五：含有贵金属的合金（包括烧结及化合的），只要其中任何一种贵金属的含量达到合金重量的 2%，即应视为本章的贵金属合金。按重量计含铂量在 2%及以上的合金，应视为铂合金，这里指的“铂”还包括铱、锇、钯、铑及钌。本题中应将铂、钯、铱含量相加等于 4%，超过 2%，该假牙合金材料应按照铂合金归类。本题描述错误。

5.【答案】错误

【解析】子目9504.50不包括用硬币、钞票、银行卡、代币或任何其他支付方式使其工作的视频游戏控制器及设备；这些税目应归入子目9504.30。本题描述错误。

6.【答案】正确

【解析】税目39.13包括天然橡胶的化学衍生物，作为高聚物的天然橡胶经化学处理后可形成某些具有塑料特性的物质；氯化橡胶，通常制成白色小颗粒状。用以制造油漆及清漆；涂后可抗大气及化学侵蚀。本题描述正确。

7.【答案】正确

【解析】税目24.02注释描述，本税目不包括药用卷烟（第三十章）。本题描述正确。

8.【答案】错误

【解析】分特（dtex）是纤维纤度国际单位，10000m长的纤维或纱线在公定回潮率下重量的克数，其为定长制单位，克数越大纱线或纤维越粗。公支，即公制支数，单位重量（每克）纱线在公定回潮率时的长度为米的倍数，或者每千克纱线在公定回潮率时的长度为千米的倍数，常以牛米（Nm）表示。本题计算为10000/232.56≈43公支。也就是说分母越小，数值越大，因此应为超过43公支，本题描述错误。

9.【答案】正确

【解析】税目63.09不包括第五十七章或税目58.05的装饰品，即使是明显看得出已经用旧的，不论其为何种包装。本题描述正确。

10.【答案】错误

【解析】第四章章注一描述，“黄油”，仅指从乳中提取的天然黄油、乳清黄油及调制黄油（新鲜、加盐或酸败的，包括罐装黄油）；人造黄油（液态人造黄油除外），塑性物体，通常为淡黄色，从动植物油、脂或其混合物制得，是一种油包水的乳浊液，其外表、稠度、颜色等一般制成黄油状。其中液态人造黄油归入税目15.16，固态人造黄油归入税目15.17。本题描述错误。

二、单选题（请在下列各题选项中，选出1个正确答案；共10题，每题2分，共20分；错选、不选均不得分）

1.【答案】B

【解析】第十六章章注二：本章的食品按重量计必须含有20%以上的香肠、肉、食用杂碎、动物血、鱼、甲壳动物、软体动物或其他水生无脊椎动物及其混合物。对于含有两种或两种以上前述产品的食品，则应按其中重量最大的产品归入第十六章的相应税目。但本条规定不适用于税目 19.02 的包馅食品和税目 21.03 及 21.04 的食品。本题中鸡肉含量超过 20%，因此应归入税目 16.02。本题正确答案为选项 B。

2.【答案】D

【解析】根据第二十二章章注一（四）的排它条款的规定，排除按重量计浓度超过 10% 的醋酸（税目 29.15）；冰乙酸为无水醋酸，因此应归入 2915.2190。本题正确答案为选项 D。

3.【答案】B

【解析】该商品设计不做扫地使用，属于供儿童娱乐的玩具。本题正确答案为选项 B。

4.【答案】D

【解析】本题考查对子目的确认。根据子目 1806.20 注释描述：本子目所称“其他散装形状”包括丸、豆、圆形、粒、球、切片、薄片、碎屑、刨花及类似形状……从图片可以看出，盒中巧克力形状各异，且重量不超过 2kg，因此选项 A 不符合；其也不属于“块状或条状”巧克力，选项 B 和选项 C 不符合，该商品应归入子目 1806.90。本题正确答案为选项 D。

5.【答案】A

【解析】根据第二十章注释四，干重量在 7% 及以上的番茄汁归入税目 20.02。本题正确答案为选项 A。

6.【答案】A

【解析】1,1,1,2-四氟乙烷，属于无环烃氟化衍生物，符合税目 29.03 描述的“烃的卤化衍生物”。本题正确答案为选项 A。

7.【答案】B

【解析】税目 48.20 注释四：多联商业表格纸，为多栏项的成套表格，表格印于自印复写纸上，或表格页间夹有复写纸。这些表格用于填制多张副本，可以是连续的或不连续的。这类表格印有内容并需要按其要求填写有关情况。本题正确答案为选项 B。

8.【答案】C

【解析】税目 96.03 注释不包括：刷架或刷柄（按构成材料归类）。牙刷柄应归入税号 3926.9090。本题正确答案为选项 C。

9.【答案】D

【解析】税目 62.12 包括胸罩、束腰带、紧身胸衣、吊裤带、吊袜带、束袜带和类似品及其零件，不论是否针织或钩编的。本题正确答案为选项 D。

10.【答案】C

【解析】该商品为涂层织物制得的婴儿服装，既可归入税目 62.10，也可归入本章其他税目的服装，除税目 62.09 所列的仍归入该税目外，其余的应一律归入税目 62.10。该商品应归入税目 62.09。本题正确答案为选项 C。

三、多选题（请在下列各题选项中，选出 2 个或 2 个以上正确答案；共 10 题，每题 3 分，共 30 分；全部选对得 3 分，少选得相应分，错选、不选不得分）

1.【答案】BCD

【解析】大豆是植物油的一种重要原料，应归入税目 12.01；需要注意的是，作为咖啡代用品的烘焙大豆应归入税目 21.01。本题正确答案为选项 BCD。

2.【答案】AB

【解析】选项 A 笔记本电脑包，拎包，皮革作面，应归入税号 4202.9100；选项 B 女式手提包，面料为印有图案的皮革，里料由纺织材料构成，应归入税号 4202.2100；选项 C 拉链包，两片 PVC 压制而成，应归入税号 3926.9090［税目 42.02 注释排除条款（三）］；选项 D 手提包，用玉米皮为原材料手工编结而成，应归入税号 4602.1920。本题正确答案为选项 AB。

3.【答案】AB

【解析】供食用活的海参，应归入税号 0308.1190；供食用干海参，应归入税号 0308.1900；红焖海参罐头，应归入税号 1605.6100；海参丸，中成药，应归入税号 3004.9059。本题正确答案为选项 AB。

4.【答案】BD

【解析】根据第六十二章章注三（二），便服套装可以有两件不同的服装；篮球运动服（背心+短裤）应分别归类；女式西服套装应是裙子或裙裤。本题正确答案为选项 BD。

5.【答案】CD

【解析】作为高聚物的天然橡胶经化学处理后可形成某些具有塑料特性的物质。它们包括：（1）氯化橡胶，通常制成白色小颗粒状。用以制造油漆及清漆；涂后可抗大气及化学侵蚀。（2）盐酸橡胶，一般用作包装材料，经塑化后可用于制造防护服。（3）氧化橡胶，在催化剂作用下将加热的橡胶氧化而得，是一种树脂状材料，用于制造某些品种的清漆。(4) 环化橡胶，用硫磺、氯磺酸及氯锡酸等处理橡胶而得，制成的一系列不同硬度的产品可作为制油漆的基料，用作防水涂层，有时还用于生产模塑制品。选项 AB 作为天然橡胶的化学衍生物，应归入税目 39.13。本题正确答案为选项 CD。

6.【答案】BCD

【解析】税目 33.07 注释描述，剃须用制剂，例如，含有肥皂或其他有机表面活性剂的剃须膏及泡沫剂［第三十四章注释一（三）］；剃须后用的洗净剂、明矾块及止血笔。本税目不包括块状的剃须肥皂（税目 34.01）。本题正确答案为选项 BCD。

7.【答案】ABD

【解析】税目 82.07 注释描述，化学纤维喷丝头应归入税目 84.48，玻璃纤维拉丝用模应归入税目 84.75，自启板牙切头应归入税目 84.66。本题正确答案为选项 ABD。

8.【答案】CD

【解析】根据第六十二章章注七，正方形或近似正方形的围巾及围巾式样的物品，如果每边均不超过 60cm，应作为手帕归类（税目 62.13）。任何一边超过 60cm 的手帕，应归入税目 62.14。选项 CD 均未超过 60cm。本题正确答案为选项 CD。

9.【答案】AC

【解析】选项 B 需符合“既可归入税目 62.10，也可归入本章其他税目的服装，除税目 62.09 所列的仍归入该税目外，其余的应一律归入税目 62.10”。选项 D 束腰带应归入税目 62.12。本题正确答案为选项 AC。

10.【答案】ACD

【解析】选项 B 中电钻为主要特征，应按手提式电动工具归类。本题正确答案为选项 ACD。

四、分析题（请根据题目的要求作答，共 10 题，每题 4 分，共 40 分）

1.【答案】

(1) 归入税目（27.12、34.04 或其他）：34.04

(2) 总规则的运用：归类总规则一

(3) 分析归类理由：

【解析】该产品是由两种不同蜡混合组成的蜡，根据税目 27.12 注释排他条款（二）1“本税目的蜡与动物蜡（包括鲸蜡）、植物蜡或人造蜡的混合物”，该商品不属于税目 27.12 的范畴。根据归类总规则一，该商品应归入税目 34.04。

2.【答案】

（1）归入税目（20.01、20.03 或其他）：20.01

（2）总规则的运用：归类总规则一

（3）分析归类理由：

【解析】税目 20.01 包括用醋或醋酸制作或保藏的蔬菜（本章注释三）……不论是否含有盐、调味香料、芥末、糖或其他甜物质，还可含有油或其他添加剂。该罐头含有醋酸，符合税目描述。根据归类总规则一，该商品应归入税目 20.01。

3.【答案】

（1）归入税目（11.01、23.09 或其他）：11.03

（2）总规则的运用：归类总规则一

（3）分析归类理由：

【解析】淀粉和灰分指标符合第十一章注释二（一）描述，则应该归入第十一章，过筛率符合第十一章注释三（二）要求，则应归入税目 11.03。根据归类总规则一，该商品应归入税目 11.03。

4.【答案】

（1）归入税目（39.24、63.07 或其他）：63.07

（2）总规则的运用：归类总规则一

（3）分析归类理由：

【解析】该商品符合税目 63.07 注释中关于擦碗布及类似擦拭用布的描述。根据归类总规则一，应将其归入税目 63.07。

5.【答案】

（1）归入税目（29.05 或 29.42）：29.05

（2）总规则的运用：归类总规则一

（3）分析归类理由：

【解析】乙二醇锑，为白色晶体，乙二醇锑含量 99%或以上，分子式 $C_6H_{12}O_6Sb_2$，由三氧化二锑与乙二醇经复分解反应生成，用作聚酯工业的催化剂。根据第二十九章章注五（四）“除乙醇外，金属醇化物应按相应的醇归类（税目 29.05）”。该商品为金属醇化物，根据归类总规则一，应归入税目 29.05。

6.【答案】

（1）归入税目（04.10、17.02 或其他）：21.06

（2）总规则的运用：归类总规则一
（3）分析归类理由：
【解析】税目 04.10 中说明天然蜂蜜，包括蜜蜂或其他昆虫所产的蜂蜜，不论是离心分离、仍存于蜂巢内或是带有蜂巢碎块，但不得加糖或其他任何物质，税目 21.06 注释列名加蜂王浆的天然蜂蜜。根据归类总规则一，该商品应归入税目 21.06。

7. 【答案】
（1）归入税目（29.15、38.23 或其他）：38.23
（2）总规则的运用：归类总规则一
（3）分析归类理由：
【解析】工业用硬脂酸主要含有软脂酸及硬脂酸和少量的不饱和脂肪酸，为非纯净物，所以不能直接归入第二十九章。根据归类总规则一，该商品应按工业用的脂肪酸归入税目 38.23。

8. 【答案】
（1）归入税目（43.03、62.01 或其他）：43.03
（2）总规则的运用：归类总规则一
（3）分析归类理由：
【解析】第四十三章注释四，以毛皮或人造毛皮衬里或作面（仅饰边的除外）的衣服及衣着附件（不包括注释二所述的货品），应分别归入税目 43.03 或 43.04，但毛皮或人造毛皮仅作为装饰的除外。本商品衬里为兔毛皮，根据归类总规则一，应归入税目 43.03。

9. 【答案】
（1）归入税目（38.24、63.07 或其他）：38.24
（2）总规则的运用：归类总规则一
（3）分析归类理由：
【解析】该商品主要通过眼罩内部的化学混合物实现功能，无纺布仅为载体。根据归类总规则一，该商品应归入税目 38.24。

10. 【答案】（1）归入税目（39.07、39.15 或其他）：39.07
（2）总规则的运用：归类总规则一
（3）分析归类理由：
【解析】该商品为 100% 聚对苯二甲酸乙二酯碎片，成分、颜色单一，进口后不需要清洗，可直接加工生产聚酯短纤，符合第三十九章注释七规定。根据归类总规则一，该商品应归入税目 39.07。

参考文献

［1］海关总署关税征管司. 进出口税则商品及品目注释［M］. 北京：中国海关出版社，2017.

［2］海关总署关税征管司. 中华人民共和国进出口税则［M］. 北京：中国海关出版社，2020.

［3］温朝柱. 机电商品归类方法与案例评析［M］. 北京：中国海关出版社，2019.

［4］宗慧民，赵怡. 进出口商品归类：第二版［M］. 北京：中国海关出版社，2018.

［5］宗慧民. 进出口商品归类习题集［M］. 北京：中国海关出版社，2015.

［6］陈征科. 商品归类精要［M］. 上海：复旦大学出版社，2019.

［7］中国报关协会开放经济研究院. 中华人民共和国进出口税则本国子目注释（2019年汇编版）［M］. 北京：中国海关出版社，2019.

［8］"海关眼·商品归类系列"编委会. 轿车零部件归类指南［M］. 北京：中国海关出版社，2018.

［9］"海关眼·商品归类系列"编委会. 机电商品归类指南［M］. 北京：中国海关出版社，2017.

［10］天津海关. 出口退税商品归类差错案例选［M］. 北京：中国海关出版社，2014.

［11］天津海关. 疑难商品归类解析［M］. 北京：中国海关出版社，2014.

［12］中国报关协会. 中国报关协会. 微信公众号. zgbgxh.

［13］上海海关. 上海海关易归类. 微信公众号. gh_ 40ebd1db47ef.

［14］《中国海关》杂志社. 中国海关杂志. 微信公众号. ccmagazine.

［15］陈征科. 科归类. 微信公众号. guilei_ keke.

［16］中国海关归类化验 APP.

［17］http：//www. customs. gov. cn/.

［18］https：//rulings. cbp. gov/home.

［19］https：//ec. europa. eu/taxation_ customs/dds2/ebti/ebti_ consultation. jsp? lang=en. https：//unipass. customs. go. kr/csp/index. do.